H. Schöner

# ZWEITAUSEND METER FELS

7. Auflage 1981
Verlag Anton Plenk KG, 8240 Berchtesgaden, Reichenbachstraße 8
ISBN 3/922590/05/5

HELLMUT SCHÖNER

# Zweitausend Meter Fels

EIN WATZMANN-OSTWAND-BUCH

# INHALT

# VORWORT

Die 7. Auflage dieses Buches über die Watzmann-Ostwand erscheint zum 100jährigen Jubiläum der Erstbesteigung dieser höchsten Felswand der Ostalpen durch Johann Grill-Kederbacher aus der Ramsau und Otto Schück aus Wien. Aus diesem Anlaß ist es nicht zu früh, nun auch einmal dem Leser zu erzählen, wie es überhaupt dazu kam, daß es dieses Buch gibt. Die Entstehungsgeschichte ist nämlich so abenteuerlich wie vieles, das sich in dieser Wand abgespielt hat. Am Neujahrstag 1937 waren zwei junge Münchener in die Wand eingestiegen, um die dritte Winterbegehung zu versuchen. Nach einem Wettersturz, vor dem sie gewarnt waren, wateten sie hüfttief im Neuschnee und kamen kaum mehr weiter. Bevor sie am siebten Tag nach dem Einstieg gerettet wurden, lief eine außergewöhnliche Rettungsaktion an, die in ganz Deutschland und darüber hinaus Aufsehen erregte. Unter mächtigen Schlagzeilen verdrängten die Berichte über die Watzmann-Ostwand die wichtigsten politischen Ereignisse von den Titelseiten großer Zeitungen. In den Großstätten standen Menschentrauben vor den Anschlagtafeln der Redaktionen mit den letzten Meldungen aus Berchtesgaden. Der Ausgang des Kampfes auf Leben und Tod in der winterlichen Riesenwand wurde in jenen Tagen von Millionen mit Spannung verfolgt.
Ein dramatischer Höhepunkt war der sechste Tag nach dem Einstieg. Die Rettungsmannschaft hatte nach einer fürchterlichen Schneesturmnacht auf dem Gipfel auf ihre Rufe keine Antwort mehr erhalten und war abgestiegen. Es gab damals noch keine Funksprechgeräte. Die Vorgänge in der Ostwand wurden vom 3. Watzmannkind und von St. Bartholomä aus beobachtet. Ich stand an diesem Tag mit einem Münchener Bergwachtmann am Fernrohr in St. Bartholomä. Als der Nebel, der die Wand bis 900 m herunter verhüllte, in den Mittagsstunden plötzlich kurz aufriß, sahen wir, daß sich die beiden Bergsteiger nur etwa 150 m unter

dem Gipfel immer noch im tiefen Schnee aufwärtswühlten. Von den Rettern war nichts mehr zu sehen. Mangels der heute selbstverständlichen Funkverbindung erfuhren sie erst nach dem Abstieg von der sensationellen Wende. Mit Hilfe von 50 Reichenhaller Gebirgsjägern, die noch in der Nacht 700 m Seil und Geräte zum Gipfel brachten, um die Kräfte der erschöpften Rettungsmannschaft für den letzten Versuch zu schonen, konnten die beiden jungen Bergsteiger am nächsten Tag lebend aus der Wand geborgen werden.

Am Vorabend des geglückten Rettungswerkes hatte die Spannung einen Höhepunkt erreicht. In der Redaktion des »Berchtesgadener Anzeigers« klingelte dauernd das Telefon. Auswärtige Zeitungen baten um die neuesten Informationen aus der Watzmann-Ostwand. Schließlich kam um 21 Uhr ein Anruf des »Berliner Tagblattes«, das für die Morgenausgabe bis 4 Uhr früh außer den aktuellen Meldungen auch Hintergrundmaterial über die Geschichte dieser Wand haben wollte.

Was tun? Außer persönlichen Erinnerungen an Besteigungen, die verschiedenen Durchstiegsrouten, einige Unglücksfälle der letzten Jahre und die Erstbesteigung durch Johann Grill-Kederbacher wußte ich herzlich wenig über die Geschichte der Watzmann-Ostwand.

In der Eile, die vonnöten ist, wenn man spätabends in Berchtesgaden einen Artikel schreiben soll, auf den um 4 Uhr früh die Setzer in Berlin warten, ging ich an die Arbeit. Ich raffte alles mir zugängliche Archivmaterial zusammen und telefonierte Leute an, von denen ich vermutete, daß sie von der Watzmann-Ostwand mehr wüßten als ich. Zu meiner eigenen Überraschung bekam ich in zwei Stunden wirklich Unterlagen zusammen, mit denen ich mich zufrieden an die Maschine setzen und schon kurz nach Mitternacht den Artikel telefonisch nach Berlin durchgeben konnte. Doch damit war es für mich nicht abgetan.

In dieser einen Nacht hastiger Arbeit entdeckte ich, was diese Wand, die schon immer von weit her die Bergsteiger angezogen hatte, für eine außergewöhnliche Geschichte hat. Damals faßte ich zum erstenmal den Gedanken, das in Eile nur oberflächlich und lückenhaft zusammengetragene Material allmählich zu ergänzen und zu vervollständigen. Von 1938 an hatte ich Gelegenheit, in München in der später den Bombennächten zum Opfer gefallenen Zentralbibliothek des Deutschen Alpenvereins die alpine Literatur von 1881 an auf alles zu durchsuchen, was über die Watzmann-Ostwand zu finden war. Es war ein mühsames Werk, das viel zeitraubende Kleinarbeit erforderte. Oft schreckte ich vor Stößen von Zeitschriften zurück, die durchzusehen waren, um vielleicht nur ein paar Stichworte über einen Unfall oder eine Ostwandbesteigung zu finden. Ich entschloß mich dann immer wieder, das nun einmal Begonnene bis zur erreichbaren Lückenlosigkeit fortzusetzen.

Ende August 1939 holte mich eine telegraphische Einberufung in den Zweiten Weltkrieg, aus dem ich erst Ende 1947 zurückkehrte. In ruhigen Zeiten zwischen den Feldzügen ging die Arbeit weiter. Im ersten Kriegswinter war ich bei der Artillerie-Beobachtung an der Dreiländerecke Deutschland-Frankreich-Luxemburg, Josef Aschauer, Hellmuth Schuster und einige andere Berchtesgadener Bergsteiger waren als Flugbeobachter eingezogen. Sie hatten ihr Standquartier im Stöhrhaus am Untersberg. Von Oktober 1939 bis Mai 1940 gab es am Westwall kaum Artillerieduelle und am Untersberg keine feindlichen Flugzeuge zu beobachten. In jenen denkwürdigen Monaten der Ruhe vor dem Sturm gingen Feldpostbriefe hin und her, als deren Ergebnis in einem Bunker des Saargebiets das Kapitel »Der Schwarze Tag der Ostwand« entstand. Josef Aschauer, der Überlebende von 1922 und Teilnehmer an fast allen Rettungsaktionen der zwanziger und dreißiger Jahre, hatte damals auf dem Untersberg genug Zeit, seine Erlebnisse in der Watzmann-Ostwand zu rekonstruieren.

Wertvolle Hilfe leisteten mir auch der langjährige Vorsitzende der Alpenvereinssektion Berchtesgaden, Major Crantz, und Max Fuchs von der Bergwacht.

Der Stil des mosaikartigen Zusammenfügens durch Feldpostbriefe und Ergänzungen während Heimaturlauben ging noch lange weiter: In den ruhigen Monaten zwischen Frankreich- und Balkanfeldzug, in der kurzen Pause in Jugoslawien, bevor der Ein-

marsch nach Rußland begann, und schließlich noch einmal 1942/43 auf der fernen Krim. Dort erhielt ich sechseinhalb Jahre nach Beginn der langwierigen Arbeit eines Tages das Feldpostpäckchen aus Salzburg mit den Korrekturfahnen des Buches. Nach der nächtlichen Arbeit für das »Berliner Tagblatt« im Januar 1937 hatte ich ursprünglich geglaubt, daß weitere Nachforschungen nach der Geschichte der Watzmann-Ostwand einen interessanten Artikel für eine alpine Zeitschrift ergeben würden. Schon 1939 wußte ich jedoch, daß dieser Rahmen längst gesprengt war.
Der Verlag »Das Bergland-Buch« brachte es fertig, von knapp bemessenen Papierzuteilungen der Kriegsjahre so viel zusammenzusparen, daß die 1. Auflage 1943 erscheinen konnte. Nun liegt zum 100jährigen Jubiläum der Erstbesteigung die 7. Auflage vor. Bei der Gestaltung des Inhalts vertrat ich von Anfang an den Grundsatz, auch weitgehend den Eindrücken anderer Raum zu geben. Bestärkt wurde ich in dieser Auffassung durch die Fülle individuell verschiedener, nach Zeit, Temperament und Verhältnissen bei der Besteigung vielfältig voneinander abweichender Erlebnisberichte, die davon zeugen, einen wie tiefen Eindruck die Watzmann-Ostwand auf ihre Besteiger gemacht hat. Ein Beitrag von dichterischer Sprachschönheit, Elisabeth Dabelsteins »Sieben Bilder von der Watzmann-Ostwand«, ausgegraben aus einer alpinen Zeitschrift des Jahres 1924, gab den Anstoß, daß unter dem Titel »Wände und Grate« der Verlag »Bergland-Buch« 1949 die besten alpinen Aufsätze Elisabeth Dabelsteins in Buchform herausbrachte.
Eine »Beinahe-Katastrophe« des Jahres 1937, bei der es im wahrsten Sinne des Wortes um Leben und Tod ging, war der Anfang der Entstehungsgeschichte dieses Buches. Was lag da näher als der Grundgedanke, einer gefährlichen Unterschätzung der Watzmann-Ostwand entgegenzutreten, die schon so viele Todesopfer gefordert hat. Die Unfallchronik am Schluß des Buches wurde von Auflage zu Auflage jeweils nach dem neuesten Stand ergänzt, weil sie besonders geeignet ist, die Gefahren zu veranschaulichen.
Erwähnt sei schließlich noch, daß dieses Buch seit der 5. Auflage durch ein Kapitel über die ganze Watzmanngruppe als selbständi-

gem Gebirgszug der Berchtesgadener Alpen und eine Chronik der Ersteigungen des ganzen Massivs erweitert wurde, um den Leser mit diesem einmaligen Berg und seiner Geschichte vertraut zu machen.

Berchtesgaden, im Mai 1981

Hellmut Schöner

# DER WATZMANN

Eine alte Sage erzählt, daß einst im Berchtesgadener Land ein König gewalttätig über sein Volk herrschte. Er verachtete das Gute, liebte nur die Jagd, und seine Untertanen zitterten, wenn sie den Lärm der Hörner, das Gebell der Hunde und das Stampfen der Rosse hörten. Bei Tag und Nacht brauste die wilde Jagd durch Wälder und Klüfte, verfolgte das Wild und vernichtete die Saat.
Eines Tages erschien der König mit seinem Troß auf einer Waldtrift, wo eine Herde weidete. Vor der Hütte saß die Hirtin, ihr schlafendes Kind im Arm. Neben ihr lag der Wachhund.
Da warfen sich des Königs Rüden auf den Hirtenhund und rissen gleichzeitig die schreckensstarre Frau zu Boden. Der König kam heran und lachte. Als der herbeigeeilte Hirt auf die jaulende Meute einschlug, hetzte der König rasend vor Wut Knechte und Hunde auf den Hirten, der wie sein Weib und sein Kind von der Meute zerissen wurde. Da erhob sich ein dumpfes Brausen, und jetzt würgten die Hunde den König und seine Familie, deren Leiber schließlich zu marmorkaltem Fels erstarrten.
Dieser Stoff wurde zu einer der bekanntesten Sagen des deutschen Sprachraumes, als Ludwig Ganghofer in seinem populär gewordenen Roman »Die Martinsklause« die erste Besiedelung der Berchtesgadener Urwälder schilderte.
Der Watzmann gehört zu den wenigen Bergen, die so unverkennbar einmalig sind, daß sie zum Symbol und Wahrzeichen eines Ortes werden. Mögen sie auch von anderen Seiten vielen anderen Gipfeln ähnlich sehen, eine Seite ist jedoch so charakteristisch und ohne Parallele, daß sie sich tief und unvergeßlich dem Beschauer einprägt. Was wäre Zermatt ohne die schlanke Pyramide des Matterhorns, Chamonix ohne die Eiskulisse der Montblanc-Gruppe, Heiligenblut ohne die Nadelspitze des Großglockners

über dem Eisstrom der Pasterze, Innsbruck ohne die Nordkette über der Maria-Theresien-Straße, Garmisch ohne Zugspitze und Waxenstein und gar Berchtesgaden ohne den Watzmann! Sie wären Talorte wie viele andere, lieblich und einladend, aber ohne das besondere Gepräge, das man sehend in sich aufnehmen, aber nur schwer schreibend begründen kann.

Um zu erfassen, was der Watzmann für Berchtesgaden bedeutet, und um die Wechselwirkung zu begreifen, die Jahrhunderte hindurch zwischen Bergen und ihren Talorten bestehen können, muß man ihn einmal in stiller Beschaulichkeit von den Hängen gegen Maria Gern, Marxenhöhe und Kneifelspitze betrachten, und man erkennt, mit welch vollendeter Harmonie sich ein gewaltiges Bergmassiv über einem Talkessel aufbauen kann. Da drängen sich die Häuser Berchtesgadens auf dem Hange, der von der Waldkuppe des Locksteins ins schmale Achental hinabgleitet. Zwischen den gabelförmig sich verzweigenden Tälern der Königsseer, Ramsauer und Bischofswieser Ache breiten sich die Wiesenhochflächen der Schönau und Strub aus, behutsam eingebettet zwischen die von Bergwiesen durchbrochenen Waldhänge des Toten Mannes zur Rechten und des Faselsberges zur Linken.

Über diesem farben- und formenreichen Fundament eines von Gebirgszügen umschlossenen Talkessels erhebt sich gleichmäßig aufsteigend – aus dem Tal des Königssees im Osten und dem Wimbachtal im Westen – ein rund tausend Meter hoher Sockel aus Nadelwäldern und Latschenhängen, dem gegen die Schönau zu die ebenmäßige Kuppe des Grünsteins vorgelagert ist.

Darüber thront rechts der von einer ausgeprägten Kante in zwei Flanken gegliederte, zweigipfelige Koloß des Watzmanns (die im Hintergrund liegende Südspitze ist dort nicht zu sehen, wo der Watzmann sein markantes Profil zeigt), links die Watzmannfrau (oder Kleiner Watzmann) und zwischen beiden die Schar der fünf Kinder. Das bestehende Ebenmaß des Sockels wird fortgesetzt durch die gleichmäßige Neigung, mit der die Rücken des Watzmanns und der Watzmannfrau gegen die äußersten Ränder des Massivs über Königssee und Wimbachtal absinken. Denkt man sich diese Linien von beiden Seiten her über den Gipfel hinaus verlängert, so umrisse ihr Schnittpunkt eine noch viel höhere Pyramide, und es ist nicht schwer, aus der Gestalt des Berges eine geologische Vergangenheit zu erkennen, die viel weiter zurückliegt als menschliche Sage. So sehr die Gestalt dieses Berges zur Entstehung der Mythe von einer versteinerten Familie mit fünf Kindern geradezu herausfordert, so wenig ist die Annahme einer ursprünglichen Pyramidenform phantastische Kombination: die abgebrochene ehemalige Spitze liegt ja als Grünstein seit undenklichen Zeiten sichtbar zu Füßen des Watzmanns. Auch der Königssee und der Obersee gehörten einst zusammen, bis ein gewaltiger Bergsturz sie trennte, und eines Tages wird auch der Eisbach die Halbinsel St. Bartholomä so weit gegen das Ostufer des Sees vorgeschoben haben, daß der jetzige Königssee erneut in zwei Seen geteilt wird.

Nicht nur die Sage und die Gestalt des Watzmanns, sondern auch seine Höhe, die die Umgebung überragt, und seine Lage inmitten um ihn herum gruppierter Gebirgszüge, bestimmen die Besonderheit dieses Gebirgsmassivs. Während sieben der neun Gebirgszüge der Berchtesgadener Alpen – Untersberg, Lattengebirge, Reiteralpe, Hochkaltergruppe, Steinernes Meer, Hagengebirge und Göllstock – den sich in österreichisches Gebiet hineinschiebenden Talkessel herzförmig umschließen, ragt der Watzmann selbständig und unabhängig, nur durch den Trischübel-Paß mit dem Steinernen Meer verbunden, zu einer Höhe von 2713 Metern empor.

Wilhelm v. Frerichs, der um die Jahrhundertwende seine besondere Aufmerksamkeit dem Watzmann widmete und über dessen Wände und Grate neue Wege fand, schrieb 1903 in seiner Watzmann-Monographie in der Zeitschrift des Deutschen und Österreichischen Alpenvereins: »Ein Berg hat für seinen Besteiger fast menschliche Individualität. Je größer, je selbständiger er ist, desto mehr Einzelheiten, desto mehr Züge braucht man, um ein abgerundetes Bild von seinem Charakter zu erhalten, wie man bei einem großen Denker, einem Künstler bei näherer Beschäftigung auf immer neue Wesenseigentümlichkeiten stößt, die das Bild von ihm fortwährend ändern, ausgestalten und vervollkommnen.«

Einen treffenderen Vergleich hätte er nicht wählen können. Man muß diesen Berg von nah und fern aus allen vier Himmelsrichtungen gesehen haben, um immer wieder die Vielfältigkeit und den wechselnden Formenreichtum dieses steinernen Riesen zu erkennen. Nirgends erlebt man seine erhabene Größe so sehr als von Norden nach Süden, wenn man sich auf der Straße von Salzburg zwischen Hellbrunn und St. Leonhard der Landesgrenze am beginnenden engen Taleinschnitt nähert oder wenn man jenseits des Steinernen Meeres auf den Höhen über Saalbach, der Schmittenhöhe oder einem der nördlichen Tauerngipfel steht. Verschwunden ist das Profil der siebenköpfigen Bergfamilie über Berchtesgaden, geblieben ist nur die schlanke hochgradige Pyramide des Großen Watzmanns.
Von einigen Punkten des Steinernen Meeres aus tritt einem die Umkehrung des vertrauten Bildes der Berchtesgadener Seite entgegen. Es ist wie ein Spiegelbild: die Gipfel der vollzähligen Familie heben sich scharf gezeichnet vom Himmel ab, aber sie wirken wie ein seitenverkehrt in den Projektor eingeführtes Diapositiv. Es fehlt der hoch hinaufreichende Waldsockel und die weite Mulde des Watzmannkars mit ihrem nie abschmelzenden, leuchtenden Firnfeld.
Wer sich von Westen her dem Watzmann nähert, kommt entweder vom Reichenhaller Talbecken herauf durch den schmalen Durchlaß Hallthurm zwischen Lattengebirge und Untersberg, durch den sich auch die Bahnlinie windet, oder auf der Deutschen Alpenstraße über die Schwarzbachwacht zwischen Lattengebirge und Reiteralpe. Kaum hat der Besucher diese beiden Schwellen zum Berchtesgadener Land überschritten – sie waren sieben jahrhunderte lang bis zur Säkularisation 1803 die Landesgrenzen der reichs- und papstunmittelbaren Fürstprobstei Berchtesgaden –, da wird sein Blick auf die gewaltigen von Hocheck (2653 m), Süd- und Mittelspitze gekrönten Westflanken des Großen Watzmanns gelenkt. Nur von Westen und von Osten – dort am eindrucksvollsten von der Gotzenalm und den gegenüberliegenden Gipfeln des Hagengebirges – offenbart der Watzmann seine wirkliche Ausdehnung. Was von Norden und Süden als Pyramidenspitze er-

scheint, enthüllt sich dort als anderthalb Kilometer langer Grat, der drei weit auseinandergezogene Gipfel miteinander verbindet. Gleichmäßig ansteigende Bänder, zu ruinenhaften Vorbauten herabziehende Schluchten und der tiefe Einschnitt des Watzmannmaisgrabens gliedern diese über den Geröllströmen des Wimbachtales aufragende Wandflucht der Westseite, die noch rotgolden im Licht der untergehenden Sonne erglüht, wenn die Umgebung schon längst in die dunklen Schatten der hereinbrechenden Nacht getaucht ist.

Die geheimnisvolle Ostwand, die sich 2100 Meter über den Spiegel des Königssees erhebt, bleibt den menschlichen Siedlungen und den Fahrstraßen verborgen. Fünfhundert Meter unterhalb der Mittelspitze (2714 m) löst sich vom Hauptmassiv der Gratzug, der erst in west-östlicher Richtung verläuft und dann nach Norden umbiegt. Er umsäumt das Watzmannkar und trägt die Gipfel der fünf Kinder und der Watzmannfrau. Dahinter brechen die Wände übergangslos zum Eisbachtal ab. Von der Südspitze (2712 m) senkt sich der gezahnte, zu brüchigen Türmen und Nadeln verwitterte Grat der Schönfeldschneid nach Süden und erreicht in seiner wieder ansteigenden Verlängerung die Hirschwiese oberhalb Trischübel, einen großartigen Aussichtspunkt, der vom hinteren Wimbachtal leicht zu erreichen ist. Von hier an reicht als einziger nennenswerter Ausläufer des Watzmanns der Gratzug der Hachelköpfe bis zur Burgstallwand über dem Königssee. Seine hohen Wände schließen das Eisbachtal nach Süden ab. Den oberen Teil der Watzmann-Ostwand sieht man von vielen Punkten des Göllstockes, des Hagengebirges, Steinernen Meeres und Hochkönigs aus, die ganze Ostwand in ihrer überwältigenden Wucht, Höhe und Breite jedoch nur von St. Bartholomä und den dem Einschnitt des Eisbachtales unmittelbar gegenüberliegenden Hängen und Aussichtspunkten des Hagengebirges. Einsam führt von der Eiskapelle im hintersten Talwinkel die Himmelsleiter aus Firnfeldern, Wandstufen, Terrassen und Bändern vom dunklen Schatten ins Licht der Höhen empor.

Dieser abgelegene Winkel des Eisbachtales enthüllt auch, was die Watzmannkinder wirklich sind: nicht harmlose Felszacken zwi-

schen Großem und Kleinem Watzmann, wie es von Norden her den Anschein hat, sondern nadelschlanke Dolomittürme über gewaltigen Abgründen. Wilhelm v. Frerichs war von dieser Wandflucht so beeindruckt, daß er schon 1900 mit Georg Leuchs den für damalige Verhältnisse außerordentlich kühnen Abstieg, der niemals wiederholt wurde, von der Scharte zwischen zweitem und drittem Watzmannkind ins Eisbachtal wagte. Begeistert schrieb er: »Wunderbar und unvergleichlich ist der Anblick der Kinder von der Hirschwiese oder von dem oberen Eisbachtal aus. Die Höhe ihrer Südwand beträgt ungefähr 1300 Meter. es fehlt ihr die ausgeprägte horizontale Schichtung, wodurch sich der Eindruck wilder Unzulänglichkeit steigert. Diese erhabene Mauer wird nun gekrönt durch die ungemein schlank aus ihrem First herausgearbeiteten Nadeln der Watzmannkinder. Die Verschmelzung der zierlichen Dolomit-Architektur mit dem wuchtigen Aufbau der Wandmassive ist von einer besonderen Wirkung Dazu kommt noch die düstere Großartigkeit des Winkels, welcher durch die Vereinigung mit der alles überragenden Wand des Großen Watzmanns entsteht. Wenn die dunkle Schwere der Nacht sich allmählich aus dem Eisbachtal hebt und plötzlich die Säulen der Watzmannkinder aufleuchten und wie Fackeln in den Morgenhimmel glühen, so offenbart sich ein Anblick von überwältigender Schönheit. Nirgends in den Bergen habe ich ein Bild gesehen oder eine Stimmung empfunden, die sich hiermit vergleichen könnte.«
So außergewöhnlich wie seine Gestalt ist auch die Ersteigungsgeschichte des Watzmanns. Lange bevor es einen Alpinismus im heutigen Sinne gab, bestiegen Wallfahrer schon im 17. und 18. Jahrhundert das Hocheck. Auf diesem 2653 Meter hohen, am leichtesten erreichbaren Nordgipfel des Großen Watzmanns war schon damals ein Kreuz und ein Bildstöckl errichtet. Eine andere beschwerliche Gebirgswallfahrt führte alljährlich am Bartholomä-Tag Ende August die Bewohner von Alm und Hintertal im Pinzgau über das Steinerne Meer nach St. Bartholomä. Im Gegensatz zur Hocheck-Wallfahrt hat sich dieser alte Volksbrauch, der mit einem fröhlichen Kirchweihfest am Königssee verbunden ist, bis auf den heutigen Tag lebendig erhalten.

Eine bedeutende Rolle spielte am Anfang der Besteigungsgeschichte des Watzmanns der Theologe Valentin Stanig, der von 1799 bis 1803 im Salzburgischen wirkte und nach dem vom Slowenischen Bergsteigerverband eine Hütte am Triglav in den Julischen Alpen benannt worden ist. Eine seiner ersten bergsteigerischen Unternehmungen in den Berchtesgadener Alpen galt dem Watzmann. Er gelangte auch als erster auf die höchste Erhebung, auf die Mittelspitze. Was heute mit Drahtseilsicherungen, Eisenhaken und künstlichen Felsstufen ein kaum halbstündiger Spaziergang für Schwindelfreie ist, wäre ohne diese Anlage auch heute noch eine mittelschwere bis schwierige Kletterei. Für Valentin Stanig war es 1799 (oder 1800) ein abenteuerlicher Weg ins Ungewisse, von dem er nachträglich berichtete:
»Diesen noch von keinem menschlichen Fuß betretenen Spiz entschloß ich mich zu besteigen. Beladen mit meinen Meßinstrumenten machte ich mich auf den Weg. Schon der Anfang war böse, denn ich mußte über eine steile Platte hinabglitschen, an deren Ende mich nur ein kleiner Vorsprung vom Sturz in die unermeßliche Tiefe bewahrte. Dann überstieg ich eine gefährliche Stelle, eine Kluft nach der anderen, dachte auf Besserwerden, und es kam nur Schlimmeres nach. Bald mußte ich mich, auf einem schneidigen Rücken sitzend, weiter bewegen, bald in Lüften schwebend in steilen Wänden dahinklettern... Oft brauchte es beinahe übermenschlichen Muthes, um nicht ein Raub der Zagheit zu werden, denn meistens mußte ich auf dem scharfen Rücken auf allen Vieren dahinkriechen, wo rechts und links tausendfach verderbender Abgrund war. In dem einzigen Punkte nur, wo man ist, muß die ganze Seele konzentriert sein. Keiner, auch nicht der frömmste Gedanke, darf stattfinden, sondern jeder Tritt, jeder Finger muß streng dirigiert werden ... Nachdem ich wieder auf festem Theil angekommen war, ward der Berg sehr steil, und unter größter Antrengung erreichte ich über loses Gestein den höchsten Punkt des Watzmanns. Mit Erstaunen, Freude und Angst erblickten mich die Zurückgebliebenen auf diesem, in die Wolken stechenden Spiz. Auf so vielen erstiegnen Bergen habe ich keinen diesem ähnlichen angetroffen, so klein ist der Platz auf diesem Spiz ...«

Unberührt lag noch mehr als drei Jahrzehnte lang der andere, nur einen Meter niedrigere Hauptgipfel des Großen Watzmanns, die Südspitze, bis 1832 der bekannte Alpenpionier Carl Thurwieser sie vom Wimbachtal aus über die Südwestflanke bestieg. Die Südspitze war damals unter dem Namen Schönfeldspitze bekannt, denn die riesige Geröllhalde, die auch heute noch Schönfeld heißt, war wirklich einmal ein »schönes Feld« und trug eine Alm, die längst von den Gesteinsmassen begraben ist.
Als in der zweiten Hälfte des 19. Jahrhunderts das Bergsteigen immer mehr Anhänger gewann und in den Alpenländern die großen alpinen Vereinigungen entstanden, muß die Anziehungskraft des Watzmanns schon groß gewesen sein, denn in seiner Ersteigungsgeschichte sind fast alle klangvollen Namen aus jener Erschliessungsepoche der Ostalpen vertreten. Da sind zuerst die beiden berühmten Ramsauer Führer Grill-Kederbacher und Punz-Preiß*; die Großglockner-Pioniere Hofmann, Stüdl und der in vielen Alpengruppen tätige Kaindl; da versuchte sich das Trio Purtscheller, Heß, Holzhausen; es fehlte nicht Guido Lammer, der Feuerkopf, dessen »Jungborn« damals zu den beachtetsten Werken alpiner Literatur gehörte; Sepp Innerkofler, der große Dolomitenführer, der während des ersten Weltkrieges in seinen Heimatbergen fiel, ist vertreten neben den von Expeditionen in den Kaukasus und nach Zentralasien bekannten Namen Pfann und Leuchs, Reinl und Domenigg, zwei der Erstbesteiger der Triglav-Nordwand, suchten auch am Watzmann neue Wege, die bekannten Salzburger Bergsteiger Wieder, Barth und Lapuch fanden vom Watzmannkar die schönen, gern begangenen Durchstiege durch die Ostwand der Mittelspitze (Wiederroute) und die Westwand des Kleinen Watzmanns. Der im Himalaja verunglückte Bechtold war 1931 bei der Durchkletterung der schon 1900 von Wilhelm v. Frerichs im Abstieg erkundeten Südwände der Watzmannkinder dabei. Die beiden Berchtesgadener Josef Aschauer und Sepp

* Grill und Punz sind die Familiennamen, Kederbacher und Preiß die Hausnamen der alten Lehen des ehemaligen fürstpröpstlichen Stiftes, die noch heute von der bäuerlichen Bevölkerung zur Bezeichnung einer Person gebräuchlicher sind als die Familiennamen.

Kurz, die in den zwanziger Jahren schwierigste Erstbesteigungen machten, haben den Watzmann auf neuen direkten Wegen bezwungen wie ein Jahrzehnt später die 1936 in der Eiger-Norwand gebliebenen Toni Kurz und Anderl Hinterstoisser.
Die Erschließungsgeschichte des Watzmanns spiegelt die verschiedenen Epochen in der Entwicklung des Alpinismus wider, und die namhaftesten Vertreter der Bergsteigergenerationen aus anderthalb Jahrhunderten haben voll Ehrfurcht ihren Fuß auf das jahrtausendealte sagenumwobene steinerne Haupt gesetzt. Allen, die auf den verschiedensten Wegen den Watzmann erklimmen werden, ist zu wünschen, daß sie stets die Mahnung des großen Bergsteigers Eugen Guido Lammer beherzigen:
»Das eigene Können überschätzen, ist die schlimmste aller Alpengefahren.«

*Die Watzmann-Ostwand mit den heute am meisten begangenen Durchstiegen*

| | | | | | |
|---|---|---|---|---|---|
| *KW* | = | *Kederbacher-Weg (1881)* | *B* | = | *Biwakblock* |
| *SW* | = | *Salzburger Weg (1923)* | *Sch* | = | *Schöllhornplatte* |
| *MW* | = | *Münchener Weg (1929)* | *BS* | = | *Biwakschachtel* |
| *BW* | = | *Berchtesgadener Weg (1947)* | | | |
| *E* | = | *Eiskapelle* | | | |

*Foto: Anton Hafner*

# WIE DIE OSTWAND FIEL

*»Nur der Liebe öffnen die Berge ihren ganzen Reichtum und die Tiefen ihrer Seele. Sie wollen den ganzen Mann, volle Hingabe, beherzten Mut und wahrhafte Begeisterung. Dann geben sie aber auch Liebe um Liebe, und wen sie lieben, den heben sie hoch zu sich empor und machen ihn groß und reich. Wohl ihm, dem Liebling dieser Berge! Sie bauen ihm die schönsten goldenen Brücken, und selbst da, wo sie in schreckhafter Größe und unerreichbar emporgebaut scheinen, lassen sie ihm oft ein kleines und schwindeliges Leiterlein stehen, daran er zu ihrem Hochsitz emporklimmen kann.«*
*Julius Kugy*

Fast lautlos gleitet nachts 11 Uhr ein Flachboot über den Königssee, in dem zusammengekauert zwei Männer in grober Lodenkleidung und schweren Nagelschuhen sitzen. Sie haben die prallen, mit Seilen, Proviant und Kletterschuhen vollgestopften Rucksäcke bequem hinter den Rücken geschoben.
Es ist noch frisch in den ersten Juninächten, zumal wenn es klar ist und die Sterne über den Bergen funkeln.
Fröstelnd klappt Schück seinen Kragen hoch. Kederbacher pafft behaglich aus seiner Pfeife und wärmt sich die Hand am porzellanenen Pfeifenkopf.
Sie reden nicht viel. Bergkameraden tun das nicht in den letzten Stunden vor großen Fahrten. All ihr Sinnen kreist um das Ziel.
Die Dunkelheit und das gleichmäßige Rudergeräusch wirken beruhigend auf ihre erregten Gedanken. Von Zeit zu Zeit schaut Kederbacher hinauf zu dem nachtschwarzen Schatten, der 2000 Meter über ihren Köpfen fast konturlos in der Unendlichkeit des Sternenteppichs verschwimmt.

*Johann Grill-Kederbacher (22. 10. 1835 – 14. 1. 1917)*

Vor dem Boot tauchen bald die Umrisse des Kirchleins von St. Bartholomä auf. Der Kahn fährt knirschend in den Kies. Mit »Gut Nacht!« und »I wünsch euch halt recht vui Glück!« geht der Fischer, der sie über den See brachte, in seine Kammer.
Eineinhalb Stunden später sitzen die beiden in den Felsen bei der Eiskapelle und erwarten frierend den neuen Tag.
Der Kederbacher freut sich mit seinen 46 Jahren wie ein Schuljunge.
Heute wird es ihm endlich gelingen. Er fühlt das.
Es ist aber an der Zeit!
Wie viele dutzendmale lag er schon drüben auf der Gotzenalm und spähte mit dem Fernglas stundenlang hinüber zur Riesenwand wie der Jäger auf seinen Gemsbock. Jeden Schneefleck, jede Rinne, die Bänder und die Abbrüche, alles hat er schon abgesucht vom Einstieg bis zum Gipfel. Immer mehr glaubte er an die Möglichkeit des Durchstiegs.
Die Wand ließ ihm keine Ruhe mehr. Mitten in der Arbeit lief er oft davon. Von der Ramsau nach Bartholomä und ins Eisbachtal. Oder gar auf die Gotzen. Nur um seine Wand zu sehen und ihre Schwächen zu erspähen.
Als sie ihn beim ersten Versuch mit dem Wiener Pöschl, mit dessen Freund und seinem Nachbarn, dem Preiß, bei einem Wolkenbruch grollend mit Wasserfällen und Steinhagel nach St. Bartholomä hinunterjagte, da war er ihr lange böse. Aber er ließ nicht locker.
Seine größte Sorge war es, daß ihm einer die Wand wegschnappen könnte, wenn er im Österreichischen, in den Dolomiten oder in den Schweizer Bergen Touristen führte.
Da kam es ihm gerade recht, daß er in Otto Schück* aus Wien den passenden Partner gefunden hatte. Als er ihn zu Ostern mit dem

*Otto Schück gehörte zur Elite der Wiener Bergsteiger. Am 16. 6. 1875 überschritt er zum erstenmal mit Peter Dangl und Alois Pinggera den Hochjochgrat zum Ortler. Am 27. 6. 1879 durchstieg er mit Peter Dangl und P. Reinstadler die große Lawinenrinne zum Ortler, die dann Schückrinne benannt wurde. Drei Jahre nach Begehung der ersten klassischen Raxdurchstiege durch die Gebrüder Zsigmondy und A. v. Böhm eröffnete er in den Wiener Hausbergen zusammen mit Innthaler 1881 zwei neue Wege: Rote Schlurze und Luckete Wand.

Grafen Spody aus Wien auf die Watzmann-Mittelspitze führte, wurden sie sich über die Tour einig. Schück war gleich Feuer und Flamme, als ihn der Kederbacher über die 2000 Meter unbestiegene Wand ins Eisbachtal hinunterschauen ließ.
Zu Pfingsten wollten sie's wagen. Schück hatte Wort gehalten.
Nun warten sie, um den entscheidenden Angriff zu beginnen.
Drüben, über dem Hagengebirge, wird der östliche Himmel schon lichtblau und rötlich. Immer schärfer zeichnen sich die dunklen Formen der Wände, Zacken und Grate vor dem aufsteigenden Feuerball ab.
Im Eisbachtal ist jetzt hell genug geworden.
»Pack ma's und schaun, daß ma aufikemma!« Kederbacher steckt die verlöschte Peife in die Tasche und nimmt das Seil aus dem Rucksack.
In einer Viertelstunde haben sie über das steile Firnfeld der Eiskapelle die Randkluft erreicht. Schaurig hohl klingt die Stimme aus der Tiefe wider. Das Überschreiten der Randkluft bietet im Frühsommer wenig Schwierigkeiten. Mit Seilsicherung geht es über eine Schneebrücke hinüber zun den ausgewaschenen Felsen. Höher, immer höher, über Grasnarben und Felsstufen.
Kederbacher schaut genau auf den Weg. Er will nicht wieder, wie damals beim ersten mißlungenen Versuch 1880 mit den Wiener Alpinisten Pöschl und Hainzinger, zu weit nach rechts in die Wände der Watzmannkinder kommen. Scharf quert er nach links zu einem Schuttkar, das nach oben von einem Firnfeld abgeschlossen ist.
»Haut scho! Da is dös Kar, aus dem ma in d'obere Wand müassn. Da droben san die großen Bänder«, erklärt Kederbacher, »iatz kummt erst dös Schwarste! Dö gachen Platten glei da oben, die wenn ma derpacken, nacha moan i, ham ma gwunna!« Halb mißtrauisch, halb unternehmungslustig mustert er das abweisende Hindernis.
Dem Schück kommt die Sache bedenklich vor.
Schwarze, wasserüberrieselte, senkrechte Platten.
Da oben aber gehen ja schon die Bänder an, die wie Landstraßen durch die einsame Watzmann-Ostwand ziehen.
Wir müssen hinauf!

Nach kurzer Rast steigen sie zur obersten Zunge des langen, steilen Firnfeldes. Gut, daß sie beide das Eisgehen gewöhnt sind, sonst könnte es auf dem harten Firn eine rasche Talfahrt geben. Noch sind sie nicht am oberen Rande, da scheint die Wand schon zum Gegenangriff überzugehen.
Unter unheimlichem mit rasender Geschwindigkeit näher kommendem Pfeifen ducken die zwei Bergsteiger die Köpfe. Knapp neben ihnen zischen die Steine in den Firn, daß ihnen die Schneekörner ins Gesicht spritzen. Die Batholomäwand ist nicht so leicht zu überwinden.
Hoch oben lösen sich durch die Sonnenwärme die Steine aus dem Schnee und prasseln polternd und pfeifend über den Plattensturz hinunter. Jetzt heißt es so rasch wie möglich Deckung suchen.
Wieder gähnt vor ihnen eine Randkluft. Kederbacher wirft einen Stein in ihren dräuenden Rachen. Lang hören sie dumpfes Poltern. Mit dem Seil überwinden sie auch dieses Hindernis und stehen geschützt in einem Winkel unter jäh emporgetürmten Platten.
Was nun? Da sollen wir hinauf? Und wenn es nicht weitergeht? Mit Gefühlen des Zweifels denkt Schück an einen Rückzug über die Randklüfte.
Kederbacher treibt. Er weiß: die nächsten Seillängen werden die Entscheidung bringen.
»Hoffentlich halt ma uns net z' lang auf; es geht scho auf n' Vormittag und mir ham no net amoi die halbate Wandhöh.«
»Werden wir's schaffen, Kederbacher? fragt der Schück.
Er schaut, schaut, reckt sich auf die Zehenspitzen und legt den Kopf weit zurück: Wie sich die spärlichen, abschüssigen Griffe zu einem Vorwärtskommen zusammenreimen lassen, ist ihm nicht ganz klar.
»Probieren tua i's, werd schon geh!« Der Ramsauer ist ganz in seinem Element.
Schück verspreizt sich im Fels und läßt langsam das sichernde Seil über die Schultern laufen.
Schon klebt der Kederbacher an den nassen Platten. Keuchend und schwitzend. Ruck für Ruck schiebt er sich höher. Mit katzen-

artiger Gewandtheit ertappt er die kleinsten Griffe, in die sich seine Finger wie eiserne Haken krallen.
Staubend und splitternd donnern die Steintrümmer über ihre Köpfe hinweg.
Kederbacher ist jetzt um die Plattenkante verschwunden. Nur sein stoßweises Atmen und ein Scharren am Gestein sind noch vernehmbar.
In höchster Spannung folgt Schück dem ruckweisen Ablaufen des Seiles.
Wird er's schaffen, der Kederbacher? Ein freudiger Juchzer gibt ihm Antwort.
»Nachkommen, an guatn Stand hab i und schö geht's weiter.«
Durch das Seil von oben gesichert, kommt Schück schnell zu Kederbacher hinauf. Nun geht es schon etwas leichter. Nach einer Querung nach links legen sich die Platten zurück.
Kurz unterhalb des großen Bandes, dessen Erreichen schon fast den Sieg bedeutet, kommen sie noch an eine verflixt glatte Stelle. Überhaupt kein richtiger Griff. Nur ein paar winzige, bröslige Einkerbungen. Da bleibt nichts übrig, als die Hände flach auf das Gestein zu pressen und alle Rauheiten des Felsens und des Gewandes geschickt auszunützen. Wie die Spinnen schieben sie sich über die heikle Stelle hinweg.
Nach wenigen Seillängen sitzen sie in der warmen Morgensonne am Beginn des großen Bandes. Tut das wohl, sich nach der langen Kraxelei an den Fels zu lehnen und aus den Tiefen des Rucksacks eine kräftige Brotzeit hervorzukramen. So gut hat's den beiden schon lange nicht mehr geschmeckt. Heute gibt's gar als Nachspeise Wiener Gebäck und fettriefende Nudeln von der Kederbacher Wabi.
Am Endsieg zweifeln beide nicht, wenn auch der Gipfel noch hoch über ihnen liegt. Kederbacher weiß, daß sie nun über die treppenartig übereinander gelagerten Bänder, dann scharf nach rechts abzweigend durch Kamine, Schluchten, Verschneidungen und über Felsrippen ohne allzu große Schwierigkeiten die Mittelspitze erreichen können.
Er, der Kederbacher, wird auch das nicht tun, woran so viele nach

ihm scheiterten, nämlich sich versteigen. Nicht zuletzt hatte ihn sein ausgeprägter Spürsinn, mit dem er die Fährte zum Gipfel witterte, so berühmt gemacht, daß ihn sogar die Engländer, vor allem Farrer, zu ihren großen Schweizer Fahrten holten.
»Wenn uns net no a Stoa daschlagt, nacha wett i, daß ma spätestens nachmittag am Gipfi san«, meint gemütvoll der Kederbacher, blinzelt hinüber zum glitzernden Firn des Hochkönigs und schiebt sich mit dem Messer ein Riesentrumm Brot, gefolgt von einem nicht viel kleineren Stück Speck, zwischen die Zähne.

Tief unten, wie in einer anderen Welt, ruht der Königssee in seinem Felsenbett. Vertraut schimmert das weiße Kirchlein von Bartholomä aus den hellgrünen Wiesen zu den zwei Bergsteigern herauf. Wie aus unendlicher Ferne trägt der Wind das harmonische Geläute der Kuhglocken in die Höhe. Ins Eisbachtal wandern mit der Sonne die Schatten der Hachelwände. Am fernen Horizont flimmern silbrig durch den zarten Dunstschleier die Gletscher des Großglockners, Großvenedigers und der Zillertaler. Aller Erdenschwere enthoben, genießen die zwei Bergkameraden das schöne Bild.
Beinahe vergessen sie Zeit und Aufbruch. Sie erleben dankbar das schönste Geschenk der Berge: die Lösung von allem Alltäglichen, das Entgleiten aller Sorgen und das beglückende Gefühl des weiten Raums.

Ein krachend in die Tiefe sausender Felsbrocken reißt die beiden aus ihrem schweigenden Erleben.
Ein Blick auf die Uhr mahnt zum Aufbruch.
Kederbacher hatte recht.
Schnell kommen sie höher. Streckenweise können sie sogar auf die Seilsicherung verzichten.
Näher rückt der siegverheißende Gipfelgrat.
Die letzten Seillängen in der Gipfelschlucht erfordern noch gespannte Aufmerksamkeit. Es geht wieder steiler hinauf. Ein paar eingeklemmte Blöcke machen mit den Rucsäcken zu schaffen. Den Griffen darf man auch nicht allen trauen. Manch einer bricht aus ...

Dann stehen sie am Gipfel.
Fest drücken sie sich die Hände und schauen sich überglücklich in die Augen – Kameraden der Berge, Pioniere, deren Spuren Tausende gefolgt sind.
Es ist der 6. Juni 1881. Ein Pfingstmontag. Der schönste im Leben des Kederbacher aus der Ramsau und des Schück aus Wien.

# DER TURNLEHRER AUS SALZBURG

Ludwig Purtscheller*, einer der bedeutendsten Erschließer der Ostalpen, war in den Berchtesgadener Bergen eine bekannte Erscheinung. Boten sie ihm doch von Salzburg aus ein ebenso nahes wie vielseitiges Wirkungsfeld, in dem der mutige und begeisterte Pionier des Bergsteigens immer weiter vordrang. Es gibt in den Berchtesgadener Bergen kein Gebiet, in dem nicht die große, schlanke Gestalt Purtschellers bekannt gewesen wäre, in dem er nicht als erster den Fuß auf einen der Gipfel gesetzt hätte.

Auf vielen Dutzenden von Touren durchstreifte er im Alleingang und mit den bekannten einheimischen Führern der damaligen Zeit, Johann Grill-Kederbacher, Johann Punz-Preiß und Josef Ilsanker, vulgo »Stanzl«, die Berge rund um Berchtesgaden und Königssee.

Für einen Mann wie Purtscheller, der so eng verbunden war mit dem »Landl« zwischen Untersberg und Watzmann, dem engen

* 31 Erstbesteigungen werden ihm im Gebiet der Berchtesgadener Alpen zugeschrieben, davon allein in der Hochköniggruppe acht, im Steinernen Meer das Selbhorn, Langeck, Schereck, Hochbrunnsulzenkopf, Leiterkopf und Laubwand, Reishorn, Hundstodkendelkopf, die Dock, Persailhorn, Mitterhorn und Hachelkopf. Im Watzmannstock gelang ihm mit Johann Grill-Kederbacher am 17. Februar 1884 die erste Winterbesteigung der Mittelspitze, 1891 die erste Ersteigung der Watzmann-Jungfrau. Im gleichen Jahre noch betrat er als erster den Gipfel des zweithöchsten und 1892 den des dritthöchsten Watzmannkindes. Die gleiche Pionierarbeit leistete er in der Hochkaltergruppe und auf der Reiteralpe, am Göllstock und im Hagengebirge. Mit dem Forschungsreisenden Dr. Hans Meyer gelang ihm 1889 die Erstbesteigung des Kilimandscharo, des höchsten Berges Afrikas.
Ludwig Purtscheller, geb. 6. 10. 1849, starb am 3. 3. 1900 an den Folgen einer Sturzverletzung, die er sich am 25. 8. 1899 an der Aiguille du Dru zugezogen hatte. Schon wenige Monate nach seinem Tod wurde das am 22. 7. 1900 eröffnete neue Haus der Alpenvereinssektion Sonneberg am Hohen Göll nach ihm benannt.

Tor des Hallthurmpasses und den prallen Mauern des Hohen Göll, war es ein großes Ereignis, als zu Pfingsten 1881 die Bartholomäwand, wie sie damals hieß, von Kederbacher und Schück bezwungen wurde. Er wäre nicht der Purtscheller gewesen, hätte er nicht den Entschluß gefaßt, bei der nächsten Gelegenheit die Neutour zu wiederholen. Schon am 28. Oktober 1883 versuchte er mit Kederbacher die zweite Begehung. Die Ungunst der spätherbstlichen Verhältnisse schlug sie, wahrscheinlich unter der Schöllhornplatte, zurück. Die vom stärkstem Willen getragene Zähigkeit eines Purtscheller, die ihn 1700 Gipfel und an seinem vierzigsten Geburtstag den Kilimandscharo bezwingen ließ, kannte eine Umkehr nur mit dem Gelöbnis des Wiederkommens. Am 12. Juni 1885 steht er wieder, diesmal mit Punz-Preiß, im Morgengrauen am Fuße der Bartholomäwand, und als die Sonne sich vom Zenit nach Westen neigt, lacht ihm das Gipfelglück. Lassen wir ihn selbst erzählen:

*Das Firnfeld der Eiskapelle am Fuß der Watzmann-Ostwand*

*Foto: Hellmut Schöner*

# ALS ZWEITER IN DER BARTHOLOMÄWAND

*»Der Alpinismus kann uns – mehr als die Weisheit und alles Gold der Welt – eines geben: Gesundheit und Lebensfreude, Kraft und körperliche Wiedergeburt, Liebe zur Natur und Menschheit, Ausdauer und Seelenstärke im Kampfe mit den Schwierigkeiten.*
*Man sagt, unser Tun sei ein eitler Sport, der Ausfluß eines gefährlichen Ehrgeizes, ein bloßes Spiel mit dem Leben, und doch möchte ich einmal die Gegner zu einer dieser Hochwarten heraufwünschen, damit sie verstehen, warum es einen Bergsport, warum es einen Alpinismus gibt ...*
*Ja, dort oben weht noch freier Weltenodem, da grüßen die Ferne und ihre Schwester, die Sehnsucht, da fühlen wir uns als ein Teil des Unendlichen, weil wir an dem Genusse des Unendlichen teilnehmen.«*
*Ludwig Purtscheller*

»Die Erklimmung des Großen Watzmanns von St. Bartholomä gehört zu den bedeutendsten und interessantesten Besteigungen, die im Bereich der Ostalpen ausgeführt werden können. Würden die Berge Berchtesgadens dem eigentlichen Hochgebirge beizuzählen sein und der Sockel des Gebirges um einige hundert Meter höher liegen, so könnte man diese Besteigung unzweifelhaft mit den größten Hochtouren in der Schweiz, in den italienischen Alpen und im Dauphiné vergleichen. Die Mittelspitze des Watzmans liegt 2112,5 Meter über dem Spiegel des Königssees ... Der erste Tourist, der den großen Watzmann von der Südostseite erstieg, war Otto Schück aus Wien. Er hatte in den Jahren 1873 und 1879 zwei ähnliche hervorragende Touren ausgeführt, nämlich die Ersteigung des Ortlers über das Hochjoch und dann vom Ende-der-Welt-Ferner über die Ostwand, und war durchaus

*Ludwig Purtscheller (6. 10. 1849 – 3. 3. 1900)*

berufen, auch dieses schwierige und kühne Unternehmen zu wagen. Der Führer Schücks bei seiner Besteigung des Watzmanns war der wohlbekannte Johann Grill (Kederbacher) aus der Ramsau. Schück benötigte am 6. Mai* 1881 volle vierzehn Stunden, um auf die höchste (mittlere) Watzmannspitze zu gelangen. Kederbacher, der als Vater dieses Projekts betrachtet werden kann, urteilte unzweifelhaft richtig, wenn er diese Tour nur zu Anfang des Sommers, bei noch reichlich vorhandenem Winterschnee, für ausführbar hielt. Bei mangelndem Schnee oder wenn das in den Rinnen und Schluchten lagernde Eis stark abgeschmolzen und unterhöhlt ist, erscheint es sehr schwierig, wenn nicht unmöglich, sich den steilen Felsmauern zu nähern und die hohen Absätze zu überwinden.

## Ein mißglückter Versuch

Obschon von dieser Tatsache völlig überzeugt, beschloß ich dennoch, infolge einer Anregung Kederbachers, die Ersteigung im Herbst (28. Oktober 1883) zu versuchen.

Es war die erste Stunde nach Mitternacht, als unser Kahn, von den kräftigen Armen zweier Fährleute gelenkt, die unbewegliche, schwarze Fläche des Königssees durchfurchte. Zitternd und klar spiegelte sich in der Flut das Licht der Gestirne, bis uns eine Nebelschicht den Anblick des Himmels und auch den Blick auf die Ufer verwehrte. In St. Bartholomä nahmen wir den Weg in das Eistal, die bekannte, in das Massiv des Watzmanns eingeschnittene Schlucht, in deren Hintergrund sich die ‚Eiskapelle' befindet, eine Anhäufung von Lawinenschnee, der im Sommer allmählich in Eis verwandelt wird. Schwarze, phantastische Felszacken, der Kamm der Hachelwand, ragen in die Lüfte und verengen mit den mächtigen Baumkronen der Buchen das Stückchen Himmel, das uns in der Wildnis den Pfad weisen sollte. Das bereifte Astwerk und das kaum wahrnehmbare Gemurmel des Eisbaches verkündeten, daß die Natur bereits der winterlichen Er-

* Die Erstbesteigung erfolgte nicht am 6. Mai, sondern am 6. Juni. In »Der Bergsteiger«, 1951, wies Dr. Graßler den Irrtum Purtschellers nach.

starrung und Ruhe anheimgefallen war. – Nach drei Viertelstunden machten wir notgedrungen eine längere Rast. Wir befanden uns in der Nähe der Eiskapelle, am Fuß der hohen Steilwände, zu deren Erkletterung wir des vollen Tageslichtes bedurften.
Die Kälte drängte bald zum Handeln. Meine Befürchtungen fand ich, wie ich gleich bemerken will, in vollem Maße bestätigt. Die Eismasse, welche im Frühjahr bis zur Höhe der Felsstufen hinanreichte, hatte im Laufe des Sommers mehr als die Hälfte ihrer Mächtigkeit eingebüßt. Die Ränder des Eises waren ganz unterhöhlt und 2 bis 4 Meter von den Wänden entfernt.

## Der Gemsjäger in der Randkluft

Im Berchtesgadener Land erzählt man sich noch immer die Geschichte jenes Gemsjägers, der an dieser Stelle durch die dünne Eisdecke brach und in einen tiefen Schlund stürzte, aus dem er sich erst nach zweitägiger Gefangenschaft und mit der größten Anstrengung retten konnte. Er hatte sich, als er die Oberfläche des Eises schon beinahe erreicht hatte, durch einen zweiten Fall das Bein gebrochen, vermochte sich aber dennoch mit dem Aufwand seiner letzten Kräfte aus der Spalte zu befreien. Unfähig, weiterzugehen, wäre er ohne Zweifel dem Hungertod verfallen, wenn nicht ein Knabe in St. Bartholomä das Fernrohr zufällig auf die Stelle gerichtet hätte, wo der Unglückliche lag. Aus seinen Bewegungen, die anfänglich wegen der Entfernung nicht recht gedeutet werden konnten, vermutete man, daß er der vermißte Gemsjäger sei, der dann aus seiner mißlichen Lage befreit wurde.
Kederbacher näherte sich vorsichtig dem Rand, um einen Übergang ausfindig zu machen. Seine Bemühungen waren erfolglos. Wenn es auch gelungen wäre, den Raum zwischen Eis und Fels zu überspringen, die nahezu senkrechte Wand jenseits hätte weder den Händen nach den Füßen irgendeinen Halt geboten.
Die Route, die man beim Aufstieg zu verfolgen hat, ist ungeachtet des komplizierten Terrains und vieler Einzelheiten unschwer festzusetzen. Man hält sich, soweit es durchführbar ist, in der rechts

*Oben: Schöllhornfirn gegen Hachelwand* *Fotos: Ernst Baumann*

*Unten: Randkluft unter der Schöllhornplatte mit eingestürzter Brücke*

(nördlich) hinaufziehenden großen Rinne und nimmt im letzten Drittel der Wand, wo die Schwierigkeiten erheblich abnehmen, nach Belieben eine links- oder rechtsseitige Richtung. Wer direkt auf die mittlere Spitze gelangen will, der hat sich etwas rechts zu halten, indem er eine breite Mulde überquert und dann einer diagonal eingeschnittenen Plattenrinne folgt, die bis an die Höhe des Grates heranreicht. Die große Rinne – anfänglich der einzig mögliche Weg – wird von einer Reihe senkrechter Abstürze und hoher Felsstufen unterbrochen, deren Überwindung eine sehr bedeutende Mühe und einen ebenso großen Zeitaufwand erfordert.

## Schwierige Umwege

Die Wand, welche uns den Einstieg in die Hauptrinne versperrte, mußte durch eine schwierige Kletterei nach rechts umgangen werden. Leider erforderte dieses Manöver die Zeit von zwei Stunden, wobei wir kaum mehr als eine Höhe von 50 Metern gewannen. In der Rinne fortsteigend, trafen wir dann ein kleines Schuttlager und hierauf wieder eine Schicht kompakten Lawinenschnees, dessen Ränder ebenfalls durch eine breite, unpassierbare Randkluft* von der Wand getrennt waren. Die Seitenwände der Rinne erwiesen sich als ganz unersteigbar, nur rechts über uns schien eine sehr glatte, steile, überhängende Platte einen Ausweg zu öffnen. Dort lag, es war uns dies sofort klar, die Entscheidung, der Schlüssel zu dem vor uns aufgerichteten Bollwerk. Wir mußten die Platte erklettern oder aber die Partie als verloren aufgeben. Kederbacher versuchte, obwohl wir beide an den Erfolg nicht glaubten, von einer kleinen Vertiefung aus auf die Platte zu gelangen, aber es war vergeblich. Ein vorspringender Fels drängte ihn immer wieder über den Abgrund hinaus. Die vergebliche große Anstrengung und die Gefahr bemerkend, welcher Kederbacher sich aussetzte, bat ich ihn, von weiteren Versuchen abzusehen.

* Purtscheller meint die Randkluft unter der »Schöllhornplatte«, die allerdings erst nach dem Unglück von 1890 diesen Namen erhielt.

## Der Rückzug

Wir berieten, ob keine Möglichkeit vorliege, den klaffenden Schlund zu übersetzen; aber der Umstand, daß noch mehrere solche Stellen zu passieren waren, wobei durch den Abgang von Schnee sich ähnliche Verhältnisse ergeben hatten wie die eben geschilderten, dann die vorgeschrittene Stunde – es war bereits 9 Uhr 30 – bestimmten uns, den Rückzug anzutreten.
Wir hatten nun eine Höhe von zirka 2000 Meter erreicht ... Kederbacher äußerte später, daß wir zu dreien, das heißt mit Hilfe eines zweiten Führers, die schwierige Stelle überwunden hätten. Ich glaube jedoch, daß ein Angriff nur dann von Erfolg gewesen wäre, wenn wir eine Leiter oder eine lange Stange bei uns gehabt hätten. – Die Rückfahrt über den See und die milde Herbstsonne, die alle Dinge in vergeistigenden Glanz einhüllte und die Wände des Felsentals mit goldenen Flecken zierte, ließen mich meinen damaligen Mißerfolg leichter verschmerzen.

## Der zweite Versuch glückt

Am 12. Juni 1885 fand ich mich wieder mit derselben Absicht in Berchtesgaden ein. Dieses Mal lag in den Schluchten des Watzmanns noch ziemlich viel Winterschnee, und ich durfte daher eher hoffen, meinen Zweck zu erreichen. Je früher im Jahre die Ersteigung versucht wird, mit um so mehr Wahrscheinlichkeit kann auf Erfolg gerechnet werden. Doch hat man zu warten, bis ein Teil der Schneemassen abgeschmolzen ist, da im Frühjahr in den Schluchten des Watzmanns Lawinenstürze und Steinschläge zu den täglichen Erscheinungen gehören.
Auf dieser Fahrt war mein Begleiter Preiß (Johann Punz) von Ramsau, der mit Kederbacher zu den tüchtigsten und empfehlenswertesten Führern der deutschen und österreichischen Alpen gehört.

Wir verließen um 11 Uhr 30 nachts Berchtesgaden und langten dann nach einstündiger Fahrt über den See bei Anbruch des Tages (3 Uhr 15) bei der Eiskapelle an. Der Felsabsturz, der das erste Mal wegen der Randkluft mühsam umgangen werden mußte, lag jetzt bis zur Hälfte im Schnee vergraben. Er wurde ohne Zeitverlust und ohne besondere Anstrengung erklettert. Eine rechtshineinziehende, mit Grasbüscheln bewachsene Rinne vermittelte, wenn auch sehr schwierig, die Gewinnung des nächsten Absatzes. Auf einem Schneefeld, dem ersten in der großen Rinne, hielten wir eine kurze Rast (4 Uhr 55 bis 5 Uhr 10), um dann die hohe Wandstufe* anzugehen, wo ich und Kederbacher bei unserem ersten Versuch zurückgeschlagen worden waren. Der Schnee reichte bis $^{3}/_{4}$ Meter an die Wand heran, aber der richtige Ausweg war nicht so bald zu entdecken. Während Preiß die Stelle noch einmal »ausprobieren« wollte, an welcher Kederbacher seine Kraft eingesetzt hatte, stieg ich etwas zurück, um einen kleinen Einriß zu untersuchen, der sich direkt an der Felswölbung hinaufzog. Auch Preiß, der unverrichteter Dinge zurückkam, meinte, daß hier die einzige Möglichkeit vorliege, emporzudringen. Der zwischen dem Schnee und der Felswand gähnende tiefe Spalt machte die Lage des Kletterers, der sich fast nur auf die Fingerspitzen verlassen konnte, gefährlich. Der Dachsteinkalk, aus dem das Gebirge seiner Hauptmasse nach besteht, zeigt hier seine schlimmsten, abgeschliffenen Plattentafeln und bietet ungeachtet seiner Festigkeit der Ersteigung viel größere Schwierigkeiten als der leichter verwitternde Wettersteinkalk, wie er in den westlichen Kalkketten, z. B. im Karwendel- und Wettersteingebirge, auftritt.
Preiß stieg voran, aber schon nach wenigen Schritten traf er auf sehr glatte, jedes Vorsprungs bare Platten. Er erklärte, daß es ihm unmöglich sei, mit den Schuhen weiterzuklettern. Da er die Hände nicht frei hatte, so entledigte ich ihn seiner Schuhbekleidung, die indessen in meinem Rucksack verwahrt wurde. Mit dem Bergstock konnte ich Preis ein wenig unterstützen. Langsam, mit

* Die folgende Beschreibung bezieht sich auf die spätere »Schöllhornplatte« und die Randkluft unter ihr.

großer Anstrengung und oft lange vergeblich nach Griffen tastend, schob er sich empor. Es waren aufregende Augenblicke, wie ich dergleichen im Gebirge selten erlebt habe. Als es ihm endlich geglückt war, einen sicheren Stand zu erreichen und Sack, Stock und Pickel aufgeseilt worden waren, folgte ich, an einem Strick gehalten, nach. Die Gesamthöhe der Wand dürfte zirka 15 Meter betragen haben. Es folgte nun eine Partie steiler, doch nicht schwieriger Platten und hierauf ein Felsband, welches zu einem kleinen Schneefeld führte. Hier hielten wir eine kurze Rast (6 Uhr 40 bis 6 Uhr 55). Die gerade über uns aufragende Wand zeigte sich zwar, als wir sie in Angriff nahmen, sehr ausgewaschen und glatt, jedoch nicht sehr steil. Ein schmales Felsband, das uns aus dem Couloir lockte, endete an einem turmhohen Absturz. Wir mußten, nachdem wir zwanzig Minuten auf vergebliches Rekognoszieren verwendet hatten, wieder auf die alte Stelle zurück und unser Heil neuerdings in der Rinne versuchen. Ein dritter, sehr steiler Absatz konnte dank den hochanliegenden Schneemassen ziemlich leicht erklettert werden; in späterer Jahreszeit dürfte dies, wenn überhaupt, nur unter großen Schwierigkeiten gelingen. Einem Schichtenband zur Rechten vertrauend, ließen wir uns über eine durchnäßte Platte hinab und querten (8 Uhr 08) ohne Schwierigkeit die Hauptrinne.
Nach einem erfolglosen Angriff in linksseitiger Richtung – das anfänglich breite Band endete an einer tief eingerissenen Schlucht – nahmen wir den Weg gerade aufwärts, indem wir einen Felssporn ins Auge faßten, der, wenn einmal erreicht, einen besseren Ausweg versprach. Zunächst war es aber nötig, wieder in die große Rinne zurückzusteigen.

## Sturz ins Seil

Eine Wandstufe darin erwies sich so steil und glatt, daß wir uns zum zweiten Male der Schuhe entledigen mußten. Ich hätte an dieser Stelle, die eine Höhe von zirka 10 Metern haben dürfte, beinahe einen schlimmen Fall getan. Während ich, an einen Vorsprung gelehnt, die Bewegungen des über mir kletternden Preiß verfolgte, gab der Fels unter meinen Füßen plötzlich nach. Ich sank einen halben Meter tief, konnte aber gleich wieder Halt gewinnen. Während des Fallens ergriff ich mit der linken Hand, mehr instinktiv als überlegt, das herabhängende Seil, das Preiß sich um den Leib gebunden hatte. Jeder andere Führer hätte mir wegen dieser Unvorsichtigkeit – denn der Ruck traf ihn völlig unerwartet – eine Rüge erteilt. Preiß aber lächelte nur, wie er dies häufig tut, ohne ein Wort zu sagen.

## Steinschlag

Wir hielten eine zweite Frühstücksrast (9 Uhr 55 bis 10 Uhr 05) und füllten unsere Flaschen mit Wasser. Im Begriff aufzubrechen, hörten wir plötzlich hoch über uns das Krachen fallender Steine. In Intervallen von sechs bis acht Sekunden, aber mit furchtbarem Getöse näherten sie sich uns, doch nur einzelne Trümmer gelangten in unsere Nähe und sausten unschädlich an unseren Köpfen vorüber. Gleich beim ersten Geräusch drückten wir uns an die Felswand, dennoch war unsere Lage sehr gefährlich. Die Steine waren unzweifelhaft von Gemsen in Bewegung gesetzt worden, die auf dem Grat ihren Morgenspaziergang machten.
Trotz unseres unausgesetzten Anstürmens hatten wir noch keine dominierende Höhe erreicht. Der Kleine Watzmann, die Watzmannkinder und die Hachelwand ragten noch hoch über uns empor. Aber die Felsklippen zeigten sich allmählich weniger steil, und im selben Maße besserte sich auch die Gangbarkeit. Die Seitenwände der Rinne wichen zurück und verflachten sich nach oben mehr und mehr. Wir kletterten ohne besondere Hindernisse auf dem erreichten Felssporn aufwärts. Die südliche Watzmannspitze, zweifellos der schönste Bau im ganzen Massiv, enthüllte uns ihren mächtig ausgreifenden, mit blinkenden Schneebändern gezierten Südostgrat; aber auch die anderen Erhebungen des Watzmanngrates, turmförmige, ruinenhafte und schuttbedeckte Felsgestalten, tauchten stolz empor in den klaren Äther.

Unmittelbar vor uns breitete sich die vorher erwähnte breite Mulde aus, von welcher eine steile, schräg eingeschnittene Rinne auf die Kammhöhe (zwischen der mittleren und südlichen Spitze) hinaufzog.

## Der erste Ausstieg zur Südspitze

Ich wandte mich der südlichen (Schönfeldspitze) zu, da es meine Absicht war, heute alle drei Watzmanngipfel zu ersteigen. Unsere Richtung war von nun an südwestlich. Preiß wollte eben einen steilen Felsabsatz erklettern, als ich unterhalb desselben ein Band bemerkte, dessen Verfolgung einen besseren Weg versprach. Es endete am Rand einer tief eingerissenen, glattgescheuerten, wilden Schlucht, deren rechte (südliche) Seite vom Südostgrat der Schönfeldspitze flankiert wurde. Der diesseitige Hang der Schlucht war jedoch ohne besondere Schwierigkeiten zu begehen. Das Klettern gestaltete sich von nun an zu einer bloß unterhaltenden, wenig anstrengenden Arbeit; rasch, in einem förmlichen Wetteifer stiegen wir vorwärts. Schon tauchten dort die starren Klippen des Steinernen Meeres auf, das blinkende Firnfeld der Übergossenen Alm und der Hohe Göll; es wehte die kräftige und schärfere Luft der Höhe. Die beengenden Felsmauern wichen fast plötzlich zurück, und der Blick fand keine Schranke mehr. Je enger und drückender unser Gesichtskreis gewesen, desto mehr überraschte uns jetzt der weite, unermeßliche Raum. Gleich darauf setzten wir den Fuß auf die südliche Watzmannspitze. Die letzten fünfzig Schritte hatten wir auf der Südseite des Gipfels zurückgelegt. Es war 1 Uhr nachmittags. Die Ersteigung beanspruchte von St. Bartholomä einschließlich einiger kurzer Rasten elf Stunden.
Das Endziel unserer Partie war jedoch die mittlere Spitze des Watzmanns. Es war 3 Uhr 15, als wir den kulminierenden Punkt des ganzen Watzmannstocks betraten.
Unsere stark angespannten Kräfte verlangten eine längere Rast. Der kristallklare, glanzvolle Tag und die vorzügliche, durch nichts getrübte Rundschau ließen die Zeit unseres Aufenthalts rasch

verfließen. Erst nach 5 Uhr machten wir uns auf den Rückweg, der über das Hocheck und die Guglalm in die Ramsau führte. Der herannahende Abend warf bereits seine dunklen, tiefvioletten Schatten in die waldernste, maienfrische Gegend hinein, und die Menschen, des Tagwerks müde, waren schon in ihre Hütten zurückgekehrt. Aber hoch oben an den altersgrauen Wänden König Watzmanns glühte und funkelte es in unbeschreiblichem, geheimnisvollem, rosafarbigem Lichtglanz. Noch zwanzig Minuten nach 9 Uhr trat ich mit meinem treuen Begleiter Preiß vor die Haustür, um ein Schauspiel zu genießen, welches Auge, Herz und Gemüt in gleicher Weise erfreute.«

*Das Tor der Eiskapelle* *Foto: Ernst Baumann*

# DIE DRITTE PARTIE

*»Des Bergsteigers letzes, bestes Erkennen bleibt die alpine Tat. Die Tat, die nicht fragt, warum sie geboren wurde, noch welchem Zweck sie dient. Die Tat, die da grünt, wie ein Baum in Sonne und Wind. Die in das Leben hineinragt, stark wie ein Fels. Ihr Recht ist ihr Wille. Ihre Herkunft dunkel wie Gott und klar wie das Leben.*
*Wie alles so einfach wird in den Bergen! Die Ziele selbstverständlich und klar. Dort ist der Berg und hier bin ich. Zwischen Morgen und Abend liegt die Entscheidung. Der Steinmann des Gipfels ist greifbare Erfüllung und meine Augen ernten den sichtbaren Lohn. Kein Tun kann schlichter und ehrlicher sein.*
*Die Wege geistigen Schaffens verlieren sich in der Unendlichkeit. Je weiter wir streben, um so ferner rücken die letzten Ziele. Die Tat des Bergsteigers allein erntet den vollen Lohn, der keiner Kunst und Wissenschaft blüht, den Lohn des Siegerwortes: Nichts mehr ist über mir!*
*So wohnt in den Bergen ein ewiger Trost für die Tragik des Lebens: eine kurze Erfüllung für jeden, der nach Unerreichbarem strebt, ein Trost für die nimmer zufriedene Sehnsucht.«*

*Oskar Erich Meyer*

Die Kunde von der Besteigung der Watzmann-Ostwand drang rasch in alle bergsteigerisch interessierten Kreise, aber nur die besten Bergsteiger wagten eine Wiederholung dieser Tour. In den achtziger Jahren wurde die Ostwand nur dreimal bestiegen: Am Pfingstmontag, dem 6. Juni 1881, von Kederbacher und Schück, am 12. Juni 1885 von Ludwig Purtscheller mit Johann Punz-Preiß und zum dritten und letzten Male in jenem Jahrzehnt, am 4. Juni 1889, von Gottfried Merzbacher mit Kederbacher und Preiß.

Merzbacher war schon damals kein Unbekannter und hat sich in der Geschichte der Bergsteigerei einen Namen gemacht.*
Jahr für Jahr eilte Gottfried Merzbacher einmal, zweimal und auch öfter wochenlang in die Berge. Auf immer neue Gipfel, die noch keines Menschen Fuß betreten hatte, fand er einen Anstieg. Als er im Mai 1889 vom Brenner her durch das junge Grün des Inntals und den blühenden Pinzgau der Watzmann-Ostwand zustrebte, um ein Vorhaben zu verwirklichen, »ohne dessen Ausführung ich nicht glaubte, nach langen, beschwerlichen Reisen mich mit ruhigem Gewissen einigen Wochen heimatlicher Ruhe hingeben zu dürfen«, kam er von den schneebedeckten Gipfeln des Apennin und wunderte sich über die ungewöhnlich frühe Ausaperung in den Alpen. Niemals vorher hatte er »die stolzen Berge zu so früher Jahreszeit schon ganz im grünen und grauen Sommerkleide« gesehen.
Merzbacher hatte Glück und verdiente sich mit der erfolgreichen dritten Besteigung der Watzmann-Ostwand redlich die heimatliche Ruhe »mit ruhigem Gewissen«.
»So saß ich denn am Sonntag, 3. Juni, morgens im Garten der ‚Post' in Berchtesgaden, mit dem Führer Punz (Preiß) aus Ramsau mich eifrig über die Vorbereitungen zu dem Unternehmen unterhaltend. Wir waren bereits vollständig über alles Wichtige ins reine gekommen. Punz wollte eben aufstehen, um in seiner Be-

* Zehn Jahre vor seiner Ostwandtour bestieg er als erster mit Giorgio und Batt. Bernhard am 8. Juli 1879 den 3200 Meter hohen Vernel in der Marmolata und am 17. Juli 1879 die Punta dell'Uomo mit Tomé, Santo Siorpaës und Bernhard. 1881 folgte am 16. Juni die erste Erkletterung des Totenkirchls (2193 m) im Wilden Kaiser mit Michael Soyer-Steinweckerer »auf dem wohl einzig möglichen Weg«, wenig später der erste Übergang über das Ellmauer Tor. Schließlich fielen auf diesem Streifzug durch den Wilden Kaiser noch die Hochgrubbach- und Törlspitze. Im Spätsommer 1881 treibt es ihn noch in die Dolomiten, und mit Bernhard erreicht er am 28. August den Gipfel des höchsten der Nördlichen Vajolettürme. Vier jahre später ist er wieder in den Dolomiten. Mit Nicolussi überwindet er den Campinale di Brenta und bereitet sich vor auf die schönen Erfolge des Jahres 1887: Erste Winterbesteigung des Schlern am 28. März, eine für die damalige Entwicklung des Alpinismus beachtliche Leistung, und am 8. August Fermedaturm führerlos mit J. Santner, der auch bei der Winterbesteigung des Schlern sein Gefährte war.

hausung Bergkleidung und Ausrüstung zu holen, als der mir wohlbefreundete Führer Kederbacher unserem Tische zuschritt, mich freundlich grüßend. Kaum hatte er von meinem Vorhaben vernommen, als er sofort die schwersten Bedenken dagegen geltend machte und ernstlich abriet, die Tour zu zweien zu unternehmen. Er für seinen Teil würde überhaupt unter keinen Umständen mehr die Tour zu zweien antreten und wäre der Tüchtigste sein Begleiter, dabei auf sein Mißgeschick bei dem Versuch mit Purtscheller verweisend*. Bei dem starken Rückgang der Schneezungen stellte er es als sicher hin, daß wir zu zweien zurückgeschlagen würden, und nur bei tüchtigem Zusammenarbeiten zu dreien hielt er einen Erfolg für möglich. Wenn uns aber das Mißgeschick der Umkehr, und zwar, wie voraussichtlich, erst auf dem obersten Bande aufgezwungen würde, so könnten die Gefahren des Rückweges infolge der zu so vorgerückter Tageszeit in diesen Wänden unausbleibenden Steinschläge und Schneeabbrüche für uns verhängnisvoll werden. Vergebens führte ich meine guten Gründe mit möglichster Beredsamkeit ins Feld: es gelang mir nicht, Kederbachers Ansicht auch nur im mindesten zu erschüttern. Da ich aber bei dem mir genügend bekannten Charakter Kederbachers leidige Gewinnsucht als Motiv seines Abratens für gänzlich ausgeschlossen hielt, so mußte ich mir wohl oder übel sagen lassen, daß wenn ein Mann von dem unzweifelhaften und so oft erwiesenen Mute Kederbachers, von seinen reichen schwierigen Bergfahrten und von seiner ganz eminenten Kenntnis des hier in Frage kommenden Gebirges so urteilte, mir nichts anderes übrigbleibe, als mich unterzuordnen, wollte ich mir nicht den Vorwurf zuziehen, bei eventuell schlimmem Ausgang des Unternehmens das Leben eines anderen in sicher voraussehbare Gefahr gebracht zu haben, im günstigsten Falle aber den Spott einheimsen, unverrichteter Dinge wieder abziehen zu müssen.

* Ein Jahr später war die Weigerung Schöllhorns, einen zweiten Führer mitzunehmen, und das Nichtbefolgen der Anordnungen von Punz-Preiß sein Verhängnis. Er stürzte am 26. Mai 1890 tödlich ab. Die Absturzstelle ist seitdem unter dem Namen »Schöllhornplatte« bekannt.

Mit schwerem Herzen fügte ich mich denn in die Notwendigkeit und bestellte nunmehr auch Kederbacher für den Abend zum Treffpunkt am Königssee. Meine frohe Bergeslaune war dahin; ein großer Teil des Zaubers der schönen Bergfahrt war für mich verloren, denn wie gab es mehr eine Selbständigkeit des Vorgehens für den Touristen, eine Möglichkeit zu frohem Wagen und keckem Handeln, welche einen großen Teil des Reizes schwieriger Bergtouren ausmachen, inmitten zweier Führer wie Kederbacher und Punz?

... Einem gespenstischen Schatten gleich glitt das Boot mit seinen schweigsamen Insassen über den verlassenen Seespiegel. Wie oft hatte ich mir im Vorgefühl jener Bergtour diese nächtliche Fahrt im Geiste ausgemalt, aber anders, ganz anders! Von der froh- und wagemutigen Laune, dem frischen Tatendrang, welche damals mein Herz schwellten, empfand ich heute wenig mehr.

Wir landeten um 2 Uhr in Bartholomä und setzten beim flackernden Scheine einer Laterne sogleich den Weg in das Eistal fort, aus welchem uns eine wie in einem Backofen erwärmte dicke Luft von Zeit zu Zeit entgegenbrodelte; ein schlimmes Vorzeichen, welches auch den Rest getrübter Freude, den die Aussicht auf das Gelingen des Unternehmens noch in mir rege hielt, zunichte machte. Die Fichten standen regungslos in der Erde, und nur die Laubsträucher wiegten leise ihr neugeborenes Grün in den lau flatternden Lüften, als wir der hohen, von der Dunkelheit noch verschleierten Bergeswelt entgegenschritten. Um 2 Uhr 55, beim ersten schwachen Zwielicht des kommenden Tages, erreichten wir die Schneehalden, welche zu den Felsen hinanziehen, und die schwere Arbeit der Ersteigung der Steilwände konnte beginnen.

Angeweht von kühler Morgenluft, stieg es sich jetzt leicht, allein in immer stärkeren Stößen kam uns die von der Sonnenglut des vorigen Tages erhitzte und in den Felsschluchten eingepreßte Luft, durch die deckenden Nebelschichten der Nacht am Entweichen verhindert, dick entgegen. Es war klar, daß günstigsten Falles bis mittag auf gutes Wetter zu zählen war, daß wir aber sodann mit Sicherheit Regen zu erwarten hatten. »Wenn's nur bis mittags aushält, dann ist's gewonnen«, meinte Kederbacher. Bis dahin dürf-

*Schöllhornfirn, Schöllhornplatte, Zellerhöhle und rechts darüber der Steinschlagkessel am Beginn des 3. Bandes* *Foto: Hellmut Schöner*

ten wir vom Grat nicht mehr weit entfernt sein, denn bei einfallendem Nebel wäre kein Vorwärts- noch Zurückgehen in den schwierigen Wänden mehr möglich gewesen. Eile war daher vonnöten. Die Führer wollten das Seil herausnehmen und mich daran befestigen. Das hatte mir nun gerade noch gefehlt, um das Maß meiner üblen Laune voll zu machen. In entschiedenster Weise verwahrte ich mich dagegen und wäre lieber umgekehrt, als unter solchen Umständen die Besteigung auszuführen, eine Entschiedenheit, die mir den Genuß meiner Freiheit wahrte. Nur an einigen wenigen, den allerschwierigsten Stellen, wo ein Zusammenwirken unerläßlich schien, wurde dann von dem Seil Gebrauch gemacht. Wir waren alle drei bei günstigster körperlicher Disposition, und es war ein wahrer Wettlauf, den wir an den Felsen empor ausführten. In einer Kederbacher selbst in Erstaunen versetzenden Kürze der Zeit, in einer Stunde fünfzig Minuten, hatten wir die erste Terrasse überwunden und standen um 4 Uhr 45 am Beginn des zweiten Schneebandes. Die Sonne blitzte eben über die Berge östlich des Sees herüber und warf ihre Rosenfeuer in das dünn schwebende Gewölk, das in zartesten, beweglichen Farbtönen erglänzte, während das bisher tiefe Blau der Zackenkrone des Gebirges von dämmerndem Golde angehaucht wurde. Wir ließen uns zum wohlverdienten Frühstück nieder, und frohe Hoffnung des Gelingens begann mich wieder mit besserem Lebensmute zu erfüllen, zumal meinem Tatendrang durch die bevorstehende schwierige Felskletterei Spielraum genug zur Sättigung gegeben war. Bewundernd betrachtete ich das herrliche Schauspiel, wie der Ring der Berge um den Königssee immer mehr von der Sonne erhellt wurde und die Lichter des Tages wie Schnee immer tiefer an den Wänden herabrollten, indes der See noch von dunklen Schatten bedeckt war. Ein plötzlicher Steinhagel schreckte mich aus meinen Betrachtungen auf, und mit knapper Not konnten wir uns der Gefahr entziehen. Rasch die bedrohte Stelle verlassend, wurde um 5 Uhr 15 der Weg fortgesetzt. Die Randkluft zwischen Schnee und Fels gähnte uns überall breit entgegen, und nur eine einzige Stelle erlaubte noch einen Übergang. Noch wenige Tage, und jede folgende Partie mußte schon hier zurückgeschlagen werden. Der Übergang war indes leicht. Punz zog seine Schuhe aus, um als der erste, von uns unterstützt, die ausgewaschenen, plattigen Felsen zu erklimmen; ich folgte, zuletzt Kederbacher, von mir gehalten. Punz benützte die ihm gelassene Pause, um durch eine unachtsame Bewegung zu unserem nicht geringen Schrecken einen seiner Schuhe in die gähnende Randkluft hinabzustoßen. Ein wahres Glück, daß er in geringer Tiefe noch auf einem vorspringenden Schneezacken liegenblieb; er wäre sonst unwiederbringlich verloren gewesen. Am Seile mußte Punz wieder hinab, um ihn zu holen. Die nun in kurzen Pausen aufeinanderfolgenden schwierigen Stellen, meist steil aufgerichtete, ausgewaschene Platten, hohe Wandstufen oder ausgebogene Felsblöcke, wurden sämtlich ohne großen Zeitverlust genommen, und schon um 7 Uhr 50 war das dritte große Schneeband erreicht, welches als Unterlage eine gegen Südwest durch eine tiefe Schlucht unterbrochene Felsterrasse hat. Kederbacher war zufrieden, denn wir hatten ein gutes Stück der schwierigen Arbeit in ungemein kurzer Zeit erledigt. Der Himmel war zwar schon etwas umzogen, allein das Gewölk war noch dünn und stand hoch. Aller Wahrscheinlichkeit nach hatten wir den Grat schon überschritten, bevor eine Wendung zum Schlimmen eintreten konnte. Die Aussicht auf die so nahe scheinende glückliche Lösung der schwierigen Aufgabe und die Befriedigung, welche die schöne, abwechslungsreiche, alle Kräfte anspannende Arbeit des Felsklettern gewährte, hatten auch das gestörte Gleichgewicht meiner seelischen Erregungen wieder in harmonische Stimmung verwandelt. Unter frohem Geplauder lagerten wir uns unterhalb einer Felswand, neben herabströmendem Schmelzwasser, um eine Stärkung zu nehmen, allein auch diese kurze Spanne Zeit beschaulichen Genusses sollte nicht ungetrübt vorübergehen, und mit unwiderleglicher Logik wurde erwiesen, daß Kederbachers Befürchtungen nur zu begründet waren. Ein in allen Wänden widerhallendes, donnerähnliches Krachen scheuchte uns auf, und schnell suchten wir an der Felswand Schutz vor der drohenden Gefahr. In dumpfem Grollen entfernte sich der Schall, und ängstlich lauschten wir seiner Erneuerung. Es wurde jedoch wieder still,

und wir konnten uns von dem unheimlichen Platze mit heiler Haut zurückziehen. Wie sich später oben zeigte, hatte sich ein Stück einer auf stark geneigter Felsunterlage ruhenden Schneescholle abgelöst und war mit starkem Getöse herabgestürzt, jedoch nach kurzem Falle in einer muldenförmigen Vertiefung liegengeblieben, wodurch wir vor drohendem Unheil geschützt blieben.
Um 8 Uhr 20 aufbrechend, traversierten wir etwas nach rechts, denn es galt nun, von dem Schneeband aus die dasselbe überragenden Felswände wieder zu erreichen. Das Mittel hierzu schien ein vorspringender Felskopf zu bieten am Fuße der großen Rinne, und die beiden Führer versicherten, daß dies die Stelle sei, welche sie bei ihrer früheren Ersteigung benützt hätten. Der Schnee reichte jedoch nicht hoch genug hinan, um den ganz ausgebogenen Felskopf ansteigen zu können. Das Hindernis mußte also umgangen werden, und wir wandten uns nach links, Südwest, hinüber, auf einem Felsbande solange fortwandernd, bis dasselbe von einem mit Schnee erfüllten, klammartigen Einriß unterbrochen wurde, sprangen in den Schnee hinab und setzten über denselben den Weg fort, der uns hoch und immer höher in südwestlicher Richtung an die Felsen emporführte. Wir glaubten eine nicht mehr ferne, etwas östlich umbiegende Felsschlucht erreichen zu können, von der anzunehmen war, daß sie sich weiter oben wieder mit der zum Gipfelgrat emporziehenden großen Rinne vereinigen würde. Bald standen wir indes unerwarteterweise an einem Abbruch des ganzen Bandes, der jedes Vorwärtsdringen unmöglich machte. Eine etwa 12 Meter hohe Wand trennte uns von einem Graben, über den hinweg eine Fortsetzung gangbarer Felsbänder und Schneehalden zu erkennen war. Abseilen war hier die einzige, doch schwierige Möglichkeit ... Nach mehr als einstündiger Arbeit waren wir alle glücklich unten angelangt, doch nein! – Peinliche Überraschung! Einer war zurückgeblieben: Kederbachers Hut, den er im Eifer der Arbeit oben auf dem Felsband liegen ließ. Wer wird ihn holen?*

* Wilhelm v. Frerichs und Hübner fanden Kederbachers Hut sieben Jahr später bei einer Ostwandbesteigung 1896, an derselben Stelle.

Der Verlauf der Schichtenbänder drängte uns immer mehr nach links, was Kederbacher unheimlich vorkam, so daß er schließlich die schwersten Bedenken zur Geltung brachte, ob wir auf diesem Wege eine zum Gipfelgrate emporführende Rinne erreichen würden. Ihm schien es unerläßlich, aus solcher Ungewißheit herauszukommen und auf alle Fälle, wenn auch mit weiterem Zeitverlust, die große Hauptrinne wieder zu erreichen. Kurz entschlossen versuchte er es, über einige Felsstufen nach rechts abzubiegen, überstieg einige vorspringende Rippen und forderte uns dann auf, nachzukommen. Als wir die Hauptrinne wieder erreichten hatten wir durch die von der Hauptausgangslinie erzwungene Abweichung etwa zwei Stunden Zeit verloren. Einzelne Nebelfetzen krochen bereits verdächtig unter uns an den Wänden herauf. Als wir um 11 Uhr 50 nach kurzer Rast wieder aufbrachen, war bereits ein großes Stück des Grates in dichten Nebel gehüllt und die Orientierung auch für Leute vom Schlage der beiden Führer schwierig geworden. Kederbacher hatte die Tour nur einmal, vor acht Jahren, ganz ausgeführt, Punz war an dieser Stelle überhaupt nicht vorbeigekommen, denn bei seiner Ersteigung mit Purtscheller war es schon tiefer unten mehr nach Südwesten ausgebogen, um die Südspitze zu erreichen, während die Erreichung der Mittelspitze in meiner Absicht lag. Bis zur Grathöhe erforderte der Weg noch eine längere und anstrengendere Kletterei, als wir vorausgesetzt hatten. Hart unter den Abstürzen der Südspitze erreichten wir gegen 1 Uhr den Hauptgrat gerade in dem Augenblick, als die Sonne den Wolkenhimmel auseinanderwarf ... Endlich, um 3 Uhr, betraten wir unser lang ersehntes Ziel, den Mittelgipfel des Watzmanns, und hatten so doch noch glücklich eine Aufgabe gelöst, deren Gelingen mir am Morgen wenig wahrscheinlich schien ...«

In den Jahren nach seiner Ostwandbesteigung wandte sich Gottfried Merzbacher hauptsächlich außeralpinen Gebieten zu. 1891 reiste er mit Ludwig Purtscheller und den Kalser Führern Hans Kerer und Johann Unterweger in den Kaukasus, bestieg den Elbrus und andere Gipfel. Ein Jahr später war er mit Johann Windisch und H. Moser wieder im Kaukasus. Außer der Ersteigung des Großen Ararat in Armenien gelangen ihnen mehrere Erstbesteigungen. 1893 war er im Kaghan-Eienaloja. Von 1903 bis 1907 unternahm er vier Reisen in den Tienschan, auf deren letzter ihn Prinz Arnulf von Bayern begleitete, und leistete in diesem gewaltigen zentralasiatischen Hochgebirge eine Forschungsarbeit, auf der viele spätere Expeditionen bis in die jüngste Vergangenheit hinein ergänzend aufbauen konnten. Merzbacher starb am 16. 3. 1926 in München.

*An der Schöllhornplatte (1935). Im Winter 1964/65 brach der Felsblock ab, der den Spreizschritt nach links um die Kante ermöglichte. Die Schwierigkeit erhöhte sich dadurch.* *Foto: Hellmut Schöner*

# DIE WAND HOLT IHR ERSTES OPFER

Wieder ein Pfingstmontag, 26. Mai 1890. Es ist noch finster um 3 Uhr morgens und kalte, sternklare Nacht. Am östlichen Himmel steigt der erste fahle Lichtschein.
Über den steinigen Fußweg von Bartholomä ins Eisbachtal steigen in gleichmäßigem Bergschritt zwei Männer aufwärts. Im Dunkel des dichten Fichtenwaldes erkennen sie nur verschwommen den steinigen Steig. Das Klirren der Nägel auf dem harten Boden ist der einzige Laut weit und breit.
Fünf Stunden später.
Hoch über dem Eisbachtal, in dem die Morgennebel brodeln, erklimmt der Führer Johann Punz-Preiß aus der Ramsau eine steile, vereiste Schneeterrasse. Am Seil gesichert folgt sein Tourist Christian Schöllhorn aus München zum krönenden Felsabsatz nach.
Die Wand verbaut ihren Angreifern den Weiterweg mit einem schwierigen Hindernis. Eine stark geneigte, glatte Platte muß überwunden werden.
»So, Herr Schöllhorn, iatz ziag ma d'Steigeisen und d'Schuah aus. Da kummt a schwars Stückl.« Der Preiß löst schon die Riemen seiner Steigeisen. »Sie müassen's a aba tuan, sunst kemman S' da nit aufi.«
»Ach was, Preiß, ich laß das Zeug noch dran, es wird schon auch so gehen. Ich bin schließlich kein Anfänger«, entgegnet eigenwillig der junge Schöllhorn.
»Bleiben S' auf alle Fälle amoi da stad stehn, bis i Eahna schrei oder bis i selba zruckkimm. I probier's glei da aufi und umi zu an Stand.«
Preiß knüpft das Seil auf, um den unten stehenden Touristen nicht durch willkürliches Zerren aus dem Stand zu bringen.
Diese Vorsorge um den Gefährten rettet ihm das Leben.

Preiß stemmt sich gegen die Felsen und schiebt sich in dem kaminartigen Riß langsam höher.
Ein paar große Spreizschritte – er ist um die Kante verschwunden. Kurz über sich sieht er festen Stand am Beginn eines kleinen Bandes. Nur noch ein paar Griffe und Klimmzüge auf der glatten, abschüssigen Platte. Die Seilschlingen hält er in der linken Hand, mit der er eben einen Griff sucht. Da reißt ihm ein furchtbarer Ruck die Hand herunter. Mit knapper Not kann er sich noch im Gestein verkrallen.
Ein brüllender Schrei, ein paar gurgelnde Laute, tief drunten ein grausiges Aufklatschen und dann entsetzliches Schweigen.
Nur die kalten Wände geben das heisere Schreien des verzweifelten Führers zurück. Zu Tode erschrocken klettert Preiß über Wand und Platte wieder hinab.
Von Schöllhorn entdeckt er keine Spur. Der ist in die tiefe Randkluft gestürzt.
Schöllhorn hat die Mahnungen des erfahrenen Führers nicht befolgt, ist mit Steigeisen und Nagelschuhen an die schwere Wandstelle gegangen. Das mußte er mit dem Leben bezahlen.
Schaudernd überspringt Preiß die Randkluft.
Weit beugt sich der unglückliche Bergführer über den Rand der Kluft hinaus. Starrt hinunter in die dunkle, dräuende Tiefe.
Nichts ist zu sehen. Gar nichts.
Auch nichts zu hören. Kein Röcheln, kein Stöhnen.
Die Watzmann-Ostwand hat ihr erstes Opfer geholt.
Allein den Verunglückten zu suchen und zu bergen ist Preiß unmöglich. Er steigt zur Eiskapelle hinab. Rennt nach Bartholomä. Schweißverklebt hängen ihm die Haare ins Gesicht, das glüht vom hastenden Lauf. Keuchend hebt der Atem stoßweise seine Brust, als er in abgehackten Sätzen erzählt, was sich in der Wand zugetragen. Beklagt sein Unglück, das schwerste, das einen Bergführer treffen kann: ohne seinen Begleiter heimzukommen.
Freilich, er hatte dem Schöllhorn gestern dringend empfohlen, einen zweiten Führer mitzunehmen. Aber Schöllhorn lehnte entschieden ab. Doch was hilft das jetzt, wo der junge Draufgänger zerschmettert in der Randkluft liegt?

Ein Ruderboot bringt den verstörten, todunglücklichen Preiß über den Königssee, und so schnell ihn die Füße tragen, eilt er nach Berchtesgaden, um beim Alpenverein Anzeige zu erstatten.

Am frühen Morgen des folgenden Tages bricht eine Expedition von sieben Führern zur Suche nach dem Abgestürzten auf. Drei Teilnehmer an dieser Bergungsexpedition unter Kederbachers ortskundiger Leitung kommen trotz dichten Nebels und starken Regens gegen 6 Uhr zur Unglücksstätte. Sie finden den Eispickel von Preiß, den dieser tags zuvor in seiner Bestürzung vergessen hatte. Im Schnee steckt das abgebrochene Stück eines Bleistifts, der Schöllhorn beim Todessturz aus der Tasche gefallen sein muß. Sonst keine Spur von dem Verunglückten.

Das Wetter verschlechtert sich zusehends. Der Regen hört nicht auf. Immer schwerer saugen sich die Lodenjoppen mit Wasser voll. Eiskalt kleben die triefenden Strümpfe und Hosen an den Schenkeln.

Der Tote kann seinem unheimlichen Grab nicht entrissen werden. Auch würden die Seile gar nicht reichen, so tief stürzte er in die Randkluft.

Nach einigen Regentagen wird es endlich wieder schön und trokken. Eine zweite, wieder von Kederbacher geleitete Bergungsexpedition holt in schwieriger und gefährlicher Arbeit Schöllhorn. Kederbacher wird an zusammengeknüpften Seilen in die Tiefe der Randkluft hinabgelassen. In feuchter Dämmerung, 50 Meter unter dem Tageslicht, entdeckt er nach langem Suchen den Abgestürzten. Ruck um Ruck ziehen ein Dutzend sehnige Bergführerfäuste den Lebendigen und den Toten zum Sonnenschein hinauf. In einem Sack gebunden, bringen sie den Begleiter ihres unglücklichen Kameraden zu Tal.

Die Stelle, von der das erste Opfer der Watzmann-Ostwand in die Tiefe stürzte, heißt seitdem die »Schöllhornplatte«. Sie ist allen Bergsteigern der Wand bekannt und wurde noch vielen zum Verhängnis.

*An der Rampe des Salzburger Weges* *Foto: Hellmuth Schuster*

# DER SALZBURGER WEG

Jahrzehntelang mochte die vielen Partien, die an der Randkluft unter der Schöllhornplatte umkehren mußten, der Plan beschäftigt haben, einen neuen, von den jahreszeitlichen Verhältnissen unabhängigen Durchstieg zu finden, aber die Wand stellte all diesen Absichten scheinbar unüberwindliche Hindernisse entgegen. Endlich fanden 1923 die vier Salzburger Bergsteiger Hans und Hermann Feichtner, Viktor Reitmayr und Ludwig Schifferer den Durchstieg, der die Randkluft an der Schöllhornplatte meidet und weniger steinschlaggefährdet ist, dafür aber an die Klettertigkeit wesentlich höhere Anforderungen stellt. Hermann Feichtner berichtete über die Erstbesteigung, die sie nach ihrer Heimatstadt »Salzburger Weg« nannten:

» ... In uns war der feste Entschluß erwacht, einen neuen Durchstieg zu suchen. Ohne vorherige Erkundung, nur an der Hand von Bildern, hatten wir uns einen oberflächlichen Plan zurechtgelegt, der endlich am 8. September 1923 zur Tat umgewandelt werden sollte.

Unser erstes Ziel war die große Terrasse, die in der Fallinie der Mittelspitze zwischen den Felsen der eigentlichen Ostwand und den Südwänden der Watzmannkinder eingebettet liegt. Gemütlich stapften wir über den harten Firn der Eiskapelle hinan. Eine eingestürzte Schneebrücke brachte uns ohne Mühe über die weit klaffende Randluft. Rasch hatten wir die schluchtartige Steilrinne hinter uns, und um 7 Uhr morgens stand das vierblättrige Kleeblatt beim sogenannten Biwakblock im Kar der Terrasse. Während der obligate Frühstückstee gebraut wurde, hieß es, den Feldzugsplan auszuklügeln.

Erst wollten wir in der oberhalb unseres Standplatzes ansetzenden, schwach ausgeprägten und links aufwärts ziehenden Schlucht

unser Glück versuchen. Doch das wenig vertrauenerweckende, grasdurchsetzte Gestein übte herzlich wenig Anziehungskraft auf uns aus, und der Verlauf der Schlucht ließ uns gleich erkennen, daß die verderbenbringenden Feinde des Bergsteigers, Lawine und Steinfall, sich mit Vorliebe ihren Weg durch diese Rinne bahnen. So wurde dieser Plan verworfen, und danach blieb nur ein Ausweg, nämlich über den mauerglatten, die Schöllhornplatte links begrenzenden Wandabsturz, der das erste Band von dem Kar unserer Terrasse trennt. Bei dessen Anblick jedoch kam unser Siegesgefühl bedenklich ins Wanken. Nur einige Schwächen in der scheinbar kerzengeraden Mauer zeigen sich dem durch das lichtstarke Zeißglas unterstützten Auge. Ein dünner, schwarzer Strich zieht sich von einem der Wand vorgelagerten Felssockel nach rechts aufwärts zu einem kleinen Loch. Dann aber gleitet der Blick über völlig glatten Fels, ohne auch nur die geringste Gliederung zu erspähen. Ob da unsere Kletterkunst ausreicht, muß erst das Zugreifen an Ort und Stelle lehren. Jedenfalls wird es da manche harte Nuß zu knacken geben. Erst knapp unter dem ersten Band ist ein weitwinkeliger Kamin in den Plattengürtel eingeschnitten, der seine Ersteigbarkeit deutlich erkennen läßt.
Zu überlegen gab es nun nicht mehr viel. Wenn es gelingt, diesen Plattenpanzer zu bezwingen und so das erste, noch niemals betretene Band und über dieses die Gipfelschlucht zu erreichen, dann war die denkbar ‚idealste' Lösung des Problems gefunden.
Nach zweistündiger Rast, um 9 Uhr, schulterten wir unsere umfangreichen Rücksäcke. Um an die Wand zu gelangen, stiegen wir von unserem Rastplatz in nordwestlicher Richtung über steiles Geröll und einzelne Grasflecken, bis wir nach kurzer Zeit die ins Auge gefaßte Einstiegstelle erreichten. In größter Spannung ob der kommenden Arbeit legten wir Hand an den jungfräulichen Fels. Unwillkürlich beschleunigten wir unser Tempo, als wir droben am Gipfelgrat Nebelfetzen auftauchen sahen. Wenn die nur nicht zu uns herunterkommen, dort oben mögen sie ihr Spiel wohl treiben, denke ich mir. Gut gestufter Fels bringt uns in eine ausgewaschene Rinne, die wir bis kurz unter ihr Ende verfolgen.

Bald stehen wir vor dem sich in unheimlicher Glätte und schreckhafter Jähe aufbäumenden Wandabsturz. Rasch hatten wir die Nagler mit den Kletterschuhen vertauscht. Schifferer verbindet sich mit Reitmayr durch das Seil, und Hansl kettet sein Schicksal an das meine. Der hier ansetzende schwarze Strich hatte sich als eine rinnenartige Verschneidung entpuppt. Ich gehe als erster daran, die plattige Verschneidung hinanzuklimmen. Gleich der Anfang muß wohl als schwierig bezeichnet werden. Derjenige, dem hier im untersten Teil unseres Weges schon Schwierigkeiten unliebsam auffallen, tut besser daran, gleich umzukehren; er wird um eine Enttäuschung ärmer bleiben und um eine Erfahrung reicher abziehen. In anregender Kletterei verfolge ich die Verschneidung, bis ich nach zwei guten Seillängen beim vorhin genannten Loch Stand gefunden habe. Die Gefährten kommen nach.
Nun heißt es, den unnahbar scheinenden Plattenpanzer zu überlisten. Eine kaum fingerbreite Leiste zieht an der linksseitigen Begrenzungswand der Verschneidung nach links aufwärts. Fest an den Fels geschmiegt, schiebe ich mich an winzigen Griffen über diese eindrucksvolle Stelle hinweg. Einige leichtere Meter folgen, dann nimmt die Neigung der Felsen beträchtlich zu. Vorsichtig, jede Bewegung überlegend, komme ich infolge stetig zunehmender Schwierigkeit ungemein langsam vorwärts.
‚Kommen S' lieber zurück, die Geschichte gefällt mir nicht recht. Ich glaube, da drüben geht's eher!«
Diesem Zuruf Schifferers, der peinlich meine Anstrengungen verfolgte, schenke ich gern Gehör. Während wir wieder zum Loch zurückklettern, hatte Freund Reitmayr bereits den dasselbe abschließenden Übergang bezwungen und war um eine Ecke verschwunden. Bange Minuten verstrichen.
‚Wird's gehen?'
Endlich heißt es: ‚Nachkommen!'
Schifferer folgt, dann kommt an mich die Reihe. Dem alles eher als verlockend uns ansehenden Übergang wäre ich nicht ungern ausgekniffen. Doch er schien mir zu sagen: ‚Entweder direkt oder gar nicht.' Kaum hatte ich ihn glücklich unter großer Anstgrengung hinter mir, taucht schon ein zweiter und nachdem auch der

überwunden, zu allem Überfluß gleich ein dritter von derselben Gattung auf. Jeder schien den anderen an Schwierigkeit und Ausgesetztheit übertreffen zu wollen. Doch wo ein Wille ist, da ist auch ein Weg.

Mit diesem schönen, ernsten Vorsatz stürme ich gegen die Bresche, wobei ich nicht versäume, über den unschuldigen, aber gewichtigen Rucksack ordentlich loszuziehen. Die Hände tasten am oberen Rand des Überhanges nach rettenden Griffen. Dann ein kräftiger Klimmzug und ich bin oben. Auf luftigem Stand sichernd, lasse ich Hansel nachkommen. Während das treue Hanfgeflecht langsam über meinen Rücken läuft, schweift der Blick ab und zu in die nähere Umgebung. Links über mir kleben die beiden anderen Gefährten wie Fliegen an der grauenhaft jähen Wand. Unter mir nichts als Luft bis zum drohenden, beutegierigen Rachen der dunklen Randkluft hinunter. Gegenüber im strahlenden Lichte der Sonne bäumen sich die mächtigen Südwände der gleich Dolomittürmen zum Himmel ragenden fünf Watzmannkinder auf.

Überraschend schnell steht Hansl neben mir. Auch ihm hatten die drei Überhänge gewaltige Achtung einflößt, was er mit den treffenden Worten: ‚Dös war fei a haarigs Bröckerl!« zu erkennen gab. Weiter ging es, schwach ansteigend, etwa 20 Meter scharf nach links. Dann übernimmt Hansl den Vortritt. Eine bauchige, abdrängende, griff- und trittlose Platte stellt sich abweisend in den Weg. Ein weiter Spreizschritt, der uns beiden infolge der etwas kürzer geratenen Beine sehr schwer fällt, hilft uns darüber hinweg. Zwischen den Füßen hindurch geht der Blick in die flimmernde Tiefe. In fieberhafter Spannung, jeden Schritt sorgsam überlegend, streben wir in furchtbarer Steilheit gerade empor. Nach einer Seillänge wieder vereint, bietet uns ein kleines Plätzchen guten Stand. Der winzige Grasfleck, der hier inmitten der wilden Felsmauer sein spärliches Dasein fristet, spendet dem Auge wohltuende Abwechslung.

Doch wir haben weder Zeit noch Lust zu rasten. Die Ungewißheit treibt uns unwiderstehlich vorwärts. Ein kleiner Überhang eröffnet den Reigen der folgenden schweren Kletterstellen. Das

herrlich feste Gestein gestaltet trotz aller Schwierigkeiten das Klettern zu einem ungemein genußvollen Emporturnen. Noch sucht uns eine fast völlig glatte Felsspalte den Weitergang zu verwehren, erfolgreichen Widerstand kann sie jedoch nicht mehr leisten. Da grinst uns schon der erwähnte Kamin aus greifbarer Nähe entgegen. Eine halbe Seillänge noch, dann ist das Rätsel gelöst. Bald winden wir uns – Schifferer voran – in dem glattwandigen Spalt schnaufend und pustend empor. Unsere vollgepfropften Rucksäcke werden dabei Ursache zu ausgiebiger Übertretung des zweiten Gebotes Gottes. Ein Felsblock, der sich einst vom Mutterfels gelöst, um in sausendem Flug in die Tiefe zu poltern, hat sich verfangen. Energisch, jedoch vergebens sträubt er sich gegen die Eindringlinge. Stemmend und spreizend wird das letzte Stück des Kamins überwunden.
Erleichtert atmen wir auf. Die unnahbare Plattenwand liegt unter uns. Es läßt sich nur schwer schildern, in welches Staunen uns der sich hier plötzlich bietende Anblick versetzt. Links von uns zieht das erste der großen Bänder der Ostwand aufwärts. Auf luftigem Pfad queren wir hinüber zum Beginn des mächtigen Riesenbandes. Noch keines Menschen Fuß hat dieses urgewaltige, jahrtausendealte Schöpfungswerk der Natur betreten. Es ist dies ein Band von solcher Eigenart und kolossaler Ausdehnung, wie man wohl kaum ein zweites in den Alpen finden wird. In einer Breite bis bis zu 70 Metern und einer Länge von einigen hundert Metern durchzieht es, in südwestlicher Richtung ansteigend, fast die halbe Ostwand: ein einziger mächtiger Plattenschuß ohne jeden Schuttbelag, unterscheidet es sich sympatisch von dem Geröllschinder am dritten Band. Kaum merklich nach außen geneigt, weist unser Riesengesims eine durchschnittliche Neigung von 40 Grad auf. Sicher haftet der Kletterschuh trotz der Neigung an den glatten Platten. Mühelos, stets am inneren Rand neben dem mauergleichen, vermutlich undurchsteigbaren Steilabfall zwischen unserem und dem zweiten Band emporschreitend, erreichen wir etwa in der Mitte des Bandes eine geräumige Höhle, welche uns geeigneten Platz zu verdienter Rast bietet.
Für die durstigen Kehlen sorgt ein klares Wässerlein, das sich aus

der Höhle schlängelt. Manch Leckerbissen aus des Rucksacks Tiefen wird angeboten, doch war diese aufdringliche Freigiebigkeit heute wohl nur dem Wunsche, das Gewicht des Schnerfers nach Möglichkeit zu verringern, zuzschreiben. Während wir für des Leibes Atzung sorgen, fliegt der Blick über den Rand der Felsen hinab zur Tiefe des Eisbachtales und auf den dunkelblauen Spiegel des Königssees. Wie Kinderspielzeug liegen die Boote unten auf dem Wasser oder ziehen langsam ihres Weges. Vom Hagengebirge blicken Schneibstein und Kahlersberg herüber, und vor uns steht die scheinbar senkrecht abstürzende Hachelwand, die in wilder Hast unter donnernden Gepolter Steinlawinen in die Tiefe sendet. Ein mächtiger Steinmann erstand aus unserer Hände Arbeit, in dessen Verwahr wir eine Blechdose mit unseren Karten ließen.

Wir rechneten bestimmt damit, die kommende Nacht in der Wand zu verbringen, und so hatten wir keine allzu große Eile. In der Gipfelschlucht wollten wir uns ein geeignetes Schlafplätzchen suchen. Um $^{1}/_{2}2$ Uhr, nach einstündiger Rast, nehmen wir von dem uns lieb gewordenen Rastplatz Abschied und folgen weiter der Riesenstraße des Bandes. Ohne Hand an den Felsen zu legen, spazieren wir im wahrsten Sinne des Wortes der Unterbrechung des Bandes, die jetzt unsere ganze Aufmerksamkeit erfordert, entgegen. Das Band bricht gegen Südwest in steile Schrifen ab, während rechts, durch ein etwa 20 Meter hohe Wandstufe vom eigentlichen Band getrennt, eine weniger ausgeprägte Fortsetzung zum untersten Ansatz der großen Gipfelschlucht hinanleitet. Schifferer und Hansl sind wieder eifrig bemüht, einen Steinmann von mächtigen Ausmaßen zu errichten; unterdessen suchen Reitmayr und ich an günstiger Stelle die Unterbrechungswand zu bezwingen, was jedem von uns auch rasch auf eigenen, an Schwierigkeit nicht zu unterschätzenden Pfaden gelingt.

Das letzte Fragezeichen war ausgelöscht. Unsere unermüdlichen Steindaubensetzer kommen uns bald nach, und auf der hier von einer Menge von ausgewachsenen Rinnen und Rillen durchzogenen Bandfortsetzung geht es flott weiter der schneegefüllten Mündung der Gipfelschlucht zu. Mächtige Lawinenreste lagern hier

das ganze Jahr hindurch. An von Schmelzwasser überronnenen, plattigen Absätzen gewinnen wir rasch an Höhe. Nach etwa 1000 Metern erblicken wir den ersten Steinmann der alten Route.
Unser Weg, den wir nach unserer Heimatstadt Salzburger Weg getauft haben, war damit glücklich beendet. 900 Meter beträgt der Höhenunterschied vom Biwakblock, dem Ausgangspunkt unseres Durchstiegs, bis hierher, das ist die halbe Wandhöhe ... Für etwaige Nachfolger mag ein Urteil über den Salzburger Weg in folgende Worte gefaßt sein: Er hat gegenüber der alten Route ganz besondere Vorteile, und zwar: Seine Begehung ist bis in den späten Herbst hinein möglich, da die Steinfall- und Lawinengefahr fast gänzlich fehlt. Die Routenführung und die Orientierungsmöglichkeit sind gegenüber der alten Route wesentlich einfacher. Der Fels ist durchweg fest und gut griffig. An das Können und die Ausdauer des Kletterers stellt unser Weg jedoch wesentlich höhere Anforderungen. Einem großen Prozentsatz derer, die heute die Ostwand begehen, wird er wohl fast unüberwindliche Hindernisse entgegenstellen, denn ein mittelmäßiges Klettertalent wird nur mit ausgiebiger Hilfe über den abschreckenden Wandabsturz hinwegkommen. Empfehlenswert erscheint es, wie bei der gebräuchlichen Route, in der Wand ein Freilager zu beziehen; denn es ist nicht jedermanns Sache, die 1800 Meter hohe Wand in einem Zuge zu durchklettern.«

## Salzburger Weg im Abstieg

Der erste Abstieg über den schwierigsten Weg der Watzmann-Ostwand gelang 1927 den Berchtesgadenern Josef Aschauer und Sepp Kurz, der nach vielen Erstbesteigungen im Frühjahr 1950 in leichtem Almgelände unterhalb des Torrener Jochs von einem kleinen Schneebrett verschüttet wurde und erstickte.
Zu einer unfreiwilligen Begehung des Salzburger Weges im Abstieg wurden 1931 Gustl Kröner und Gefährte veranlaßt. Bei einem Biwak auf dem ersten Band wurden sie vom Wettersturz überrascht. Wegen starken Steinschlags war ein Hinüberqueren

in die alte Route unmöglich. Sie mußten bei Nässe und Kälte den schwierigen Aufwärtsweg zurückklettern und einen erbitterten Kampf um ihr junges Leben führen. Der ein Jahr später am Matterhorn verunglückte Gustl Kröner schrieb unter dem Eindruck dieses Erlebnisses u. a.:
»... Wortkarg brechen wir auf, ringen uns abwärts in steilen, teils überhängenden Rissen den Weg, den wir am Vortag in $1^1/_2$ Stunden überwältigt hatten. Zweimal 15 Meter fahren wir ab, im Seilsitz schwebend, dann ist der einzige Haken, die letzte Seilschlinge verbraucht. Und selbst der Hammer entfällt der starren Hand Karls und verschwindet im brodelnden Grau. Langsam, unendlich langsam klettern wir tiefer. Blut tropft aus gefühllosen Fingerspitzen. Steif wie Draht ist das Seil, und Sturm und Wasser drohen uns aus den Tritten zu schleudern. Eine gegenseitige Sicherung haben wir schon längst aufgegeben. Nur ein Gedanke herrscht in uns: hinab, hinunter, gleich wie, hinaus aus dieser Hölle. Zerlumpt, zerfetzt, halb erstarrt ringen wir um unser junges Leben. Seit fünf Stunden bäumen sich nun unbändiger Lebenserhaltungstrieb, Energie und Wille auf gegen rohe, brutale Gewalt. Allmählich versiegt die körperliche Kraft, aber trotzdem kämpfen wir fort – erbittert in verbissenem Ringen. Noch sinkt die Wand ins Bodenlose, und uns scheint es, als hole sie zum letzten, vernichtenden Schlag aus. Und nun bricht auch unser Wille, weicht einer irrsinnigen Gleichgültigkeit; mürbe – erschöpft – stumpf sind wir, und Frost schüttelt uns, daß die Zähne hörbar klappern. Nach Stunden stehen wir unter dem schwierigsten Stück, den drei Rampenüberhängen, nicht wissend, wie wir hierher gelangt. Alles haben wir gewagt, verzweifelt – gleichgültig.
Neunzig Meter tiefer liegt das Kar, deutlich unterschieden wir nun das Geröll. Schnell jagt jetzt das Blut in den Adern, siedend heiß, und die Schläfen hämmern. Dort winkt nun verheißend das Leben – und wir sind doch noch so jung. Mir ist's, als müßte das Herz zerspringen und die Adern bersten. Oh! So schön ist doch die Welt, zu schön, um jung zu sterben. Vorsichtig nun, Meter um Meter erwägend, bringen wir die steilen, grifflosen Platten hinter uns und landen glücklich unten im Geröll ... Noch mit dem Seil verbunden,

kommen wir im Wirtshaus von St. Bartholomä an und schneiden mit einem großen Küchenmesser den unlöslichen Seilknoten durch. Kein Mensch glaubt uns, daß wir diesen wütenden Elementen heil entronnen sind. Und zur selben Minute, als die Wirtin einem dienstbaren Geist beflieht: ‚Bring den zwei Handwerksburschen a an Teller Suppen!', hängen wir zwei vollkommen durchnäßte Zehn-Mark-Scheine an das gußeiserne Türl der Ofendurchsicht.«

So erlebte Gustl Kröner einen Abstieg bei ungünstigster Witterung und über die schwierigste Watzmann-Ostwand-Route. Aber auch auf dem alten Wege Kederbachers stellt ein Abstieg von der Südspitze (2713 m) nach St. Bartholomä am Königssee (613 m) wesentlich höhere Anforderungen an das bergsteigerische Können, vor allem in bezug auf Trittsicherheit und die Fähigkeit, sich zu orientieren, als der Aufstieg.

Max Zoeltsch schrieb nach seinem 1930 durchgeführten Abstieg mit Georg Weiß, einem Berchtesgadener Bergsteiger, der die Watzmann-Ostwand von vielen Besteigungen genau kannte: »Der oberste Wandteil, der im Aufstieg leicht begehbar ist, erfordert hinunter erhöhte Aufmerksamkeit und Trittsicherheit infolge des vielen lockeren Gesteins. Wenn man nicht von wiederholten Aufstiegen her alle Merkmale und Richtpunkte der Route genau kennt, dürfte die Orientierung beim Abstieg in der Zone bis zum Frühstücksstein außerordentlich schwierig sein.«

## Die Ostwand im Dröhnen des Steinschlags

In der ersten Reihe der objektiven Gefahren, die diese Wand ihren Besteigern entgegenstellt, steht der Steinschlag. Er kann sich zu furchtbarer Wirkung steigern, und wehe dem, der keine Deckung findet. Wer nur bei lachendem Sonnenschein aus den Morgenschatten des Eisbachtals über ihre Bänder, Platten, Risse und Kamine emporstieg zum himmelnahen Gipfel, wer sich nicht vor Schrecken erschaudernd in die Felsen duckte, wenn sie unter urweltlichem Donnern, Dröhnen, Stauben und Splittern ihre

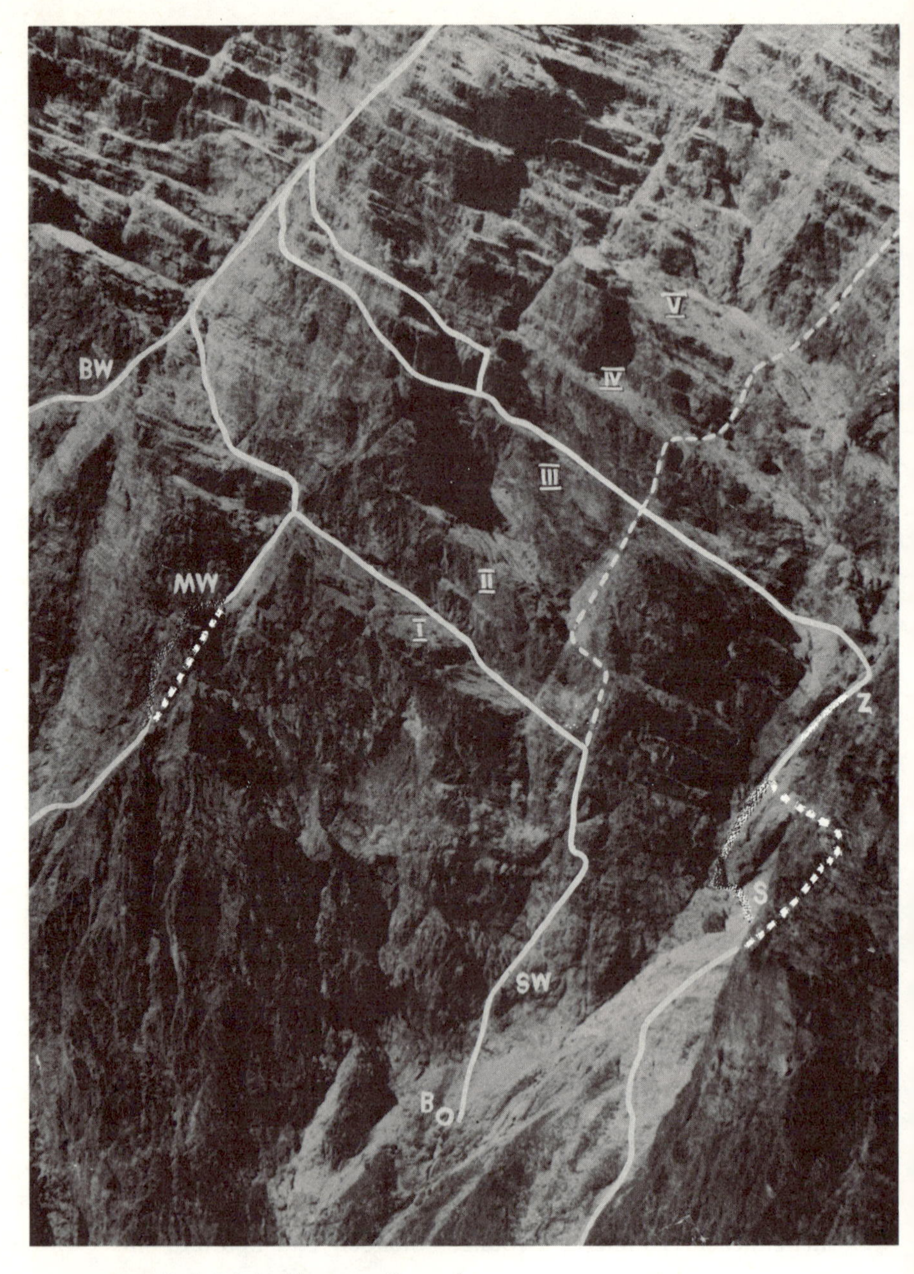


*Das Mittelstück der Watzmann-Ostwand*

| | | | | | |
|---|---|---|---|---|---|
| *SW* | = | *Salzburger Weg* | *S* | = | *Schöllhornplatte* |
| *MW* | = | *Münchener Weg* | *Z* | = | *Zellerhöhle* |
| *BW* | = | *Berchtesgadener Weg* | *I – V* | = | *die Bänder* |
| *B* | = | *Biwakblock im Schöllhornkar* | | | *Foto: Ernst Baumann* |

gigantischen Geschosse in rasendem Sturzflug in die Tiefe jagte, der kennt sie nicht, die furchtbaren Gewalten dieser stolzen Wand. Er höre, was es heißt, in ihr vom Steinschlag überrascht zu werden:
»Da plötzlich hoch oben ein Donnern. – ‚Steine!!' brüllen sie hinter mir. Ich reiße das Gesicht empor, sehe weit oben riesige Blöcke frei aus der Wand stürzen, zwei Sätze über die glatten Platten zurück mache ich und werfe den Körper an den Fels, ziehe Kopf, Füße und Arme ein, das alles in ein, zwei Sekunden, den Rucksack über den Kopf ziehen, dazu reicht es nicht mehr – dann donnern in gewaltigen Schlägen die ersten Steine heran.
Immer größere folgen. Mit dem Ton schwerer Kirchenglocken schlagen sie auf und gellend zersplittern sie in aber Tausende von Sprengstücken. Vor mir, hinter mir, neben mir kracht und heult und donnert es, die ganze Wand, der ganze Berg scheint auf uns hereinzustürzen. Von meinen drei Gefährten kann ich nur den dicht bei mir liegenden Weiß sehen. Von den übrigen beiden weiß ich nichts. Die Zeit scheint stillzustehen. Die Minuten wachsen zu Ewigkeiten.
Überzeugt vom Ende aller Dinge, erwarte ich jeden Augenblick den Stein, der treffen wird, den Block, der das heiße Leben auslöschen muß. Doch nichts, nur das höllische Bersten und Krachen der Steinlawine, das zu einem einzigen brutalen Aufschlag zusammenschmilzt, steigert sich – und dann verebbt es jäh.
Doch wir wagen nicht die Gesichter zu heben, bis als erster Freund Richter in das verhallende Inferno schreit: ‚Lebt ihr noch alle?'
Da erheben wir uns aus der Erstarrung. Wir sehen uns in einer heißen, stinkenden Staubwolke, sehen, daß noch alle wie durch ein Wunder am Leben sind.« (Max Zoeltsch)

Das Erlebnis einer einzigen Partie, Hunderte haben es ähnlich erfahren. Jedem, der die Watzmann-Ostwand durchsteigt, kann es in jeder Sekunde so gehen!

# DER MÜNCHENER WEG

Mit dem Salzburger Weg war die Erstbesteigungsgeschichte der Watzmann-Ostwand noch nicht abgeschlossen. Am 15. Juli 1929 fand der Münchener Fritz Thiersch die Lösung eines alten Problems: unmittelbar von der Eiskapelle zur Gipfelschlucht zu gelangen. Dieser gerade Durchstieg, der Münchener Weg, meidet nicht nur die Randkluft an der Schöllhornplatte, sondern auch die an der Eiskapelle und ist daher von den jahreszeitlichen Verhältnissen am wenigsten abhängig. Er ist der leichteste und geradeste Durchstieg zum Südgipfel; trotzdem wird er am seltensten begangen. Dr. Leo Maduschka*, einer der bekanntesten Repräsentanten des modernen Alpinismus, äußerte sich nach der zweiten Begehung des neuen Weges mit Fritz Thiersch im Sommer 1930 begeistert über seine Eindrücke:
»Eine ungeheure Wand! Wir finden sie prachtvoll, empfinden es als wunderbar, heute einmal nicht die Maschinerie von Seilen, Haken und Karabinern an uns zu haben, sondern ohne all dies einfach steigen zu dürfen, immerzu auf einer gewaltigen Felstreppe, die aus dem dunklen Blau des Sees in das helle Blau des Himmels führt.«
Über den neuen Durchstieg berichtete Leo Maduschka:
»Um 6 Uhr früh überqueren wir das Schneefeld ober der Eiskapelle. Wir bleiben stehen, mein Freund erklärt mir den neuen Weg, den er allein im letzten Jahr durch die Ostwand zur Südspitze gefunden hatte.

* Dr. Leo Maduschka aus Münschen starb am 4. September 1932 in der Civetta-Nordwand. Er war an diesem Tage in schlechter körperlicher Verfassung. In beträchtlicher Höhe mußte ein Freilager bezogen werden. In der Nacht starb Maduschka an Erschöpfung, während ein wütender Schneesturm über die Civetta raste. An alpinen Schriften hinterließ er das Erlebnisbuch »Aus großen Wänden« und die Lehrbücher »Neuzeitliche Felstechnik« u. »Die Technik schwerster Eisfahrten«

In sehr brüchigem Dolomit geht es die unterste Wandstufe empor, dann folgt längere Zeit zahmeres Gelände, rasch kommen wir vom Fleck – wir gehen ohne Seil – und erreichen nach einer Stunde ein kleines, in die Wände eingelagertes Geröllkar, bereits einige hundert Meter über der Eiskapelle.
Nach kurzer Rast verlassen wir es an seiner rechten Seite, in buntem Wechsel folgen Steilschrofen, Gras, Platten, Rinnen, bald fest und genußvoll, bald ungemein brüchig und höchste Vorsicht heischend. Im Zickzack klettern wir empor, ich brauche nicht zu suchen und nicht zu denken, der Gefährte kennt seinen Weg mit verblüffender Genauigkeit; einzelne Stellen schwinden in dieser Riesenwand aus dem Gedächtnis, die Schwierigkeiten verschmelzen zu einer mittleren Linie. Hunderte von Metern liegt schon wieder das kleine Kar unter uns, unentwegt klimmen wir höher. Eine von einem mächtigen, abgespaltenen Turm gebildete Schlucht tut sich auf, ihr wenden wir uns zu. Das Gestein wird allmählich fester und glatter, wir ziehen die Kletterschuhe an, ein abdrängender Übergang macht ein wenig zu schaffen; dann sind wir in der Schlucht, in der wir über rund gebuckelte Platten höherspreizen; eine Rampe leitet uns schließlich nach rechts auf den Kopf des abgespaltenen Turms hinauf.
Auf schmalem Grat balancieren wir zum Massiv hinüber und gelangen in genußvollem Klettern über die plattige Felsfliesen zu einem kleinen Sattel. Eine riesenhafte Plattenstraße kommt von rechts herauf: wir sind am ersten Band. Hier trifft unser Pfad mit dem Salzburger Weg zusammen. Rasch erledigen wir noch die 20 Meter hohe Wandstelle, die uns zur Fortsetzung des Bandes und zum Beginn der Gipfelschlucht führt. Wir hören Wasser rieseln, setzen uns hin und gönnen uns eine längere Pause ...«

# DER BERCHTESGADENER WEG

Es ist einer der eigenartigsten Zufälle aus der langen Ersteigungsgeschichte der Watzmann-Ostwand, daß einer ihrer schönsten Durchstiege erst 1947 gefunden wurde, noch dazu mehr durch Zufall als mit Absicht.
An einem trüben Herbstsonntag, dem 28. September 1947, wollten die Berchtesgadener Bergsteiger Josef Aschauer und Hellmuth Schuster die Wand über den selten begangenen Münchener Weg besteigen. Als hervorragende Kenner der Wand von vielen Besteigungen und Rettungsexpeditionen nahmen sie sich gar nicht erst die Mühe, eine Routenbeschreibung der Erstbesteiger zu studieren, sondern sie gingen aus Geratewohl da, wo ihres Wissens nach der Münchener Weg verlaufen mußte.
Während des Kletterns merkten sie aber bald, daß der von ihnen gewählte Durchstieg nicht mehr der Linienführung des Münchener Weges entsprach. Nach dem schon von St. Bartholomä aus sichtbaren Schuttkar in der Fallinie der Südspitze zweigten sie nicht dem Münchener Weg folgend zum Turm an der Unterbrechungsstelle des ersten Bandes ab, sondern viel weiter oben auf einer von unten verdeckten Rampe, die direkt in den untersten Teil der Gipfelschlucht einmündet. Das stellte sich natürlich erst nachträglich heraus. Bei der Kletterei über die gutgriffigen, festen Platten der Rampe mußten sie ständig damit rechnen, plötzlich durch eine ungangbare Unterbrechungsstelle zur Umkehr gezwungen zu werden ... bis auf einmal von rechts das erste Band heraufzog und der breite untere Teil der Gipfelschlucht unter ihnen lag.
Knapp zwei Jahre nach der Erstbesteigung erfolgte der erste Abstieg über den Berchtesgadener Weg unter Umständen, die typisch sind für die Überraschungen, die die Ostwand für den Besucher bereithält.

## Berchtesgadener Weg in Auf- und Abstieg

Erbarmungslos rasselt das Telefon und reißt mich aus dem tiefen, festen Schlaf. Es ist $^{3}/_{4}$6 Uhr früh. Auf meine etwas ungehaltene Meldung höre ich am anderen Ende eine vertraute Stimme:
»Hast du Lust, dich schnell fertig zu machen? Um 7 Uhr fährt ein Zug nach Königssee und gleich anschließend haben wir ein Motorboot nach Bartholomä. Wir gehen dann den Berchtesgadener Weg und machen ihn auch gleich im Abstieg.«
Es ist Bergführer Hellmuth Schuster, der im Herbst 1947 mit Josef Aschauer den Berchtesgadener Weg fand.
Schon lange war es mein Wunsch, diesen letzten Durchstieg, der direkt in die Gipfelschlucht mündet, kennenzulernen. Rasch ist vergessen, daß wir erst gestern nach einer anstrengenden Durchkletterung des Salzburger Weges mit schweren Rucksäcken und bei Hochsommerhitze vom Watzmann gekommen waren.
Kurz vor $^{1}/_{2}$10 Uhr stehen wir am Rande des Firnfeldes und kühlen uns in dem erfrischenden Luftzug, der mit dem Eisbach aus dem Gewölbe ewiger Kälte strömt. Es ist schon verdächtig heiß in diesen Vormittagsstunden, aber noch trübt kein Wölkchen den klaren Himmel.
Wir entschließen uns zu einer Marscherleichterung, die Ostwandbesteigern keineswegs zur Nachahmung empfohlen werden soll. Seil, Kletterhosen, Pullover und einige Karabiner werden am Waldrand versteckt. In luftiger kurzer Hose, Hemd, Anorak und Tagesproviant im Rucksack, 33 Meter Reepschnur umgehängt, beginnen wir den Anstieg. Unser Grundsatz, auch bei leichten Touren auf Überraschungen gefaßt zu sein und einen Rückzug aus eigener Kraft zu sichern, läßt uns trotz unserer für eine Ostwandbesteigung nicht gerade vorbildlichen Aufmachung sieben Haken und mehrere Seilschlingen einstecken. Wir waren noch sehr froh darüber, denn bald sollten wir erfahren, was man in einem »leichten« Watzmann-Ostwand-Durchstieg alles erleben kann!
Eine in die Luft hinausragende Schneebrücke, von der aus man die Randkluft überspringen konnte, und die Hoffnung auf Zeitgewinn angesichts der fortgeschrittenen Stunde veranlaßten uns, vom

Vorteil des Berchtesgadener und Münchener Weges, beide Randklüfte zu meiden, diesmal keinen Gebrauch zu machen.
Links von dem Wasserfall, der unterhalb des obersten Firnkegels der Eiskapelle in die Randkluft stürzt, querten wir nach einem Sprung über den dunklen, dräuenden Spalt ein Gras- und Schuttband nach links aufwärts und erreichten bald die steilen Hänge, über die man in hüfttiefem Gras mühsam ansteigen muß. Das ungewöhnlich hohe Gras gibt eigenartigerweise ein Gefühl der Sicherheit, denn es ist so fest und dicht, daß man sich bei einem Ausgleiten sofort verkrallen und halten kann. Unangenehmer sind einige brüchige Schrofenstufen zwischen den Grashängen und dem unteren Rande des Schuttkars.
Der Weiterweg aus dem Schuttkar, dessen oberen Teil ein Firnfeld ausfüllt, führt über den am weitesten nach links in das Geröll hereinragenden Felssporn. An seinem Fuß lasse ich die schweren Bergstiefel stehen und vertausche sie gegen die leichten Kletterschuhe. Nun müssen wir bestimmt wieder hier herunter! Hellmuth Schuster kann mit den Profilgummisohlen die Wand ohne Schuhwechsel und ohne Beeinträchtigung des Sicherheitsgefühles besteigen.
Die nun folgende Kletterei ist reine Freude für jeden Bergsteiger, dem es nicht auf den Schwierigkeitsgrad und seine technische Überwindung, sondern auf das Berg- und Naturerlebnis ankommt. Helle, glattgewaschene Felsen und Rinnen, überall zuverlässige, feste Griffe – es ist geradezu eine Erholung nach dem anstrengenden Anstieg ins Schuttkar, das immer tiefer unter uns versinkt. Knapp hintereinander, stellenweise sogar nebeneinander, steigen wir gleichmäßig höher und sichern nur gelegentlich an einem steileren Plattenaufschwung. Von Zeit zu Zeit machen wir Notizen, denn die Anfertigung einer genauen Routenbeschreibung für die Neuauflage des Zellerführers und einen durch gute Aufnahmen der Schlüsselstellen illustrierten Watzmann-Ostwand-Führer ist der Zweck des Aufstieges; der erste Abstieg soll der Überprüfung der Abtransportmöglichkeiten von Verunglückten aus dem oberen Wanddrittel dienen. Das Kernstück des Berchtesgadener Weges, die Rampe, die die Wand mehrere

hundert Meter zum Beginn der Gipfelschlucht durchschneidet, bietet günstigere Voraussetzungen für die Anwendung des Stahlseilgerätes als der alte Kederbacherweg über die Bänder, den steinschlaggefährdeten, plattigen Winkel oberhalb der Zellerhöhle, die Schöllhornplatte und die Randkluft.
Ein etwa 50 Meter langes, in der Mitte bei einem länglichen Loch schmaler werdendes Plattenband führt nach links aufwärts zu dem Schrofenabsatz, von dem der Münchener Weg zu dem Turm am 1. Band und der von ihm herabziehenden Schlucht abzweigt. Die Stelle, an der der Berchtesgadener Weg weiter oben nach rechts abbiegt, ist weiterhin deutlich sichtbar: Eine dunkle, senkrechte Wand, über die meist ein aus einem Firnfeld kommenes Bächlein herabstürzt. Helle, feste Platten leiten zu dem geräumigen Rastplatz oberhalb dieser markanten Wandstufe.
Am Beginn des scharf nach rechts zur Rampe führenden, grasdurchsetzten Bandes errichten wir einen großen Steinmann, der allen Nachkommenden ein Wegweiser sein soll, und gönnen uns an diesem am weitesten gegen die Hachelwände vorgeschobenen Punkt aller Durchstiege eine kurze Rast. Frei gleitet der Blick über das ganze Eisbachtal nach Bartholomä hinaus und auf die Gipfel des Hagengebirges, links ober uns ragen die kühnen Dolomitentürme der Watzmannkinder in strahlend weiße Wolken. Es bietet sich ein ungehinderter Ausblick, wie ihn ähnlich nur der Münchener Weg, aber keiner der in den Winkel zwischen Ostwand und Südwänden der Watzmannkinder hineinführenden alten Wege aufzuweisen hat. Unverändert bleibt dieses einzigartige Bild während des ganzen weiteren Aufstiegs erhalten.
Die Rampe selbst gehört zum Schönsten, was die Ostwand zu bieten hat. Sie ist durchweg steiler als der Kederbacher Weg und ermöglicht bei stets gleichbleibenden Schwierigkeiten (III) in festen, gutgriffigen Platten einen geraden Durchstieg durch den mittleren Wandteil, den der alte Anstieg im Zickzack Schöllhornplatte–Zellerhöhle–Bänder auf einem viel weiteren Weg überwindet. Zweimal quert man aus dem innersten Winkel der Rampe vor steileren Abbrüchen ein Stück nach rechts heraus; das erste Mal kommt man bei zwei nebeneinanderliegenden Biwaklöchern

wieder nach links zurück, das zweite Mal bei einem dritten Biwakloch zwei bis drei Seillängen höher.
Ein kurzer, gratartiger Vorsprung begrenzt von hier den Himmel ober uns. Bald haben wir ihn erreicht. Bei wohltuender, stets gleichmäßiger Beanspruchung von Händen und Füßen war die Durchkletterung der Rampe ein Genuß. Nun noch ein paar Schritte über die scharfe Schneide – und vor uns liegt die Gipfelschlucht.
Während mein Begleiter zum Frühstücksstein am Ende des Bandes hinaufsteigt, um seinen Eispickel zu holen, den er einer anderen Partie gab, als wir vorgestern den »Salzburger Weg« durchkletterten, nehme ich ein erquickendes Bad in den Wasserläufen, die aus dem nahen Firnfeld im breiten, unteren Teil der Gipfelschlucht plätschern. Nicht viele Wände spenden ihren Besteigern so freigebig kühlendes Naß. Esbit-Tabletten und ein Aluminiumbecher ersetzen die schwere Feldflasche, und es dauert nicht lange, bis Mokkaduft die Luft erfüllt.
Plötzlich fällt ein Wermutstropfen in diese angenehmen Beschäftigungen. Über die Südspitze schiebt sich eine dunkle Wolkenwand. Es ist dies eine typische Überraschung der Ostwand, die schon manche Seilschaft in Bergnot brachte. Im Hagengebirge scheint noch die Sonne, über sich sieht man blauen Himmel, während von Westen her schon seit langem ein Unwetter im Anzug ist. Wenn auch manchmal Schwüle und Trübung des Himmels warnende Vorzeichen sind – was kurz bevorsteht, merkt man erst im Anblick der dunklen Gebilde, die unheildrohend über den Grat kriechen.
Die Freude an der Rast ist uns verleidet. Rasch packen wir zusammen, und um 15 Uhr beginnen wir den Abstieg. Schon beim oberen Biwakloch fallen die ersten Tropfen.
Nur weiter, weiter, Tiefe gewinnen!
Die ausgesetzte Umgebung des Rampenabbruchs zu den beiden unteren Biwaklöchern ist noch einigermaßen trocken. Als wir bei den beiden schützenden Unterständen sind, regnet es. Wir klettern trotzdem weiter, um die Zeit zu nützen, bis die ersten Sturzbäche über die Rampe kommen. Noch einige wertvolle Seillängen, dann wird aus dem Regen ein prasselnder Guß – gerade als wir die

letzte, etwas überhängende Stelle in der Begrenzungswand der Rampe passieren wollen. Auf einer schmalen Leiste weichen wir dem wasser- und steinschlaggefährdeten Winkel der Rampe einige Meter aus und sichern uns durch zwei Haken.
Das Zentrum des längsten Hochgewitters, das wir je in den Bergen erlebten, ist in unmittelbarer Nähe über den Hachelköpfen. Unheimlich rollt der Donner in dem nach drei Seiten abgeschlossenen Felskessel. Blitze, die gegenüber weit unter dem Gipfel in die Felswände schlagen, tauchen die Wand in magisches violettes und schwefelgelbes Licht. Die Ostwand erwacht zu tosendem Leben. Innerhalb von fünf Minuten stürzen ungeheuere Wassermassen über die Flanken, harmlose Gerinnsel wachsen sprunghaft zu dröhnenden Sturzbächen, in allen Rinnen und Spalten gluckert und fließt es, in den schluchtartigen Wasserläufen, die wir im untersten Teil der Wand queren müssen, geht es zu wie in einer Klamm. Die Plattenpartien, über die wir so leicht heraufkletterten, sehen nun im spiegelnden Glanz der Nässe drohend und abschrekkend aus. Die sieben Haken und vier Seilschlingen, die wir vorbeugend mitnahmen, geben uns nun ein beruhigendes Gefühl. Mit elfmaligem Abseilen können wir im Notfall alle schwierigen Stellen bis zum Schuttkar überwinden. Zu essen haben wir auch noch reichlich und die Esbit-Tabletten reichen noch für einen heißen Trunk. Im langen Anorak mit überzogener Kapuze fühlen wir uns noch einigermaßen geborgen, wenn auch das stärker werdende Tropfen vom Überhang schon meine der Wand abgewandte Schulter erreicht hat. Da wir trotz des Regens tiefer stiegen, sind wir etwa in Höhe der Gotzen in wärmeren Luftschichten und frieren selbst in unseren kurzen Hosen vorläufig nicht. Daß wir deswegen noch lange nicht außer Gefahr sind, wissen wir nur zu gut. Das Gewitter scheint überhaupt nicht mehr aufzuhören. Wir beobachten es von den Hachelköpfen bis zum Tennengebirge. Der Regen läßt allmählich nach, aber es dauert noch lange, bis die Bäche soweit zurückgegangen sind, daß wir an eine Fortsetzung des Abstiegs denken können. Erst um 17 Uhr klettern wir weiter. An der Abzweigung des zur Rampe führenden Bandes finden wir unseren großen, an die Wand gelehnten Steinmann wohlbehalten

wieder. Nachdem er die Wasserfluten dieses Unwetters überstanden hat, bangen wir nicht mehr um seine Lebensdauer.
Beim Abstieg durch das Gewirr größtenteils noch vom Wasser überspülter Platten und Rinnen bietet sich ein völlig verändertes Bild als beim Aufstieg. Wir finden die Schilderungen aller Vorgänger, die die Ostwand von oben nach unten bezwangen, daß ein Abstieg wesentlich höhere Anforderungen an den Orientierungssinn stellt, erneut bestätigt. Zwar ist hier die Grundrichtung zum Schuttkar nicht zu verfehlen, aber es gelingt uns bei aller Aufmerksamkeit nicht, uns genau an die leichte Aufstiegsroute zu halten. Die vielen, durch den anhaltenden Gewitterguß plötzlich entstandenen Bäche lenken zu sehr ab. Die heikelste Stelle des Tages, eine brüchige Querung am Rande einer tiefen Schlucht, zwingt zu zeitraubender Hakensicherung. Erst nach 20 Uhr stehen wir im Schuttkar. Der Himmel wird klarer, das Rauschen in der Wand leiser, und die Wasserläufe durch die Grashänge stellen einer Überquerung keine ernstlichen Hindernisse mehr entgegen. Die durchnäßten Bergschuhe mit ihren Greiffeisen am Absatz sind mir im steilen, wassertriefenden Grasgelände nun doch lieber als die Kletterschuhe. Mit Staunen sehe ich am Gang Hellmuth Schusters, daß selbst im Gras die Gummi-Profilsohlen genügend Halt bieten. Im letzten, schwachen Tageslicht bremst nochmals ein kurzer, steiler Abbruch zum Beginn des Steigleins auf dem Gras- und Latschenrücken links der Eiskapelle unser Vorwärtskommen.
Endlich, genau 12 Stunden nach dem Einstieg, gibt uns die Ostwand nach einer harten Bewährungsprobe um $^1/_2$10 Uhr frei. Kein strahlender Sonnentag hätte ein so unvergeßliches Erlebnis sein können wie diese Stunden in der phantastischen Szenerie entfesselter Naturgewalten.
Am Waldrande bleiben wir noch einmal stehen und sehen uns um. Am reingewaschenen Himmel leuchten schon wieder die ersten Sterne. Über das nachtschwarze Eistal ragen in schweigender Größe die Umrisse der gewaltigen Wand. Alles Tosen, Donnern und Brausen der vergangenen Stunden versinkt in dieser friedlichen Stille. Im dichten Jungwald leuchten uns Dutzende von Glühwürmchen auf dem nächtlichen Wege nach Bartholomä.

Als wir in die blendende Helle des Forsthauses treten, wundere ich mich über das vergnügte Schmunzeln der Anwesenden. Die Ursache bleibt kein Geheimnis. Von der Rückseite meiner Hose hängt ein Fetzen weg, so groß, daß man den Kopf durchstecken könnte. Wir hatten nichts bemerkt, so sehr nahm uns beim Abstieg der Wettlauf mit der Dunkelheit in Anspruch.
Der Kalender zeigt den 15. Juli 1949. Genau vor 20 Jahren fand Fritz Thiersch zum erstenmal einen Weg durch den Wandteil, der nun nicht nur im Sommer und Winter, sondern auch im Abstieg begangen wurde.
Der Berchtesgadener Weg, der sich steigender Beliebtheit erfreut und von Jahr zu Jahr immer mehr begangen wird, ist zumindest in seinem oberen Teil der idealste Durchstieg durch die Ostwand. Den weiten, steinschlaggefährdeten Weg über die Schöllhornplatte, den Winkel, den die Ostwand mit den von den Watzmannkindern abfallenden Wänden bildet, und über die Bänder, überwindet der Berchtesgadener Weg in mittlerer Schwierigkeit in einem einzigen, geraden Anstieg. Er ist auch landschaftlich der schönste Durchstieg und vom Anfang bis zum Ausstieg bietet sich von ihm aus ein freier Tiefblick auf das Eisbachtal, St. Bartholomä und den Königssee. Wäre nicht der eineinhalbstündige Anstieg über sehr steile Grashänge und Schrofen zu dem Schuttkar, bei dem die eigentliche Kletterei beginnt, man könnte ihn als die »direkte Ostwand« bezeichnen. Er ist auf alle Fälle der kürzeste, leichteste und – wie der Münchener Weg – der von beiden Randklüften unabhängige Durchstieg. Diese Vermeidung beider Randklüfte und das Fehlen einer sehr schwierigen Kletterstelle, wie es etwa die Unterbrechungsstelle des ersten Bandes am Ende des Münchener Weges ist, begünstigen ihn auch für Bergungen von Verunglückten, deren Abtransport über die Bänder und die Schöllhornplatte immer sehr schwierig und anstrengend war. Der leichteste Durchstieg ist er natürlich nur für diejenigen, die ihn nach der Routenbeschreibung auch richtig finden. Wer sich versteigt, kann überall in der Ostwand plötzlich vor schwer zu überwindenden, oft verhängnisvollen Hindernissen stehen.

# DER SCHWARZE TAG DER OSTWAND

*»Die beste Tugend des Bergsteigers ist Bescheidenheit. Die Berge sind ja so groß und langmütig. Sie dulden so vieles. Gar mancher Sieg, der menschliche Energie und Geschicklichkeit ins hellste Licht zu rücken scheint, ist trotz allem ihrem Wohlwollen zu danken. Sie haben still zugesehen und wollten es nicht verwehren. Es ruhten ihre fürchterlichen Waffen. Holen sie aber einmal ernstlich zum Schlage aus, so treffen sie unfehlbar und vernichtend. Welcher Wissende wird sich im Ernste stärker dünken als sie sind?*

*Julius Kugy*

Juni 1922. Wochenlang hochsommerliches, warmes Wetter. Früher als in anderen Jahren werden Watzmann-Ostwand-Besteigungen unternommen. Die Bänder haben so wenig Schneeauflage wie sonst Ende Juli. Die Randklüfte sind leicht zu überschreiten, das Wetter könnte nicht schöner sein.
Warum zögern?
Am Königssee und an allen Ausflugszielen, auf Schutzhütten und Gipfeln wimmelt es von Besuchern. Täglich geht mit verblüffender Pünktlichkeit gegen fünf Uhr abends ein Gewitter nieder, kühlt ab, und zwei Stunden später sitzt wieder alles im Freien. Ein Anhalten der Schönwetterperiode scheint gesichert.
Am Abend des 17. Juni, einem Samstag, treffen sich an der Seelände in Königssee zwei Bergsteigergruppen, um mit dem letzten Motorboot nach Bartholomä überzusetzen. Die schweren Rucksäcke, Pickel und Kleidung verraten ohne Worte, welches Ziel sie haben. Im Gespräch ergibt sich rasch, daß die Dreierpartie aus München kommt und mit der Besteigung der Watzmann-Ostwand einen achttägigen Urlaub auf dem Watzmannhaus einleiten will.

Sie setzt sich zusammen aus den bekannten Bergsteigern Otto Leixl, Ehrensberger und Dr. Kaußler. Otto Leixl zählte zu den besten Münchener Kletterern. Auf mehrere Gipfel im Wilden Kaiser fand er neue, schwierige Anstiege, er hatte Westalpen-Erfahrung und ging daher mit der ruhigen Sicherheit des mit allen objektiven und subjektiven Gefahren vertrauten Bergsteigers an die Watzmann-Ostwand.
Die Viererpartie aus Berchtesgaden mit den Teilnehmern Diensthuber, Pöhlmann und Stangassinger wird geführt von Josef Aschauer, einem jungen, tüchtigen Bergsteiger, der in jenen Jahren in den Berchtesgadener Bergen schwierigste Erstbesteigungen machte.
Beide Partien brechen, ohne irgendwelche Abmachungen getroffen zu haben, im Morgengrauen im Abstand von einer Viertelstunde von Bartholomä auf. Über dem See liegt dichter Nebel, läßt die Konturen des Bartholomä-Kirchleins mit seinem Zwiebeltürmchen in grauen Schleiern verschwimmen und kriecht in gespenstischen Schwaden durch den Hochwald des Eisbachtales.
In Bartholomä ist das kein Schlechtwetterzeichen. Fast täglich bildet sich am See Nebel, den die Morgensonne emporzieht und auflöst in mildem Zerfließen.
Schon vor der ersten Terrasse treffen die beiden Partien wieder zusammen. Nässe sprüht durch die kühle Morgenluft. Ist das Wetter plötzlich umgeschlagen? Oder ist es nur ein rasch vorübergehender Guß?
Aus dem Nebel wird erstmals Regen. Über die Schöllhornplatte fließt plätschernd das Wasser. Von überhängenden Felsen fallen kleine Sturzbäche auf das glattgewaschene Gestein und werden durch den Aufprall zum Sprühregen. Wer hinauf will, muß durch eine kalte Dusche klettern. Das glitschige Gestein bereitet den Seilschaften beim Überwinden dieser Schlüsselstelle erhebliche Schwierigkeiten. Aschauer fällt auf, daß den drei Münchenern ihre überschweren Rücksäcke – sie haben Ausrüstung und Proviant für eine ganze Woche bei sich – sehr zu schaffen machen. Um sieben Uhr stehen sie alle in der geschützten Zellerhöhle.
Es regnet, es ist weiter grau und trüb.

Die Berchtesgadener mit Ausnahme Aschauers haben kurze Lederhosen, denn alles war eher zu erwarten als ein Wettersturz. Es ist naß und kalt. Sie frieren erbärmlich. Heißer Tee auf dem Spirituskocher läßt das Blut wieder warm durch die steifen Glieder pulsen, stärkt die Widerstandsfähigkeit und weckt neue Unternehmungslust.
Pöhlmann zieht zur Überraschung der anderen Knickerbockerhosen aus dem Rucksack und zieht sich um. Er hat als einziger den Rat Aschauers befolgt.
Weitersteigen? Umkehren? Ist das Wetter endgültig umgeschlagen oder wird mittags die Sonne durchbrechen?
Aschauer ist für die Umkehr. Die Münchener wollen den Rückzug nur ungern anstreben. Vor ihnen liegen acht Tage Kletterfahrten im Watzmanngebiet, und die möchten sie nicht schon am ersten Tage verwässert sehen.
Um neun Uhr hört der Regen auf. Die Wand liegt bis weit oben frei da. Sie steigen weiter.
Kurz nach der Zellerhöhle kommt eine sehr glatte Platte. Nur durch geschickteste Gewichtsverlagerung und Ausnützung kleinster Vorsprünge und Rauheiten des Gesteins ist sie zu überwinden. Die Berchtesgadener steigen voraus und erreichen verhältnismäßig rasch die nach links hinaufziehenden Felspartien. Während Aschauer sichernd die Seilschlingen aufnimmt und dabei zu den Münchenern zurückblickt, fällt ihm zum zweiten Mal auf, wie die schweren Rucksäcke die Nachkommenden behindern und Dr. Kaußler jetzt schon Seilzug braucht.
Elf Uhr. Eine kurze Rast beim Frühstücksstein am vierten Band stärkt für neue Anstrengungen, dann queren sie durch die riesige Wandflucht hinüber zum Gipfelaufbau der Südspitze und erreichen nach etwa eineinhalb Stunden die Gratrippe der Gipfelschlucht. Freudig wandert der Blick vom Hohen Göll bis zu den Gipfeln des Steinernen Meeres. Das erstrebte Ziel scheint in greifbare Nähe gerückt.
Aber was ist mit den Münchenern? Der Sichernde hat Zeit, mit Füßen und Rücken in die Wand verspreizt, in die Tiefe zu schauen und den Aufstieg der Nachfolgenden zu beobachten. Es fällt ihm

auf, daß sich der Abstand zusehends vergrößert, weil Dr. Kaußler ermüdet ist und nur langsam vorwärtskommt.
Plötzlich fällt Nebel ein, der wenig später in Dauerregen übergeht. Es wird empfindlich kalt.
Die Partie Aschauers ist noch in Rufverbindung mit den Münchenern und fragt, ob etwas fehlt und ob sie warten sollen. Vom Südgipfel kann sich Aschauer noch durch laute Rufe mit der nachfolgenden Partie verständigen; die Münchener scheinen nicht mehr als 200 Meter unter dem Gipfel zu sein und steigen langsam weiter.
Leixl, besorgt um den Zustand Dr. Kaußlers, veranlaßt Aschauer, mit seinen Gefährten zum Watzmannhaus abzusteigen, damit man von dort aus nötigenfalls Hilfe senden kann, wenn sie bis abends nicht einträfen.
Die Begleiter Aschauers hatten sich bis zum Gipfel gut gehalten, nur Diensthuber – später stellte sich heraus, daß er einen Herzfehler hatte und gar nicht bergsteigen sollte – mußte an den steileren Stellen des Gipfelaufbaues nachgeholfen werden.
Nun tritt ein jäher Umschwung ein. Aus der windgeschützten Ostwand treten sie um halb vier Uhr in den eisigen Sturm, der heulend um die Gratzacken fegt. Am tiefsten Punkt zwischen Mittel- und Südspitze beginnt es zu schneien. Die kurzen Hosen Stangassingers und Diensthubers rächen sich bitter. Zitternd vor Kälte mühen sie sich mit steifen Gliedern vorwärts. Wie Nadelstiche klatscht der Weststurm die Schneeflocken an die nackten Knie. Glatteis überzieht die Felsen, der Schnee wächst rasch an.
Diensthuber wird plötzlich apathisch. Völlig erschöpft, verliert er die klare Besinnung. »I mag nimmer. I kann nimmer. I leg mi jetzt da hin und schlaf!« Seine Kameraden reiben ihm die kalten Knie, den durchfrorenen Körper, geben ihm zu essen und zu trinken und reden ihm gut zu. Ohne Erfolg. Wütend wehrt sich der Ermattete gegen alle Versuche, ihn weiterzuzerren. Es hilft nichts. Hier zurückbleiben bedeutet den sicheren Tod. Das Seil wird angelegt. Er muß mit.
Kurz unterhalb der Mittelspitze ist ein kleiner Stemmkamin. Mit großer Mühe wird Diensthuber von seinen Kameraden hinaufge-

hoben und -geschoben. Oben bricht er auf einem kleinen Bande zusammen. Mit Schlagen wehrt sich der Verzweifelte gegen den Versuch, ihn zu tragen.
Unbarmherzig heult der Schneesturm um die vereisten Felsen. Alles Massieren und Aufrütteln Diensthubers ist vergebens. »Mei Ruah möcht i!«, und die strikte Weigerung, auch nur einen Schritt weiterzugehen, sind seine letzten Willenskundgebungen.
Um sechs Uhr abends streckt sich plötzlich die verkrümmte Gestalt auf dem Felsband, die Haare steigen in grauenerregender Weise zu Berge, die Gesichtsmuskeln verkrampfen sich. Diensthuber ist tot.
Stangassinger, der Vetter Aschauers, hatte sich bei den Bemühungen um Diensthuber so überanstrengt und war durch das Miterleben des Sterbens seines Freundes derart erschüttert, daß auch ihn Aschauer von nun an schieben und ziehen mußte. Stangassinger will seinen toten Kameraden nicht verlassen, er fühlt sich verantwortlich für dessen Schicksal und möchte eher sterben, als den Angehörigen des Toten die furchtbare Nachricht überbringen, daß der Sohn und Freund nie mehr heimkommen wird. Aschauer schreit ihm im Heulen des Sturmes zu, daß er weitergehen müsse oder erfrieren werde. Mühsam zerrt er ihn vorwärts, immer verbissener wird der Widerstand des todunglücklichen Stangassinger. Kurz unter dem Hocheck bricht auch er zusammen. Es ist schon sieben Uhr abends.
Aschauer darf keine Zeit mehr verlieren. In einer halben Stunde beginnt bei diesem Wetter selbst im Juni die Dämmerung. Kurz entschlossen reißt er den sich in den Felsen verkrallenden Stangassinger in die Höhe, hebt ihn quer über die Schultern und eilt mit der schweren Last der schützenden Hocheckhütte zu.
Hundert Meter vor dem Gipfel sind eine steile Platte drahtseilversicherte Stufen gehauen. Stangassinger klammert sich am Drahtseil fest, wo er es nur erreichen kann. Durch den plötzlichen Ruck wird Aschauer jedesmal fast in den Abgrund gerissen. Wütend zerrt er dann den Gefährten wieder hoch, daß diesem die Knie bluten. Auch seine eigenen Kräfte schwinden. Trotzdem versucht er, seine widerspenstige Last zum nahen Gipfel zu bringen.

*Watzmannhaus gegen Untersberg* *Foto: Rainer Köfferlein*

*Josef Aschauer, der Überlebende des »Schwarzen Tages« von 1922 nach der Erstbegehung des Berchtesgadener Weges 1947* *Foto: Hellmuth Schuster*

Doch der Bergtod ist schneller.
Immer wieder stürzen sie zu Boden. Es geht nicht mehr. Gleichgültig bis zur Selbstaufgabe liegt Stangassinger entstellt auf den Steinstufen. Ähnlich wie Diensthuber stirbt auch er nach Minuten. Die traurige Pflicht, die Kunde vom Tod seines Freundes selbst überbringen zu müssen, bleibt ihm erspart.
Zum zweiten Mal innerhalb achtzig Minuten bindet Aschauer die Leiche eines Kameraden an das Drahtseil. Nun packt auch ihn das Grauen. Überanstrengung, Kälte und das furchtbare Erleben beschleunigen den Kräfteverfall. Er schleppt sich zum Hocheck und läuft zum Watzmannhaus hinunter. Um halb neun Uhr trifft er an den oberen Serpentinen auf den Bewirtschafter des Watzmannhauses, Gschoßmann, der in Begleitung eines Trägers mit Decken und warmen Getränken auf dem Weg zum Hocheck ist. Er war von Pöhlmann verständigt worden, der nach dem Tod Diensthubers vorauslief, um Hilfe zu holen. Aschauers Kameraden ist nicht mehr zu helfen. Und die Münchener? Die sind sicher wegen des Schneesturms ins Wimbachgries abgestiegen. Sonst müßten sie Aschauer längst erreicht haben, bei den langen Aufenthalten – wenn wieder einer starb.
Zusammen mit Gschoßmann und dem Träger steigt Aschauer zum Watzmannhaus ab. In der hellerleuchteten Gaststube machen ihn Freunde darauf aufmerksam, daß seine linke Gesichtshälfte, die beim Abstieg der Westseite des Grates zugewandt war, von einer Eiskruste überzogen ist. Es hatte nichts davon bemerkt.
Am Montag holt eine Bergungsmannschaft die beiden Leichen am Watzmanngrat. Noch am selben Tag erfährt man in Berchtesgaden und am Watzmannhaus, daß die Münchener nicht in der Griesalm eingetroffen sind. Auch die Bergungsmannschaft stößt auf ein Zeichen der neuen Katastrophe. Bei der Leiche Diensthubers wird, ans Drahtseil gehängt, der Rucksack Dr. Kaußlers gefunden.
Nach drei Tagen finden der Bergführer Lorenz Hasenknopf und sein Begleiter unterm sogenannten »Hohen Stieg« am Abstieg vom Hocheck auf der Ostseite des Grates die Leichen von Leixl und Ehrensberger. Alles deutet darauf hin, daß Leixl an dieser

Stelle ohnmächtig wurde, über die Plattenschüsse abkollerte und nach einigen Metern an einem Vorsprung hängenblieb. Ehrensberger stieg etwa 10 Meter zu Leixl hinab, um ihm Hilfe zu bringen. Es war zu spät, denn er kam nur noch zu einem Sterbenden. Das furchtbare Erlebnis, nun noch einen vierten von den sechs Kameraden, die gemeinsam die Ostwand durchstiegen, ein Opfer des Berges werden zu sehen, gab Ehrensberger den Rest. Beim Zurückklettern starb auch er an Erschöpfung. Er stand wie beim Klettern in den Felsen mit angezogenem Bein, gestrecktem Arm, den Eispikkel an der Schlinge um das Handgelenk und den Rucksack auf dem Rücken. Aus München herbeigeeilte Bergkameraden und Berchtesgadener bargen die beiden Leichen am nächsten Tag.
Die Suche geht weiter. Wo ist Dr. Kaußler? Tag für Tag suchen Aschauer, Berchtesgadener und Münchener Bergsteiger die Abstürze zu beiden Seiten des Verbindungsgrates der Watzmannspitzen sorgfältig ab. Keine Spur erleichtert die Auffindung der Leiche. Endlich, nach zehn Tagen, wird Dr. Kaußler unversehrt in einer kleinen Höhle unterhalb der Südspitze gefunden. Er war am Tage des Einstieges körperlich nicht voll leistungsfähig und starb noch in der Ostwand an Erschöpfung.
Über die Einzelheiten des Schicksals der drei Münchener herrscht ewiges Schweigen. Kein Überlebender kann davon berichten.
Vermutlich erreichten Leixl und Ehrensberger bald nach dem Tode Dr. Kaußlers den Südgipfel. Schon deprimiert durch den Tod ihres Kameraden, schwächte der Anblick der beiden Leichen auf dem Weg zum Hocheck erneut ihre moralische Widerstandskraft. Kälte, Schneesturm und die ungewöhnlichen Strapazen pumpten sie körperlich aus.
In den kleinen Stemmkamin unter der Mittelspitze mußten sie bei der Leiche Diensthubers den Rucksack Dr. Kaußlers, den sie aus rätselhaften Gründen mit ihren eigenen schweren Lasten bisher mitschleppt hatten, zurücklassen. Manches Eigenartige und Geheimnisvolle an diesem Unglückstag bleibt ungeklärt.
Warum blieben Leixl und Ehrensberger nicht in der schützenden Unterstandshütte am Hocheck, wenn sie schon so schwach waren, daß sie kurz unterhalb des Gipfels zusammenbrachen?

Aus welchem Grund stiegen sie nicht unmittelbar von der Südspitze ins Wimbachtal ab, statt sich stundenlang dem Sturm auf dem Grat auszusetzen? Rechneten sie auf entgegenkommende Hilfe, oder wollten sie Aschauer und seine Begleiter nicht unnötig beunruhigen, weil diese durch sie zum Abstieg über die Spitzen zum Watzmannhaus veranlaßt worden waren?
Was müssen sie beim Anblick der Leichen Diensthubers und Stangassingers empfunden haben! Denn nach menschlicher Voraussicht war anzunehmen, daß die Berchtesgadener Partie unversehrt ins Tal gekommen wäre, wenn sie den Abstieg ins Wimbachtal gewählt hätte. Nach kurzem Abstieg wären sie aus dem Bereich des Schneefalls und des Sturms gewesen, die allein Diensthuber und Stangassinger in ihren kurzen Hosen so zermürbten, daß sie nicht mehr weiterkonnten.
Dieses Unglück in der Watzmann-Ostwand gehört zu den schwersten, die sich in den Ostalpen ereignet haben.
Die plötzlichen Wetterumschläge im Juni mit starkem Kälteeinbruch haben schon wiederholt zu Bergkatastrophen geführt. Auf Wegen, die im Sommer leicht zu gehen sind, kamen im Juni 1918 an der Zugspitze innerhalb von fünf Tagen acht Touristen um. Im Juni 1925 bewirkte ein Wettersturz im Gesäuse, daß von zwölf, die einstiegen, nur fünf lebend zurückkamen. Zweimal wütete der Bergtod erbarmungslos am Dachstein. Im Februar 1921 wurden von einem Orkan, der mit unvorstellbarer Wucht über die Berge brauste, sieben Skiläufer in die Tiefe geschleudert. Im April 1954 erfroren im Gebiet des Krippensteins am Rand des Dachsteinplateaus zehn Schüler und drei Lehrkräfte aus Heilbronn, die trotz wiederholter Warnungen bei beginnendem Schneetreiben ihren Aufstieg fortgesetzt und sich dann im Nebel nicht mehr zurechtgefunden hatten. Die Unterschätzung der völlig veränderten Situation nach einem Wetterumschlag war stets eine der Hauptursachen für die großen Bergkatastrophen der letzten Jahrzehnte.

# EIN MÄDCHEN ERLEBT DIE OSTWAND

*»Hochgebirge und Meer sind die erhabensten Schöpfungen der Natur. Es ziemt sich nicht, ihnen mit einem anderen Gefühl als dem der tiefsten Ehrfurcht zu nahen.«* *Carl Diener*

Die Watzmann-Ostwand war noch kaum von zehn Partien bestiegen, als sich bereits die erste Frau an diese größte Tour der Ostalpen heranwagte. Die Wienerin Frau Rose Friedmann eröffnete am 3., 4. und 5. August 1896 den Reigen der Ostwand-Bergsteigerinnen, wohl ohne zu ahnen, daß nach dreißig, vierzig Jahren sechzehn- und siebzehnjährige Mädchen ihren Spuren folgen würden. Erst vergingen zwölf Jahre, bis 1908 auf diesem gefährlichen und große Ausdauer erfordernden Pfade der Wienerin eine Münchenerin folgte. Später, vor allem nach dem ersten Weltkrieg, wurden die zeitlichen Abstände, in denen Frauen die Watzmann-Ostwand bezwangen, immer geringer. Schließlich verging kein schöner Sommersonntag, ohne daß unter den von der Eiskapelle der Südspitze zustrebenden Seilschaften das weibliche Geschlecht – manchmal sogar verblüffend stark – vertreten gewesen wäre.
Wie alles andere, so erleben Frauen auch die Berge anders als Männer. Sie reagieren anders auf die Eindrücke der Augen und der Sinne, und wenn sie die große Fähigkeit besitzen, ihre Erlebnisse schriftstellerisch festzuhalten, dann haben die weiblichen Schilderungen alpiner Unternehmungen meist eine viel persönlichere Note.
Es hieße, bei dem Versuch, ein möglichst vollständiges Bild der Ersteigungsgeschichte der Watzmann-Ostwand zu geben, bewußt eine Lücke lassen, gäbe man bei der Fülle von Erlebnisberichten

über Ostwandbesteigungen nicht auch einer der Bergsteigerinnen das Wort.
Elisabeth Dabelstein, die in den zwanziger Jahren in alpinen Zeitschriften oft in Stil und Inhalt ausgezeichnete Arbeiten veröffentlichte, schilderte ihre Eindrücke bei einer Ostwandbesteigung im Jahre 1923 mit Josef Aschauer und Sepp Kurz unter dem Titel:

## VON DER WATZMANN-OSTWAND
Sieben Bilder

### Erkennen

Alma mater in München! Wie strömte Sonnenlicht durch die weiten Fenster in ihre Marmorgänge und weißen Säle! Wir folgten atemlos Wölffins trockenen Worten, in denen das Schönheitsideal der Jahrhunderte sein Auferstehen feierte. Wir stritten uns um Foerster und Marcks. Wir arbeiteten heiß über der wundervollen Logik von Kischs Vorlesungen. Es war das letzte Jahr des ersten Weltkrieges und eigentlich eine traurige Zeit. Aber wir wußten es nicht. Wir waren so kinderjung. Und so mausearm.
Pfingsten zogen wir hinaus, wie sie es alle taten und heute noch tun, eine Kommilitonin und ich, und diese Ferientage führten mich zum erstenmal ins Berchtesgadener Land. Was für eine spaßige Reise war es doch! Um 6 Uhr früh ging unser Zug, aber um 2 Uhr nachts mußte man am Schalter sein. Man hatte eine Fahrkarte, aber man war froh und zufrieden, die sieben Stunden lang auf einem Trittbrett hocken zu dürfen. Im Rucksack war an Proviant nichts als Brot und Kunsthonig, und wenn es mittags üppig war, so mischten wir Schnee mit Marmelade und nannten das Fruchteis. Unsere Stiefel waren so schlecht, daß sie uns zu Wegen zwangen, die wir sonst nicht gesucht hätten. Und so ein Weg war der vom Kessel am Königssee hinauf zur Gotzenalm.
Fünf Jahre ist es her, und ich bin seitdem nicht mehr dort hinauf-

gegangen. So habe ich es fast vergessen, aber eines weiß ich noch und werde es allezeit wissen und immer, wenn Nebel über dem See liegt, wenn ein kühler, taufrischer Morgen über seinen Felsen emporsteigt, immer, wenn die Klarheit eines sonnenschönen Tages über die Heimat meiner Wahl ihr tiefes Blau spannt, werde ich mich daran erinnern, weil ich sie hier zum erstenmal sah. Stetig und schweigend stiegen wir an. Bartholomäs weiße Türmchen drüben hatten uns entzückt, der sinkende Nebelschleier hatte uns eine Zeitlang die Aussicht genommen. Und dann begann sie sich aufzurecken. Je höher wir kamen, desto höher wuchs sie empor – bleichgrau, in unendlicher Weite wuchtend.

Riesenhafte Bänder, dunkle Kaminreihen, Schneereste, kahl, unnahbar, in stolzer, abweisender Gebärde, feindselig in sich verschlossen und doch wieder wie lächelnd, rührend, in majestätischer Schönheit, ihrer selbst bewußt – ach, wie klopfte mein Herz! Noch kannte ich ihre Geschichte nicht, noch wußte ich kaum ihren Namen. Und doch sah ich nach Westen, sah ich nur zu ihr den ganzen Tag, und ein erstes Erschauern unter ihrem steinernen Zauber zog mir durch den Sinn. In Ehrfurcht und Bewunderung kam das Wort zum erstenmal über meine Lippen: Watzmann-Ostwand. So ist es geblieben all die Jahre, die ich wandernd und steigend in diesem Land ein glückseliger Mensch war. Ich kam und ging. Jede Rückkehr fand mich sicherer, meine Leistungen wuchsen trotz der langen Pausen, zu denen das Leben im Flachland mich zwang. Doch niemals fuhr ich dann zu froher Bergfahrt über den See, ohne den Blick hinaufzusenden über diese endlose Wüste von Fels. Niemals hielt ich in ihrer Nähe eine Gipfelrast, ohne daß meine Augen sie suchten und an ihrem 2000 Meter hohen, fast senkrechten Aufbau rätselten. Niemals wurde ich des eigenen Könnens froh, ohne daß ihre ungelöste Frage dem Erfolg des Tages nicht einen Tropfen bitterer Demut beigemischt hätte.

Noch aber fehlte alles Persönliche, und ich stand ihr fern, einzig von Bewunderung erfüllt, die wohl hier wie da niemals Dauer schafft. So wäre vielleicht der Tag gekommen, wo ihr königlicher Stolz nicht mehr die alte Macht über mich gehabt hätte, wo ich erfahren hätte: Schauen allein genügt suchendem Verlangen nicht. Aber dann kamen jene wenigen Zeilen in meine Hand und nährten von neuem die Flamme. Ja, war es ein Zufall? Am letzten Abend einmal – morgen, ach, mußte ich reisen – las ich's in meinem Nachrichtenblatt des Ortes: Zwei junge Berchtesgadener hatten die Wand erstmalig im Auf- und Abstieg an einem Tag durchklettert. Einen Begriff von dem Riesenmaß dieser alpinen Leistung hatte ich nicht, aber eine ahnende Vorstellung von dem, was hinter dieser nüchternen Bemerkung stand, erwachte mir doch aus all dem Gewaltigen, was die Schriften anderer zu berichten gewußt hatten. Wie schnell war mein Entschluß gefaßt, denn wie trieb mich der Wunsch, einen Menschen zu sprechen, der sie so kannte! Man wies mich in einen kleinen Laden des Marktes – ich fragte – der jüngste Sohn des Hauses stand vor mir, schlank, hochaufgeschossen, fast ein Knabe noch, braungebrannt, mit klugen, wachen Augen, in Tracht und Sprachklang den Einheimischen gleich. »Der also!« dachte ich und wunderte und freute mich. Und eben der wurde unser liebster Freund, als ein gütiges Schicksal eine Freundin und mich auf ein ganz ununterbrochenes köstliches Jahr nach Berchtesgaden verschlug. Wir bangten um ihn, als er dann im Mai bei noch allzu tiefer Schneelage hinaufging über die Ostwand. Wir trauerten mit ihm, als er im Juni fünf Gefährten in Sturm und Kälte an der Ostwand verlor und allein heimkam, gebrochen für lange. Niemals mehr kann diese Mauer von Bartholomä bis über den Gipfel und Grat hinab zur letzten Unglücksstätte für den, der die Ereignisse und Menschen kannte, das Schaurige verlieren, das seit diesem Tag wie ein düsterer Kranz ihre bleiche Stirn krönt. Wir lachten mit ihm, als ihm im Juli ein frohe sommerliche Fahrt beschieden war. Dann schmolz die Sonne den Schnee unter der Schöllhornplatte ab, so daß keines Menschen Fuß die Wand mehr betreten konnte, und sie lag nach all dem Leid und all dem Glück, das sie gebracht hatte, wieder schweigend da, so einsam, so unberührt, wie wenn die Hand des Schöpfers noch auf ihr laste. Wir sahen sie noch oft. Wir sahen im Herbst von den Felszacken der Watzmannkinder in sie hinein, und der Freund beugte sich herüber und zeigte uns die Route. Unverkürzt, erdrückend in ihrer wilden Endlosigkeit lag sie vor uns. Wieder und immer

wieder zog sie den Blick auf sich, und alles Denken versank in ihrer bestrickenden Gewalt. Wir wurden stiller bei ihrem Anblick; obwohl der Freund neben uns seine helle Fröhlichkeit keinen Augenblick verlor. »Niemals«, dachte ich, »wird mein Fuß sie betreten, und selbst wenn einmal die Frage an mich herantritt, sie zu durchsteigen, dann will ich mich an diese Stunden erinnern und wissen, wie wild und unabsehbar der Weg, wie scharf und kalt das Gestein, wie dunkel und drohend die Gefahr ist, die über der Ostwand hängt. Er allerdings, der Freund, er wird immer wieder hinaufgehen, und dann ist sein junges, warmes Leben nichts als ein kleiner Funke in dieser Wand, den auszulöschen ihr gar nichts bedeutet – ach, sei ihm gnädig.«
Und wir sahen sie im Winter von den Ski-Bergen des östlichen Seeufers. Tief verschneit waren die Bänder, schwindelnd steil die Linien dieser Schneelage, und ins Reich der Fabel entrückt die Mär von einer Durchsteigung. Wir sahen sie zuletzt im Frühling. Lawinen gingen über sie hin. Schneerosen blühten zu ihren Füßen. Drei traurige Menschen sah das kleine Bartholomä zum letztenmal beieinander: der Freund ging mit Ski hinauf nach Funtensee, und wir fuhren am anderen Morgen zurück in den nebligen, unfrohen Norden. Wir standen lange. Und als dann endlich die liebe Gestalt im Schnee verschwunden war, als wir uns langsam dem Boote zuwandten, da lag sie im tiefen Schatten des verdämmernden Tages unsagbar gewaltig über uns. Watzmann-Ostwand!

## Entschluß

Nie kam mir der Gedanke, mich den Reihen ihrer Bezwinger einzuordnen. Fern stand sie außerhalb meines Lebenskreises. Aber wie an jenem ersten Wandermorgen reckte sie sich höher und höher empor und überragte bald alle anderen verführerischen Berge meiner Sehnsucht. Erst als in der Rauheit und Farblosigkeit, in der Gleichförmigkeit und Bewegungsarmut des Küstenlandes meine beste Zuflucht Träume wurden, begann ihre Stimme zu locken: »Hinauf, warum denn nicht hinauf?«

Wenige Monate nur, und der schaukelnde D-Zug trug mich südwärts. Wenige Stunden noch, und die blauenden Berge tauchen am Horizont auf. Jetzt schlendre ich langsam durch Berchtesgadens vertraute Straßen – was ist Heimkehr doch für eine schöne Sache! Da tönt ein Pickelklirren, ein fester Schritt hinter mir – wie ich ihn kenne! Eine Hand legt sich auf meine Schulter – der Freund. »Du, ich komme gerade von der Ostwand!« Kein erster Gruß hätte schöner sein, keiner mich tiefer treffen können.
Sommer war es, und ich trank mich satt, endlich wieder an Licht und Höhe.
Gleich in den ersten Tagen gab es lustige Felsarbeit. Der Freund und ich stiegen vom Watzmanngletscher auf die Mittelspitze. Als wir das Ende jenes riesenhaften Bandes erreicht hatten, das von Norden nach Süden ansteigend die Wand durchzieht, da sah ich sie wieder! Frei von der Höhe direkt über dem Kar erreicht das Auge sie, und alle Stufen, Bänder, Grate, Kamine, alle markanten Punkte der Route zeigen sich in guter Übersicht. Wir traten Hand in Hand hinaus an die schwindelnde Kante, und wir konnten kein Ende finden, in ihrem Gesicht zu lesen. Da kam leise, fast schelmisch die Frage: »Möchtest du hindurch durch die Ostwand?« Ich sehe in das lachende Gesicht des Freundes, mir steht der Atem fast still. »Ja«, sage ich schnell. Und um zu verbergen, wie glühend der Wunsch ist, rolle ich das Seil ein und treibe vorwärts. Nun ist wieder nichts da als silbergrauer Fels, endlose Tiefe, Seil, weicher Kletterschuh und tiefblauer Himmel. Nichts? O doch! Ein brennendes Verlangen hat sich zu frohem Willen umgeformt.
Noch ist er nicht von aller Zaghaftigkeit frei. »Soll ich es wagen?« schreibe ich der Freundin. »Sei doch kein Narr!« ist die Antwort, »bedenke: wenn der Mann das Seil hält.« Nicht er, aber andere haben zuviel erzählt von den Strapazen des Weges. Darf ich es überhaupt wagen? Nicht um mich ist Zögern in mir, gewiß nicht; was aber, wenn ich dem Freunde zum Verhängnis werde wie doch vor einem Jahr der eine allen anderen?
In den nächsten Tagen durchstreifte ich das Tennengebirge ganz allein. Die Sonne stach, dann strömte Regen, wieder Sonne und

wieder Regen; auf weichem Blumenpolster ruhte ich aus; Geröllhalden machten mich todmüde; Bergschafe leckten mir die Hände und Arme – ja, spürte ich denn alles überhaupt? Meine Gedanken waren weit fort, an der herrlichen Wand.
Am Abend darauf erzählte ich dem Freunde von den Bergen im Tennengebirge. Die Lichter von Berchtesgaden schimmerten zu unserem Rasenhang herauf. Glühwürmchen flogen, und die Luft war so weich, die Nacht so träumerisch, recht, um ein Geständnis von den Lippen zu locken. Das Wort »Ostwand« fiel. »Du!« sagte ich und rückte ein wenig näher heran und kroch mit dem Kopf an seine Schulter, »du, Sonnabend gegen wir auf die Ostwand.« Atemzuglanges Schweigen. Ein Paar graue ernste Augen richten sich wie erschrocken auf mich. »Man riskiert allweil viel in der Ostwand.« – »Ich weiß es, aber laß uns gehen.« »Gehen wir denn«, ist die ruhige Zusicherung. Mehr sagten wir nicht.
Auf dem Heimweg kamen wir am Kurpark vorüber. Weiche Geigenmusik, buntfarbige kleine Papierlaternen, eine wogende Menschenmenge, Seide, Spitzen, Parfüms, gedämpftes Lachen, Blicke und verschwiegene Wege durch die Gebüsche. Wohl gab es Zeiten, da ich auch dieses Spiel spielte – wie fremd ist mir's heute! »Tanzt um eure goldenen Kälber«, dachte ich, »ich diene einem anderen Gott.«
In den Sternenhimmel der Sommernacht ragte schweigend, gigantisch und ernst der Watzmann.

## Aufbruch

Wie flatternde, unsichere Schmetterlinge von einer lichthellen Scheibe ins Dunkle zurücktaumeln, so fielen alle Warnungen und Bedenken jetzt vor der ruhig brennenden Flamme meiner Freude ins Wesenlose zurück. manches machte mich lächeln. So schrieb die Freundin: »Geh lieber nicht, ich hab' mir's überlegt.« Die Liebe! Jetzt sage ich: Sei doch kein Narr! – »Geh, geh, geh!« seufzte die Mutter des Freundes, als sie von unserem Plan erfuhr, »nun ist all meine Sonntagsruh' dahin.« Es ist wahr, nur Liebes sollte ich ihr antun für all die Güte, die sie mir erwies, aber diesen Kummer konnte ich ihr unmöglich ersparen. – »Jesas Maria!« schrie die kleine sanfte Kathi, bei der ich Proviant kaufte, laut auf, als sie hörte, wohin es ging. – »Eahna wird's schon noch derwischen!« tröstete uns der Schiffmeister, als wir die Dampferkarten lösten. – »Behüt' dich Gott!« flüsterte eine blonde Siebzehnjährige, die mich gern hat, mit der ganzen Wehmut des Nimmerwiedersehens. – All die klugen Leut'! Jetzt kann mich nichts mehr erschrecken, alles Zaudern ist vorbei, und glühende Erwartung sehnt in mir den großen Tag herbei.

Schlimm war nur eins: das Wetter. Am Donnerstag goß es pausenlos, und am Freitag goß es meistens. Jedoch abends klarte es auf, und daher fand ich kaum Schlaf, weil ich jeden Stern, dessen Licht sich durch die schweren Wolken rang, zählte. Ich warf meinen Lodenmantel über und lief hinüber zum Kurpark, um beim Schein eines angerissenen Streichholzes das Barometer abzulesen. Unerfindlich bleibt mir, was andere Leute dort nachts um 3 Uhr zu tun haben. Und schlecht finde ich's von ihnen, daß sie mich samt Baumelzopf und bloßen Füßen erkannten. Nun, am Sonnabend früh lohnte ein wolkenloser Himmel all meine nächtlichen Umtriebe.

Dann entwickelte sich alles schnell. Der Freund und ich waren noch beim Packen der Rucksäcke, wobei ich wie stets all meine weibliche Langmut recht lieblich zu entfalten gezwungen wurde, als Seppi, sein ständiger Kamerad und heute der Dritte im Bunde, schon fertig herüberkam.

Und dann – 2 Uhr 20 Minuten – saßen wir auch schon im Zug nach Königssee. Unter all den geputzten Menschen überkam mich ein grenzenloser Stolz auf meine beiden Gefährten. Niemand war wie sie schlank, kräftig, groß und braun. Niemandem stand das kostbarste Kleid wie ihnen die knappen Kletteranzüge aus braunem Kord. Kein schimmernder Schmuck schien mir so köstlich wie ihre abgenützten Eispickel. Und keine wohlgepflegte Haut war mir so ansprechend wie der Zug von Tatkraft und Ausdauer in ihren mageren jungen Gesichtern.

Nun zieht der Dampfer lautlos seine Furchen über den See. Wir

*Tiefblick von den Wandpartien unter der Zellerhöhle auf den Schöllhornfirn*

*Im großen Steinschlagkessel oberhalb der Zellerhöhle*   *Fotos: Hellmut Schöner*

träumen vor uns hin. Wie tief ist das Wasser, wie rein und durchsichtig – ach, wessen Leben so sein könnte: Klar, kühl und Schönheit widerspiegelnd. Doch etwas anderes ist da. Mein Herz schlägt laut und jede Fiber durchpulst es, wenn ich auch wortlos neben dem stillen Freunde sitze: ich bin auf dem Wege zur Ostwand!

In Bartholomä kam zweierlei, was sich schwer auf die Stimmung des Freundes legte. Föhnwolken zogen mit langen Fingern von Süden herauf, alle Berge tauchten sich in blaue Tinten, alle Fernen rückten näher, und ein lauer, tückischer Wind machte sich auf. Ich verschwieg, daß das Barometer im Fallen war, als wir aufbrachen, und nach der Wetterprognose zu sehen, von der ich wußte, daß sie ungünstig war, hatte ich den Freund durch eine kleine List verhindert. O gewiß, ich handelte töricht, ich schlug allen Bergsteigerregeln ins Gesicht – aber lacht einem nicht gerade regellos das Glück am ehesten? – Das andere war die Nachricht, daß zwei Partien, im ganzen sieben Mann, lange vor uns zur Wand aufgebrochen waren. Vermehrte Steinschlaggefahr, Verzögerung an schwierigen Stellen, Überfüllung des Biwakplatzes und möglicherweise auch seine Inanspruchnahme bei der Orientierung oder in ernsteren Lagen, was ja geradezu sein Verhängnis zu sein scheint, stand meinem Freund bevor, und ich wußte, daß es ihn meinetwegen quälte.

So ging es fast ein wenig trübe durch den Wald zur Eiskapelle. Nur Seppis frohe Laune war unverwüstlich. Er sang und pfiff vor sich hin und zwischendurch schwärmte er viel von einem Schmarren, den er sich unterwegs bereiten wollte. An vielen bunten Menschen mußten wir vorbei. Manche starrten uns mit angenehmem Gruseln nach, denn sie begriffen: das sind »Ostwandler«.

Ich bin erleichert, als die Wege einsamer werden. Der Wald wird lichter, helle Schuttströme durchbrechen ihn. Mehr und mehr schwellen sie an, und ihr steinerner Fluß erstickt alles Leben.

Und der Wald tritt zurück. Da haben wir den Grund erreicht, aus dem sie aufsteigt, wahrhaftig, an Pracht und Wildheit ist nicht gespart! Links türmen sich grau, öde, gleichförmig und gähnend die Hachelwände. Rechts fallen aus stolzer Höhe, von senkrechten

Falten durchzogen wie das Gewand einer schlanken Gestalt, die Südwände der Watzmannkinder herab. Und dazwischen, von hier aus natürlich stark verkürzt, aber tastend in ungeheurer Wucht und Schwere, steht die Watzmann-Ostwand. Welch ein Weg von der lichten Höhe des Grates hinab zum schmutzigen Firn der Lawinenreste in der Eiskapelle! Kahl, glatt, unbegreiflich hoch und steil, eine Wandfläche von fast 2000 Metern, kaum ein grüner Fleck, alles harter Fels, nur hie und da Schnee im Gewänd – so ragt sie auf. Wie habe ich sie geliebt all diese Jahre! Ist's nicht Entweihung, sie betreten zu wollen?
Nein, laß das Sinnen! Lachend springe ich auf den Schnee der Eiskapelle und spritze ihn mit den Füßen Seppi entgegen, der zurückgeblieben war und wohl als Abschlagzahlung auf den Schmarren erst einmal Butterbrote aus einem großen blauleinenen Beutel vertilgt hatte. Er steht unter mir und kann sich nicht wehren, und ich schleudere soviel Schnee hinab, wie ich nur lostreten kann. Gleich will ich wieder ernsthaft sein – so, siehst du! Nun stehen wir an der Randkluft. Schwülwarme und eisigkalte Luftströmungen wehen uns aus der Wand entgegen – ausstrahlende Sonnenglut des Tages und Verdunstungskälte der Firnhänge übergangslos nebeneinander. Jetzt wendest du dich bergwärts, und wir beginnen. Es ist der 28. Juli, nachmittags 5 Uhr.

## Felsarbeit

Es hat manche Stunden in meinem Leben im Flachland gegeben, da ich krank vor Heimweh das Gesicht in die Hände preßte: Einmal, ach nur einmal wieder das Klirren der Nagelstiefel auf felsigem Grund hören. Nun, und gerade damit beginnt die Arbeit an der Ostwand nicht. Denn anfangs versinkt der Fuß in langem, weichem Gras, das zuerst den Fels überzieht und erst, nachdem man sich lange nach rechts gehalten und einige Höhe gewonnen hat, spärlicher wird. Ich lasse die langen, hängenden Halme, die bereits abgeblüht sind, durch die Hand gleiten und finde es schön, daß man sich über ihren grünen Teppich der Wand laulos wie dem Inneren eines Tempels nähert.

Sie rückt uns bald näher und bietet uns ihre erste Wehr in einer Steilrinne von mürbem Gestein, das auch darum unangenehm ist, weil es noch hier und da von Gras durchsetzt ist, das Festigkeit vorspiegelt und Brüchigkeit verbirgt. Ich freue mich, daß die Steilheit zunimmt, weil es die Glieder geschmeidig macht, für alles, was noch kommen soll. Eins spüre ich gleich: ich bin heute »gut beieinand«. Seppi hinter mir hat das auch »gespannt« und lobt mich treuherzig und erfreut, indem er als Gegenbeispiel eine kümmerliche gelungene Kletterfahrt des vorigen Jahres erwähnt, die er doch wahrhaftig rücksichtsvoll hätte vergessen sollen.
Noch in diesen frischen Vorgefechten rücken wir gegen die anderen Partien, die wir natürlich lange im Auge hatten, in bequeme Rufweite auf. Sie kennen scheinbar den Freund, und die Frage nach der Fortsetzung der Route klingt herab, die er beantwortet, ohne einen Augenblick unser Tempo zu mäßigen. Und das ist sehr scharf. Ich habe keine Zeit, die Augen lange vom Boden zu erheben. Das Blut pocht stärker in den Adern, und der Atem fliegt. Aber helle Lust ist mir's, und all meine Aufmerksamkeit konzentriert sich darauf, das Seil zwischen mir und dem Freund in loser Spannung zu erhalten, daß nicht ein zögernder Ruck hindurchgehen möchte und ihn glauben ließe, ich könnte nicht Schritt halten. An einem Quergang nach links erreichen wir die anderen. Sie fragen freundlich, ob wir voran wollen, und treten dann gefällig zur Seite, so daß wir auf dem exponierten Terrain noch leidlich gut aneinander vorbeikommen. Ich sah sie mir alle an und erschrak, als ich dachte, was für große, starke und wohl auch berggewohnte Männer es waren und wie gering meine Kräfte im Vergleich zu den ihren. So ungleich und doch dasselbe Ziel? Aber dann sah ich: mein Klettern stand ihrem nicht nach, ja, ich hätte die Probe mit ihnen am Ende bestanden, und das beruhigte mich wieder. Mit einem von ihnen sprach ich und neckte ihn wegen seines Rucksackes, der mir den

Weg versperrte, und verglich ihn mit einem »grimmigen Überhang«. Er lachte gut und ein wenig verlegen und drückte sich für mich so nah an den Felsen, wie er nur konnte. Jetzt denke ich mit Wehmut an diese Begegnung – zwölf Stunden darauf war er tot, und auch keiner der anderen kam herauf. Drei Tage lang biwakierten und blieben sie in der Wand, um den Verlorenen zu suchen. Meine Gefährten halfen ihnen später. Doch an diesem Abend wußten wir es ja noch nicht, und das war gut so.
Ich kann mich nicht auf alle Einzelheiten des Weges mehr besinnen. Das liegt nicht an der Zeit, die zwischen Tat und Wort verstrichen und die in Wahrheit nur ganz kurz ist, sondern an der Länge dieses wilden Weges und daran, daß ich geführt wurde und mich in keiner Weise um die Richtung kümmerte. Schon als ich wenige Stunden danach in Gedanken die Route noch einmal durchging, stieß ich auf Lücken, und da mir sonst bei jeder Bergfahrt der Weg klar in allen Zügen und Wendungen im Gedächtnis zu bleiben pflegt, nehme ich es als einen Beweis für die Sonderstellung dieser Wand in der Reihe anderer Bergfahrten. Ich weiß nur, daß Schrofen, Geröll und leichte, kurze Platten miteinander wechselten, bis wir die große Terrasse erreichten. Der Freund hatte lange schon seine alte Heiterkeit wiedergefunden. Seppi pfiff noch immer: »Laß mich mal im Geh'n in deine Augen seh'n ...« – nebenbei gesagt: gerade in der Ostwand schwer durchführbar! Und mein Tatendrang war so rießengroß, meine Zuversicht trug ihr Haupt zu stolz, daß wohl kaum jemand von allen Hemmungen freier als ich zum erstenmal in dieser Wand gestanden hat. Ich wage es darum zu sagen, weil es sich herausgestellt hat, daß ich mich nicht verrechnet hatte. Als wir die große Terrasse erreicht hatten, tauchte wieder die Frage auf, ob wir hier biwakieren sollten, wie es üblich ist. Der Freund war dafür, da dann morgen bei dem sehr wahrscheinlichen Wetterumschlag der Rückzug leichter sein würde. Ich war dagegen, weil wir uns bei zweifelhaftem Wetter am oberen Biwakplatz eher zur Durchführung der Partie entschließen würden als vom unteren. Seppi stand über dem Hader der Parteien und aß Pflaumen. Entscheidend fiel ins Gewicht, daß die anderen

Partien hier bleiben und uns den Zauber einer einsamen Beiwacht nehmen würden. So schaute ich nur schnell noch einmal links nach dem Grasplatz und dem überhängenden Block, unter dem gewöhnlich gelagert wird, freute mich auf das »Zellerloch«, das ist die Höhle hoch oben, die als schwarzer Fleck in der Wand gähnte, nahm das Seil auf, das am Boden schleifte, und stieg dem Freunde nach.
Bald darauf vertiefte sich der Ernst unserer Arbeit, und all unsere Kräfte wurden wachgerufen. Ein ehrliches, heißes Werben um diese spröde Wand begann, und ich war ihr dankbar, daß sie sich uns nicht mühelos gab. Es fing mit einem steilen Schneefeld an, das ein Kar erfüllt und ziemlich hoch hinaufleckt. Etwas Düsteres lag über der Landschaft – kam es von den zerfetzten, unheimlich schnell fliegenden Föhnwolken, die unablässig über den Grat fluteten, oder war es das dämmernde Licht des sinkenden Tages? Ein schwarzer, nasser Mauergürtel schloß das Schneefeld ein und gab ihm ein Gepräge von solcher Wildheit, daß es eines festen Sinnes brauchte, um nicht beklommen zu werden. Der Firn war hart; trotzdem schlugen wir keine Stufen, und ich mußte wohl oder übel mit den kargen Leisten zufrieden sein, die der Schritt des Freundes zurückließ. »Darin mußt du doch leicht stehen können«, ruft er mir zu, »aber jedenfalls, wenn du rutschst, dann sag' es mir gleich.« Ja, das ist beinahe wie: wenn du fällst, dann schrei ich, dann weißt du Bescheid! Wenn ich nur Atem genug hätte, ihm das zu erklären! »Überhaupt«, fährt er fort, »auf Schnee können auch die besten von euch nicht viel, das ist ganz g'spaßig!« Schnauf' ich vor Zorn oder vor Eifer? Muß ich mich ausgerechnet hier mit dem lieben Kerl zanken? Mit aller Kraft stemm' ich die Füße in die Kruste des Schnees. Wenn das Stiefelleder auch leidet, so rostet doch wenigstens die Klinge des Pickels nicht. Und es ist ja für die Anerkennung der Frau, daß ich hier in der Ostwand mit dem Schnee so kämpfen muß! Oben! Endlich. Ein Ausruf des Erstaunens entfällt den Jungen: die Randkluft an der Schöllhornplatte ist so breit, daß wir nirgends hinüber können. So weit abgeschmolzen haben sie den Schnee überhaupt noch nicht gesehen. Wie sie begeistert sind über diese

unerwartete und neue Situation! Wie schnell sie einen Ausweg gefunden haben, und wie vergnügt sie an die Arbeit gehen! Eine Schneezunge ragt frei über die Kluft hinaus. Rasch wird sie auf ihre Haltbarkeit geprüft, ein Ring hineingehauen, das Seil umgelegt, und schon gleitet der Freund daran in die Kluft hinab. Er stößt sich ein wenig ab von der Schneewand und findet einen kleinen Sockel in der Plattenwand. Ich folge als zweite und Seppi kommt nach. Da stehen wir nun und lugen neugierig in den Schlund unter uns. Tiefschwarze Nacht herrscht da, und die Eisstücke, die wir hineinwerfen, verschwinden geräuschlos.
Der Blick nach oben tröstet nicht. Mehr als zehn Meter liegt der Schneerand über uns, und zwischen ihm und der Wand ist nur ein schmaler Streifen Himmel, noch dazu grau und drohend. Es war dann keine kleine Sache, auf unserer winzigen Kanzel die nassen Stiefel mit den Kletterschuhen zu vertauschen. Ich kann heute noch aus festem Schlaf erschrecken und mir einbilden, gerade eben einen meiner neuen, braunen, prächtigen Stiefel in der Randkluft verschwinden gesehen zu haben.
Noch ein kurzes Stück mäßig schwierig, schon schieben wir uns über die Grenze des Schneefeldes. Ich bleibe erstarrt stehen: eine seichte Plattenverschneidung, dann links auf schmalster Leiste um einen Überhang und gerade eine fast grifflose Steilstufe hinauf. Soviel weiß ich: dies wird Kampf! Seppi geht zuerst, der Freund seilt ihn an. Überall sind wie von Maschinengewehrfeuer helle Tupfen im Fels – Steinschlag. Wir kauern uns an die Wand, um jeden geringen Schutz auszunützen. »'s wird schon gehen!« sagt der Freund weich und beruhigend zu mir. Wir folgen gespannt Seppis Bewegungen. Er ringt, sucht, tastet, er stemmt und zieht, er schmiegt sich an den Fels, er schiebt sich weiter. Eine Zeitlang hören wir noch seinen keuchenden Atem, dann überdröhnt ihn das Wasser, das überall über die Platten herabkommt. Eine Zeitlang noch kann ihm der Freund durch Zurufe lenkend helfen, dann entschwindet er unseren Augen. Langsam gleitet das Seil durch die Hand des Freundes. »Wäre es nur erst vorbei!« seufze ich auf. Seine Augen treffen mich warm und gut. »Das hab ich auch wohl schon gedacht«, sagt er,

»aber fürchten brauchst dich nicht, ich bleib nah hinter dir.« Weiter gleitet das Seil. Jetzt stockt es. Jetzt rückt es an. Die ganze Länge klettert er aus. Hier beim Warten kommt – das einzige kurze Mal während der Bergtour – das alte Empfinden über mich, das ich auf anderen Fahrten, besonders wenn ich allein ging, schon oft erfuhr: wie feindselig ist der Berg, wie spottet er unserer Liebe, wie haßt er unser störendes Treiben, wie ist er raschem Tode verschwistert! Seppi hat Stand – ich schlüpfe wieder ins Seil. »Es muß sein!« denke ich und beiße die Zähne zusammen. Zuerst geht's. Dann preßt der Überhang den Körper schräg nach außen. »Nur weiter, weiter!« drängt der Freund, »Seppi hält dich ja.« Und ich gehorche. Einen Augenblick schließ ich die Augen, eh ich mich mit großem Spreizschritt um die Kante schwinge. Einen Augenblick zittern die Knie nach den hohen Tritten. Noch einmal anziehen – Gott, wie schön ist doch dieser Kampf! Nun steh ich neben Seppi. Er wischt sich den Schweiß von der Stirn. Ich schau hinab und sehe nicht einmal mehr unseren Weg in der herabstürzenden Wand – es ist vorbei.
Was nun kam, war verhältnismäßig leicht. Noch Platten, aber geneigter, trocken und gut griffig. Es ging rasch vorwärts, nachdem die Wogen der Anstrengung sich gelegt hatten. Der schwarze Schlund oben erweitert sich, und Punkt 8 Uhr abends – nur drei Stunden nach dem Einstieg – stehen wir am Eingang der Zellerhöhle. Das Seil wird gelöst.
Was ist es, das unsere Mienen so hell und froh macht? Warum senken sich unsere Augen so leuchtend, so tief ineinander? Namenlos ist dies Glück. Nur der Bergsteiger kennt es.

## Beiwacht

Lasse ich die glücklichsten Stunden meines Lebens wie die Perlen einer Kette durch meine Finger gleiten, und hebe ich jede einzelne empor ins Sonnenlicht, daß sie erglänze, so ist's die eine, die den schönsten Schimmer hat. Prüfe ich jede, so tragen alle verborgen doch ein blindes, ein taubes Eckchen, nur die Reinheit der einen ist ungetrübt. Es ist die Nacht in der Watzmann-Ostwand. Um diese würde ich bitten, wenn mich das Schicksal fragte, welche Stunden ich noch einmal durchleben möchte.

Es war schon dunkel im Inneren der Höhle, als wir sie betraten. So war das erste, daß wir die Laternen anzündeten und an einem Felszahn der Wand befestigten. Warm fiel ihr rötliches Licht auf das zackige Gestein und ließ uns den kleinen Raum übersehen. Er ist schmal und niedrig und verengt sich nach hinten. Der Boden ist mit scharfem Geröll bedeckt und fällt nach außen so stark ab, daß wir einen Pickel im Hintergrund festklemmten und der Freund, da er am äußeren Rand liegen sollte, sich an ihn festseilte. Wir räumten die gröbsten Steine beiseite, hockten am Rand der Öffnung nieder und sahen hinaus in die einbrechende Nacht.

Unter uns gähnte die Tiefe, über uns erhob sich die Wand noch weit über 1000 Meter. Ein Wasserfall donnerte uns nah über sie herab. Einmal polterte eine Steinlawine in den Hachelwänden. Endlos prasselte sie, schien zur Ruhe zu kommen, geriet wieder ins Rollen. Immer ferner drang ihr Lärm herauf, immer gedämpfter klang er, bis ihn die Tiefe verschluckte. Zuweilen fiel ein Tropfen von der Decke der Höhle auf das Gestein. Ich versuchte einmal, an diesem kleinen, silberhellen Geräusch die Minuten zu zählen und vergaß es dann wieder.

Der Freund brachte mir das Buch der Ostwand, das hier niedergelegt ist. Wir rückten näher an die Laterne heran und blätterten gemeinsam darin. Wie oft fand ich seinen Namen – als Siebzehnjähriger mit einem anderen Knirps zusammen zuerst, dann alle Jahre als erster und wieder und wieder. Heute schrieb er ihn zum zwölften Mal hinein. Manchen anderen Namen von gutem Klang fand ich noch darin.

Nun ist es draußen dunkel geworden, die ersten Sterne steigen im Osten auf. »Zeit, um ins Bett zu gehen!« scherzt der Freund. Wir ziehen die Wollsachen über, die wir im Rucksack haben, und zum Schluß noch einen losen Ski-Windanzug. Um es mir weicher zu machen, wird Seppis Hut auf die Steine gebreitet, aber keiner von uns glaubt an den Sinn dieser Fürsorge. Ich liege

zwischen den Gefährten, wohl warm und leidlich bequem, doch da sich beide an mich schmiegen und im Laufe der Nacht immer näher rücken, ist mir jede Möglichkeit genommen, meine Lage einmal zu verändern. Wir löschen die Kerze. Mit einer Zeltbahn decken wir uns zu. Den Jungens ist dieses Biwak altgewohnt, und in ganz kurzer Zeit schlafen sie fest. Ich aber wache und lausche dem Gang der Nacht.
Eine ferne Helligkeit durchwirkt ihr blaues Zaubergewand. Nicht lange, und über dem Hagengebirge steigt der Vollmond empor. Dunkelblau steht die Silhouette der Teufelshörner am Horizont. Der ewige Schnee am Hochkönig wirft den sanften Glanz des Mondlichtes heller noch zurück. Ab und zu ziehen Wolken vorüber. Dann verlöscht für kurze Zeit das strahlende Licht und dämpft die scharfen Linien der Gipfel, um bald darauf alles von neuem in Silber zu tauchen. Zur Rechten sehe ich über den Höhlenrand hinaus ein Stück der Wand. Tiefe Schatten lagern darauf. Ein Band wölbt sich vor und bricht jäh zur Tiefe ab. Durch seine feuchten Kanten scheint ein geisterhaftes Strahlen zu brechen. Es ist das Mondlicht. Wie finde ich Gedanken, gut und schön und rein genug für die Feierlichkeit dieser Stunden?
Fast taghell ist der vordere Kreis der Höhle. Ich seh zu meinen Gefährten hin. Seppi hat einen Arm über sein Gesicht gelegt. Kinder pflegen so zu schlafen, denke ich, und wie ich weiter sinne, wird es mir fast gewiß, daß eine leise Kindlichkeit ihm allzeit anhaften und er so behütet sein wird vor all den großen, bitterernsten Fragen des Lebens, auf deren manche es keine Antwort gibt. Wie anders der Freund! Die schmale Form des Kopfes wird durch die Sturmkappe noch mehr hervorgehoben. Ein paar braune Locken quellen daraus hervor und fallen ihm in die hohe Stirn. Es ist ein seltsamer Gegensatz zwischen den fast zarten Linien um Augen und Mund und dem willensstarken, weit vorgeschobenen Kinn.
Nun suchen meine Augen wieder die Weite der Bergwelt, die märchenschön im tiefschwarzen, zerrissenen Felsenrahmen der Höhle daliegt. Wie der Mond höher steigt und südwärts zieht, so verlagern sich die Schatten, und plastischer treten all die be-

*Die Unterbrechungsstelle am dritten Band (»Kaserereck«) gegen die Südwände der Watzmannkinder* *Foto: Ernst Baumann*

kannten Formen der Berggestalten hervor. Immer tiefer wird das Blau dieser Nacht, metallischer leuchten Grate und Firne, immer träumerischer verliert sich der Blick. Wozu noch denken? Es ist so klein, so gering und bedeutungslos, was Worte noch sagen können. Schauen, erfüllt sein von schlichter Andacht, das ist genug. Und das ist alles. –

Stunden vergehen so. Mir werden die Augenlider schwerer. Da flüstert's neben mir: »Du, ich hab' Hunger!« Wie rasch sind wir uns einig, wie schnell springen wir auf, um die steifen Glieder zu recken! Es ist gerade 12 Uhr. Ich streiche zahllose Butterbrote der heiße Tee tut gut. Neckreden gehen hin und her. Wer unser Lachen in dieser Gespensterstunde von der Ostwand herab hörte, der mußte glauben, daß Geister den Berg bewohnen, aber wahrhaftig warmblütige und fröhliche, solche, denen zu begegnen wohl niemand sich fürchten würde.

Es ist nach 1 Uhr, als wir uns wieder niederlegen, und diesmal bin ich am müdesten. Ich bemerke noch eben, wie der Freund die Zeltbahn über uns breitet, dann schlafe ich fest, traumlos und erquickend, bis nach mehr als zwei Stunden Seppis heller Jodler als Morgengruß aufsteigt. Ein erstes Dämmern liegt bleich über dem fahlen Gebirge, und heftig durchschauert uns die Kälte der frühen Stunde. Wir reckten und dehnten uns und warteten auf den neuen Tag voll neuen Bergglücks. Er kam, und wir brachen auf. Ehe ich in die Felsen hinaufstieg, warf ich noch einen Blick zurück. Kleine Höhle hoch oben in schauerlicher, gewaltiger Wand – manch einem erscheinst du dumpf und unfreundlich, manch einer verbrachte sorgenvolle, bange, wohl auch letzte Stunden auf deinem rauhen Grund. Mir gabst du eine Beiwacht, wie ich schöner keine hatte. Mir gabst du Herberge in einer Nacht voll Glanz, wie ich herrlicher keine sah. So sei bedankt!

## Geborgenheit

Was bei großen Touren schwerer als die körperliche Leistung in Gewicht fällt, nämlich die Anspannung der Nerven, das Suchen, der Kampf um den guten Ausgang, die Geistesgegenwart in schweren Lagen, die Ungewißheit des Endes, kurz, die Verantwortung, das alles blieb mir an der Ostwand erspart, und ich bin daher weit entfernt, in irgendwelche Überschätzung meiner selbst zu verfallen. Ich weiß zu gut, daß die echte bergsteigerische Leistung erst in der Selbstständigkeit liegt, die ich jedoch nicht eintauschen möchte gegen das, was ihr Verlust hier mir brachte. Im selben Maß, wie ich abhängig wurde von meinen Gefährten, wuchs die Freiheit zu unbekümmerten Genuß. Nichts erfüllte mich als der Augenblick mit dem, was er gerade brachte: Fernsicht, Ruhe, Überwinden, Aufmerksamkeit, frohe Worte ... Und so konnte ich ihn aller Fesseln frei durchleben.

Einst, als der Freund und ich ein kurzes, furchtbar steiles Schneefeld von grauenhafter Exponiertheit hinter uns gebracht hatten, das uns mitten in einer sonst schneefreien Wand überraschte und das wir ohne die Hilfe eines Pickels überwinden mußten, wandte er sich noch keuchend mir zu und sagte: »Wenn ich jetzt ausgeglitten wäre, du hättest mich nicht halten können. So bindet man sich auf Tod und Leben zusammen.« Ich nickte ihm damals nur zu, doch ich dachte: »Aber auch nur mit dir!« Und das ist es, was in mir widerklingt, wenn ich an das Erleben in der Ostwand denke: »Aber auch nur mit dir!« Es wird selten ausgesprochen, und vielleicht wird es noch seltener erlebt. Das zu erproben, braucht's nur den wilden Fels. Da fällt von uns ab, was blendet und täuscht, und Mensch zu Mensch stehen wir unverhüllt voreinander. Wohl dem, dem sich der Freund da als echt bis in den fernsten Gedanken, als treu bis zur letzten Kraft erwies, – er wird ihn nicht mehr verlieren. So lebt neben dem Wandern und Steigen noch eins, eng verbunden damit und doch wieder Schicksal für sich: die Beziehung zum Gefährten.

Sorgenvoll sahen meine Kameraden auf den roten Saum der hinter Wolken aufgehenden Sonne. Der Höhenwind kam aus West, so waren wir vor ihm im Schatten der Wand, konnten aber seine Stärke am eiligen Flug der Wolken erkennen. »Deine Jacke ist nicht regendicht«, sagte mein Freund. Ich zuckte gleichmütig die Achseln. – »Eure auch nicht.« Vorwärts denn.

Gleich zuerst war es nicht leicht. Einige recht glatte Platten, dann eine Ecke und ein Spreizschritt, den ich mit meinen doch sonst meist ausreichenden Beinen absolut nicht erzwingen kann. Ich setze ein paarmal an – es geht nicht. »Du hast keinen Mut!« werde ich gemahnt. Nein, den hatte ich nicht, aber ich hatte ja die Fürsorge der beiden – so werf ich mich blind hinüber, fasse Fuß und bin auf leichterem Terrain. Nun aber heißt's eilen – eine breite, wilde Schlucht zieht rechts von uns die Wand empor, jeden Augenblick kann Steinschlag uns treffen. So hasten wir hinüber. Wohl sehe ich die abgesprengten Ecken und Kanten, die Kratzer auf den Felsen ringsum, wohl laufe ich, doch eigentlich nur, um den Freunden kein Hindernis zu sein. So groß ist mein Vertrauen zu ihnen, daß ich mir bei aller Erkenntnis der Dinge ringsum doch keine Gefahr vorstellen kann, solange sie bei mir sind. Ich lächle selbst darüber und habe dennoch die törichte Zuversicht: die zwei werden schon dafür sorgen, daß keine Steine kommen. Und sie kamen vorerst auch nicht.
Gleich darauf erreichten wir das dritte Band. Aber fast im selben Augenblick begann es zu regnen, ein Gewitter kam näher und näher, der Hagel prasselte. Wir schlüpften unter einen überhängenden Felsen und kauerten uns hintereinander nieder. Unsere Lage konnte durchaus ernst, ja, der Rückzug über die Schöllhornplatte konnte für heute unmöglich werden – ach, was kümmerte es mich? Der Freund war am Einschlafen, Seppi knotete an seinen Stiefeln herum; so schien mir die Pause nur ein friedliches, sorgenloses Ausruhen zu sein. Draußen war alles verhängt, nur ab und zu sah ich die Südwände der Watzmannkinder, triefend und grau. Noch lag das zierliche Haupt der Jungfrau hoch, hoch über uns und sollte doch im Lauf des Tages tief zu unseren Füßen sein. Es bohrte sich mißmutig in die dicken Wolken.
Ich sah zuerst dann ein winziges blaues Fleckchen und jubelte auf. »Geh, sei stad«, knurrte der Freund, »i hab so Schlaf.« Glaubte er gar, der sei mir heilig? Im Umsehen wuchs mein blaues Inselchen da oben; es wurde trocken, die Sonne brach durch und blieb uns treu für viele Stunden. Da brauchte ich

nicht mehr zu machen – die Kletterlust fuhr den beiden von neuem durch alle Glieder und ich – ja, ich mußte mit!
Das dritte Band, das wir nun nach Süden zu anstiegen, hat mir nicht den Eindruck hinterlassen wie andere der Art im Watzmanngebiet. Schön ist ja seine Einordnung in der Mitte von fünf parallelen gewaltigen Bändern und prachtvoll der Gang darüber durch die Breite der Riesenwände. Aber ganz anders, kahl und glatt und einförmig ist das Wieder-Band*, und viel imposanter und drohender durch seine Neigung nach außen ist das große Plattenband an der Jungfrau. Dort geht man lautlos und immer in der leisen Spannung, ob der Kletterschuh wohl haften wird – hier poltert man durch Geröll. – Halt, was ist das?
Ein Knacken und Knistern schien es zuerst nur. Dann dröhnt es auf und hoch über uns bricht es herab. Wo, Herrgott, wo? Unsere Köpfe reißt es in den Nacken, unsere Augen zwingt's hinauf. Trifft's uns oder geht's vorbei? Näher, deutlicher. Man hört die einzelnen Steine schlagen – klirr, klirr, bum. Dazwischen ein Rauschen und Brausen – das ist der Schnee. Ich lehne mich an den Freund, seine Nähe tut so wohl. Jetzt sehen wir die Lawine – sie geht vorbei, sie folgt der Rinne, die wir vorhin so eilig durchquert hatten. Mächtige Steinklötze und Eisstücke springen zu beiden Seiten aus dem Strom heraus, ihren raschen eigensinnigen Weg suchend. Oh, das ist wuchtig und schön – wir empfinden das schon, eh noch der Schrecken verebbt ist. Zugleich aber wissen wir ein anderes: die Rinne mündet oberhalb der Schöllhornplatte, da saust es weiter über sie hinab – wo sind jetzt die anderen Partien? Und selbst wenn sie noch nicht auf der Platte sind – noch auf dem Firnfeld darunter trifft es sie. Wir schweigen bedrückt. Wir lauschen und spähen hinab, alles ist still – es ist ja auch sinnlos, Hunderte von Metern Höhenunterschied liegen zwischen ihnen und uns. »Am Ende sind sie wegen des Wetters noch nicht aufgebrochen«, versucht Seppi zu beruhigen. Mir sagt eine Ahnung sofort, daß sie es doch sind. Am nächsten Morgen erfuhren wir, daß die Lawine sie traf und

* Ostwand der Mittelspitze vom Kar.

*Über dem Nebelmeer in der Watzmann-Ostwand. In der Mitte Hellmuth Schuster, der 1947 mit Josef Aschauer den Berchtesgadener Weg fand*
*Foto: Ludwig Gramminger*

daß der eine sich nicht mehr retten konnte. Die Gefährten fuhren wieder nach Bartholomä und stiegen zu ihnen hinauf. Es war an der Schöllhornplatte.
Rasch wechseln Licht und Schatten am sommerlichen Berg. Wir sehen hinab zum Königssee, und sein Anblick ist uns Labsal. In weichen, grünen Tönen spielt sein Schimmer; dunkel schieben sich die Wälder von Bartholomä gegen ihn vor. Wo sie enden, liegt als trübweißer Fleck winzig der Schnee der Eiskapelle.
In wohlerwogenen Zügen steigen wir aus dem Abbruch des dritten Bandes heraus und gewinnen rasch an Höhe. Wir fühlen uns zu frisch, um schon am Frühstücksstein zu rasten und durchklettern in schneller Folge allerhand Rinnen und Schluchten und Wandstücke, bis wir eine kleine, glatte, noch von Schneeauflagen nicht ganz freie Terrasse kurz vor Beginn eines nicht langen Gratstückes erreichen. Hier verlocken uns warme Sonne und herrlicher Blick zu einer Rast von $1^1/_2$ Stunden. Sonnenübergossen die Wände der Watzmannkinder, schimmernd der Schnee des Watzmanngletschers, in feierlicher Stunde die Bergwelt – ach, wie freuten wir uns dessen! Wir kochten und aßen und streckten uns auf dem warmen Gestein. Wir blinzelten ins Himmelblau oder zu Seppi hinüber, der an senkrechter Schneewand hinauf- und hinabturnte. Ein warmer Wind strich kosend über uns hin. Alles Denken verlor sich in der steinernen Einsamkeit um uns. Mir war, als läge ich am Herzen der Ostwand selbst, und sie nähme mich in ihre Arme, und ich preßte mich an sie, fest, zärtlich und vertrauend.
– Wie es möglich ist, sich nun weiterhin durch all die kleinen Firnhänge, durch die Grate, Risse, Schluchten, die Quergänge und Steilstufen hindurchzufinden, wird mir immer unverständlich bleiben, so sehr auch meine Kameraden mein Staunen belächeln mögen. Es folgten, so viel ich weiß, in dieser Höhe der Wand keine markanten Absätze mehr, die die Route natürlich und übersichtlich gliedern. Aber meine Sache ist es ja nicht, hindurchzufinden, und so wandere ich sorglos zwischen meinen Gefährten. Das Gestein wird sehr rauh, die Haut der Fingerspitzen geht durch, und die Sohlen der Kletterschuhe streiken daraufhin

auch. Ich wollte nur, sie heilten von selber wie meine Hände! Oben fällt wieder Nebel ein, es ist heute kein Verlaß auf das Wetter. Gleichmäßig und ohne Müdigkeit geht es weiter.
An einer Nische, nicht weit unter dem Gipfel, bleiben wir stehen. Eine Daube, darunter ein Hut und eine kleine Schachtel, die den Zettel enthält: »Hier starb Dr. K ... am 18. 6. 22.« – »Sieh«, sagt mein Freund und zeigt ein wenig hinab, »dort unten war er noch ganz frisch, dort ging er noch ohne Seil und dann mit einem Mal ... Er war der erste von den Fünfen ...« Erinnerungen überfallen ihn, sein Gesicht wird ernst und starr. Ich sehe still auf die kleine Daube und den armen Zettel in meiner Hand. Ich begreife und ehre die Trauer um all dies junge wertvolle Leben, das hier vor einem Jahr verlorenging. Aber ich kann mich doch dem Gedanken nicht verschließen, wie würdig es für den Bergsteiger ist, auch die letzte Befreiung durch das zu finden, was ihm das Höchste ist, durch den Berg. Wer weiß denn, wann uns in Hoffnungslosigkeit und Verzicht die Stunde kommt, wo uns der kalte Fels und der heulende Schneesturm barmherziger zu sein scheinen als das Dasein und die Menschen da drunten?
Um 11 Uhr sind wir an der Südspitze. Ich hatte den Freund um einen Schluck Tee gebeten. »Warte noch ein paar Meter!« sagte er geheimnisvoll, und wenige Minuten danach war im Nebel das Gipfelkreuz vor uns aufgetaucht. Das war doch heiße Freude im ersten Augenblick, und wir lachen uns an. Seppi rechnet an der Uhr unsere Gehzeit nach: »Gut $3^1/_2$ Kletterstunden von der Höhle an, macht $6^1/_2$ im ganzen – du darfst zufrieden sein.« Und der Freund: »Ich weiß schon, wie einem ist, das erstemal nach der Ostwand!« – »Da bin ich schon neugierig, wie es das zweitemal ist,« breche ich los. »Nun, das wirst du ja nächstes Jahr sehen«, wirft Seppi trocken dazwischen. Nächstes Jahr – ach, nicht denken, wie weit, wie ungewiß das ist. Sind wir noch beisammen dann – ach, nur jetzt nicht grübeln. Jetzt ist ja der große Augenblick gekommen, wo Seppi seinen Schmarren bereiten wird, einen Schmarren, mein Liaber, ha ... Zwar fängt es an zu regnen, aber wir spannen die Zeltbahn aus.

Noch hat er die ersten Vorbereitungen nicht getroffen, da knistert es in meinen Haaren, und im selben Augenblick sprühen die des Freundes auseinander. Das Kreuz beginnt zu brausen, stärker und stärker. Wir kennen den Scherz – Elmsfeuer! Erst vor zwei Wochen mußten der Freund und ich in stärkster elektrischer Hochspannung über eben diesen Grat. Nun aber schnell! Es zuckt in den Händen, wenn man sie hebt, es durchprickelt die Kopfhaut. Hoppla, jetzt laufe, wer kann!« »Wo ist dein Pikkel, Seppi?« Da hinten auf dem Grat steht er, einsam sein elektrisches Leid summend, das ihn seinem Besitzer verleidet hatte. Schnell zurück, ein Wollschal schafft Abhilfe. Das Gewitter wurde dann aber so stark, daß wir es vorzogen, in die Wimbachflanke des Grates abzusteigen und abzuwarten. Zweimal taten wir es. Wir saßen behaglich beieinander unter der Zeltbahn. Dann wurde es besser. Bei tosendem Sturm und furchtbarem Regen erreichten wir das Unterstandshüttchen auf dem Hocheck. Wir verweilten kurze Zeit. Um die Kanten des Tisches wickelten wir das nasse Seil. Wir banden uns die Hüte gegen den Sturm fest. Am Abend noch wollten wir in Berchtesgaden sein.
Dann traten wir wieder in das Unwetter hinaus. Dort hinter Regen und Nebel liegt die Südspitze – kein Blick dringt mehr hinüber. Dort in die brodelnde Tiefe fällt die Ostwand ab – unser Weg ist vollendet ...

Eine Sammlung der alpinen Aufsätze Elisabeth Dabelsteins aus den zwanziger Jahren, die literarisch zum Besten der neueren alpinen Literatur gehören, erschien 1949 als Buch unter dem Titel »Wände und Grate« beim Verlag »Das Bergland-Buch« in Salzburg. Elisabeth Dabelstein, die von 1924-1957 das Kinderheim Hohes Licht in Oberstdorf leitete, starb im 82. Lebensjahr am 26. 10. 1976 in Bennekom/Holland.

*Der obere Teil der winterlichen Watzmann-Ostwand vom 5. Watzmannkind*
*Foto: Rainer Köfferlein*

# DIE WINTERBESTEIGUNGEN

In den sechziger Jahren des vorigen Jahrhunderts kristallisierte sich aus dem Forscherdrang und den bergsteigerischen Unternehmungen einzelner die verbindliche Idee des Alpinismus. In den Verbänden zur Verbreitung und Förderung des Bergsteigens fand sie ihren nach außenhin sichtbaren Ausdruck.
In den deutschsprachigen Alpenländern entstanden der Deutsche und Österreichische Alpenverein, in der Schweiz der Schweizer Alpenklub, in Italien der Club Alpino Italiano, in Frankreich der Club Alpin Français und in England der Alpine Club.
Von Jahr zu Jahr fielen neue Gipfel, Schutzhütten wurden errichtet, Wege gebaut, Markierungen geschaffen und Geologie, Fauna und Flora der Alpen durchforscht. Die alpine Literatur wuchs rasch mit den Anfängen einer Millionenbewegung.
Um die Jahrhundertwende waren die Alpen erschlossen. Doch der suchende Geist einer tatfreudigen Generation kannte keinen Stillstand. Wenn es schon keine Gipfel mehr zu erobern gab, dann wenigstens neue Wege zu ihnen.
Immer schwerer wurden die Anstiege, immer kühner die Pläne. Bisher für unersteigbar gehaltene Wände beugten sich dem hanfbesohlten Fuß. Nach dem ersten Weltkrieg steigerte sich diese Entwicklung zu ungeahnten Leistungen. Haken- und Seilzugtechnik halfen über Hindernisse hinweg, die vorher selbst durch geschulte Kletterfertigkeit nicht zu überwinden waren.
Bis auf einige große Nordwände, die erst in den dreißiger Jahren fielen, wurden die »letzten Probleme« in den zwanziger Jahren gelöst. Auch damit war die Suche nach neuem Erleben in den Bergen noch nicht abgeschlossen. Nun, nachdem die Gipfel selbst und alle möglichen Wege zu ihnen erstiegen waren, setzten sich viele Bergsteiger zum Ziel, auch bei Schnee und Eis

über schwierige Pfade zu den sturmumtosten Höhen zu gelangen.
Das Winterbergsteigen war an und für sich nicht neu. Stanig bestieg schon 1800 den Untersberg im Winter, und Thurwieser vertauschte oft seine warme Theologenstube mit anstrengenden Winterbergfahrten auf Schneereifen. Am Neujahrstag 1882 bestiegen Kederbacher Vater und Sohn mit Dr. Bruno Wagner den Hochkönig, am 29. Januar 1882 war Purtscheller auf dem Hochseiler, und 1884 bestieg er mit Kederbacher im Februar die Watzmann-Mittelspitze.
Das Neue war, daß Routen, die schon im Sommer überdurchschnittliches Können erforderten, im Winter begangen wurden. Auch der Watzmann-Ostwand blieb dieser Drang nach dem Neuen, nie Dagewesenen nicht fern.
Am 6., 7. und 8. Dezember 1930 wurde sie von den Reichenhaller Bergsteigern Toni Beringer, Simon Flatscher, Ludwig Zankl und Georg Mitterer aus Trostberg zum erstenmal im Winter bestiegen. Einer der Teilnehmer an dieser kühnen Bergfahrt, Toni Beringer, berichtete über die Vorbereitungen und die Durchführung.
»... Oft schon haben wir davon gesprochen, Pläne geschmiedet, wieder verworfen und neue aufgestellt. Dann haben wir diese Wand im Winter umlauert, von allen Seiten beobachtet, haben sie im Sommer des öfteren auf Kederbachers Spuren und über den Salzburger Weg durchstiegen, haben alle Varianten kennengelernt und haben uns eingeschlichen in ihre tiefsten Geheimnisse. Aber wenn wiederum der Winter sein weißes Kleid darübergebreitet hatte, erschien sie uns abermals abschreckender, steiler, unnahbarer denn je. Es war dann, als ob unser ganzes jahrelanges Hoffen und Wünschen verzaubert worden wäre unter dem tiefen, weißen Flockengebilde. Zu aufregend war dieses Umwerben, als daß wir noch länger warten wollten, darum entschlossen wir uns, bei nächster günstiger Gelegenheit einen Versuch zu wagen. In erster Linie beschäftigte uns die Frage, ob es uns gelingen würde, die Originalroute zu verfolgen.
Uns schien dies möglich, wenn erstens die Schöllhornplatte über-

wunden werden könnte und zweitens die Unterbrechungsstelle am dritten Band gute Verhältnisse aufwiese; andernfalls mußten wir uns vorbereiten, irgendeine Variante zu versuchen; zum zweiten mußten wir die Stundeneinteilung des Durchstieges derart verlegen, daß jeder gefahrvolle Abschnitt des Weges zur günstigsten Zeit begangen würde; dazu gehörte auch, daß die Schöllhornplatte bei Nacht und der Steinschlagkessel oberhalb der Zellerhöhle beim frühesten Morgengrauen überschritten würden. Um dies zu ermöglichen, müßten drittens Mondlicht, viertens Wetter und Schneebeschaffenheit ausgezeichnet sein, und endlich fünftens müßten wir uns für zwei bis drei Biwaks einrichten und verproviantieren.
Endlich, am Samstag, dem 6. Dezember 1930, sollte unser Wunsch in Erfüllung gehen ... Über den Schnee der Eiskapelle gelangten wir zur Randkluft, wo uns der Hanf zu treuer Bergkameradschaft verband. Die Uhr zeigte eine Stunde nach Mittag, als Simmerl als erster die Felsen betrat. Aber schon nach ein paar Metern konnten wir feststellen, daß heute ganz enorme Schwierigkeiten zu meistern sein würden, denn die zwar brüchigen, aber sonst harmlosen Felsen waren mit einer spiegelglatten Eisschicht überzogen. Zudem war die Randkluft sehr ungünstig zu überschreiten, darum suchten wir das im tiefsten Grunde liegende, zwar flachere, aber vollkommen glattgeschliffene und glasierte Bachbett zu überwinden. Schon nach kurzer Zeit mußte ein Stift Griff und Tritt ersetzen. Unter großem Zeitverlust betraten wir unter solchen Umständen das Schrofenfeld, das zur Schlucht der ersten Terrasse leitete. Trafen wir auch hier noch vereinzelte apere Stellen an, so wäre es uns doch lieber gewesen, hier eine durchgehende Schneedecke zu finden, denn das Gehen auf dem beinhart gefrorenen Gras war uns zur richtigen Qual geworden, zudem die ungefähr vierzigpfündigen Rucksäcke uns beträchtlich drückten. Die mit Schnee erfüllte Schlucht bot eigentlich keine großen Schwierigkeiten, ebenso nicht der dort ansetzende Übergang zur Terrasse. Hier gestatten wir uns von 15 Uhr 15 bis 15 Uhr 30 eine kurze Mittagspause.
Mittlerweile hatte sich der Himmel mit einem gleichmäßigen

Grau überzogen, und über den Funtenseetauern und Teufelshörnern brauten blauschwarze Schneewolken. Leise fielen schon vereinzelt weiße Flocken vom Firmament, die nicht dazu beitrugen, unsere Stimmung zu heben. Alle Anzeichen sprachen nun dafür, daß ein verfrühter Wettersturz bevorstünde. Aber noch gaben wir uns nicht geschlagen. Bis zur Zellerhöhle wollten wir auf alle Fälle vordringen, denn von dort wäre einerseits ein Rückzug immer noch möglich, wenn er bald genug angetreten wurde, andererseits mußten wir trachten, heute noch möglichst hoch zu kommen, damit, wenn das Wetter sich morgen zum Besten ändern würde, wir zeitig den Couloir begehen könnten. Dann hofften wir, daß der Mond nochmals helfen und die düsteren Wolken zerteilen würde.

Die Dämmerung brach schon herein, als wir vor einem der gefürchtetsten Hindernisse, der Schöllhornplatte, standen, die beim Aufblitzen der Taschenlaterne im herrlichen Schmucke vieler Eiszapfen prangte. Wie vermutet, war der berühmte Wasserfall über den Überhang zu Eis verwandelt und jeder Griff und Tritt von gefrorenem Wasser erfüllt. Die Überwindung dieses Stückes erforderte sehr viel von jedem, zumal die unbekleideten Hände schon nach kurzer Zeit gefühllos wurden und schließlich drohten, ihren Dienst zu versagen. Aber auch dieser Leidensweg ging vorüber, dann legten wir die Steigeisen an, denn ungemein steiler Firn bildete unseren Weg.

Nun eilte uns auch der gute Mond zu Hilfe, er teilte, wie wir gehofft, die Wolkenbank und goß sein mildes Licht über den wildschönen Felszirkus, den ein hoher Baumeister in seltener Laune geschaffen zu haben schien. Der Schnee war hier von hervorragender Güte, so daß unser Vordringen trotz der Steilheit des Weges genußvoll war. Die Uhr zeigte die zwanzigste Stunde an, als wir das Zellerloch erreichten und beschlossen, hier zu nächtigen. bald surrten unsere Benzinkocher, und Zuversicht auf das Gelingen unserer Bergfahrt lag über uns. Da wir aber vom Sommer her wußten, daß das weiße Baumaterial unserer Wohnungen nur auf steile Platten hingeschmiegt sein konnte, schufen wir vorher ausreichende Sicherung mittels Stifte und Seile.

*Lawine in der Watzmann-Ostwand. Seit 1952 wurden 14 Bergsteiger von solchen Lawinen in die Tiefe gerissen* — *Foto: Hellmuth Schuster*

Unvergeßlich wird uns diese Beiwacht bleiben. Groß und eindrucksvoll spielten hier die Gegensätze des Lichtes; während vor uns die schattendüsteren Wände der Hachelköpfe drohend und steil in den Sternenhimmel ragten, hüllte zu unserer Linken der Mond die Südabstürze der Watzmannkinder in silberne Schleier. In weiter Ferne glänzte der Firn der Übergossenen Alm, wuchteten die Teufelshörner und leuchtete die ganze Schar der Berge im weiten Umkreise. Im nächtlichen Lichte schillerten die vielen Eiszapfen, die vom hohen Gewölbe unserer Höhle hingen und wie Orgelpfeifen anzusehen waren. Stille Feierlichkeit zog durch unsere Seelen, bis müde die Augen sich schlossen. Nur einmal schreckte uns ohrenbetäubender Lärm aus dem Schlaf, als eine Eislawine wie ein silberner Wasserfall über unsere Köpfe hinweg in die Tiefe rauschte.
Hochziehende Wolken am Morgen ließen vorerst weder auf Besserung noch auf Verschlechterung der Wetterlage schließen. Während wir in mühsamer Arbeit die gefrorenen Seile ordneten, stimmten wir für das Weitergehen. Es war 7 Uhr, als wir unseren Biwakplatz verließen. Steiler Firn, durchsetzt mit vereisten Felsen, verlangte schon die ersten paar Meter sehr viel, und so blieb es mit einigen wenigen Ausnahmen den ganzen kommenden Weg. Nach ein paar Seillängen gelangten wir zur rechten Begrenzungswand des großen Couloir, von dem wir noch durch eine griff- und trittarme, verglaste Platte getrennt waren. Das Singen eines Hakens verkündete, daß hier eine Sicherung notwendig sein würde, denn unangenehm machten sich die schweren Rucksäcke bemerkbar, die imstande waren, ihre Träger, die das ganze Gewicht auf ein paar Steigeisenspitzen ruhen hatten, aus ihrem Gleichgewicht zu bringen. Wir waren ehrlich froh, als die Eisen wieder in Firn griffen. Etwas anderes hielt uns aber jetzt in Spannung, nämlich riesige losgelöste Firnwülste, die hoch zu unseren Häuptern sprungbereit lauerten. In größter Eile, die die Vorsicht gebot, querten wir den Kessel in der Richtung des dritten Bandes, von dem wir noch durch einen Eisüberhang getrennt waren. Ein paar flüchtig geschaffene Kerben und Griffe ermöglichten sein Erreichen. War bis jetzt die Schneebeschaffen-

heit gut und sicher gewesen, so hatte sich nun mit einem Schlage die Sache geändert. Knietiefer Neuschnee, nur oberflächlich verharscht und lose mit der Unterlage verbunden, bereit, bei dem geringsten Anstoß in die Tiefe zur stürzen, erschwerte hier ungemein unser Vordringen. Das Wetter hatte sich einstweilen zum Besseren gewendet, und die Sonne sandte ihre goldenen Pfeile mit einer Mächtigkeit auf uns herab, daß wir befürchten mußten, von ihren Strahlen könnten Lawinen losgelöst werden.
Unterdessen näherten wir uns mit großer Spannung der Unterbrechungsstelle am dritten Band. Wir waren neugierig, wie wir diese Stelle bewältigen würden, die man mit Recht als die Schlüsselstelle bei einer Winterbesteigung bezeichnen könnte. Aber wir hatten Glück. Die zuerst verschmähte Sonne hatte das Eis losgelöst, und so konnten wir diese gefürchtete Stelle ohne größere Schwierigkeiten meistern. Dafür brachte uns die nun folgende Rinne, die zum Frühstücksstein leitete, wegen ihrer Steilheit und des unsicheren Schneebelages ungeahnt schwierige Arbeit. Gerade als wir nach kurzer Rast wieder gehen wollten, landete ein Motorboot in St. Bartholomä, dasselbe, das uns gestern hierher brachte. Heute ahnten wir noch nicht, daß wir nochmals dieses Schiff sehen würden. In mühsamer, nicht ungefährlicher Querung im aufgeweichten, überaus steilen Schnee strebten wir nun der Gipfelschlucht zu, wo wir eine freudige Überraschung erlebten, denn nochmals erlaubte harter Firn ein schnelles Tempo, zudem ließ die Neigung gewaltig nach, obwohl die Steilheit der Gipfelschlucht immer noch der der Pallavicinirinne gleichzustellen ist. Nach ungefähr 200 Metern verlor sich die Schlucht in einen Schneegrat, den wir um 13 Uhr 30 betraten. Wenn es noch eine Steigerung der wuchtig-schönen Eindrücke gab, dann muß es hier gewesen sein. Der Kleine Watzmann flammte im leuchtenden Sonnengold wie eine Feuersäule, und rot-duftige Nebelgebilde ließen den kühnen Aufbau seiner Westflanke noch gigantischer erscheinen. Ganz deutlich konnten wir einige Skiläufer in der Watzmannscharte erblicken, die ihre Körper in der Sonne bräunten, Ach, die Glücklichen, sie hatten Sonne, während sich bei uns schon bittere Kälte durch Mark und Bein fraß.

Von nun an trafen wir auf die denkbar ungünstigsten Verhältnisse. Metertief, ganz trockener Kornschnee, der nur vom Wind oberflächlich gehärtet war, ließ den tastenden Fuß keinen Halt finden. Der eingerammte Pickel verschwand grundlos, an eine Sicherung war also hier nirgends zu denken. Immer steiler wurde das Gelände, immer gefahrvoller, immer langsamer unser Vordringen. Einmal konnten wir beobachten, wie sich ein Sprung in dem Hang bildete, auf dem wir standen. Nun wurde es ernstlich Zeit, eine gute Sicherung zu schaffen. Wir wühlten Felsen aus dem Schnee und schlugen einen Haken, dann verbanden wir uns mit der anderen Seilschaft durch eine 30 Meter lange Reepschnur, um doch wenigstens etwas moralischen Halt zu finden. Müde kämpften wir uns weiter. Die Seile waren schon längst zur Stange geworden, die Fäustlinge, Kleider und Schuhe beinhart gefroren. Das unsichere Licht des nächtlichen Himmelsgestirns, steigende Kälte, zunehmende Steilheit und anschwellende Schwierigkeiten der eisglatten Felsen der Gipfelkaminreihe zwangen uns schließlich zu einer zweiten Beiwacht.
In einem fast ebenen, angewehten Schneegrat, ungefähr 150 Meter unter dem Gipfel, erkannten wir die günstigste Stelle zum Nächtigen. Wir bauten eine geräumige, mannstiefe Grube, rammten die Pickel an den vier Ecken in den Schnee, spannten Seile kreuz und quer, deckten alles mit unseren Schlafsäcken zu und fertig war unser Schlafgemach. Bald verbreiteten die Kocher angenehme Wärme und taten das ihre, die Nacht in 2600 Meter Höhe so erträglich wie möglich zu gestalten.
Nachdem uns diese Beiwachthöhle vierzehn Stunden beherbergt hatte, schickten wir uns an, den Nachtplatz um 8 Uhr zu verlassen. Ein steiler Schneegrat von bekannt schlechter Verfassung brachte uns nach zwei Seillängen zu einer 12 Meter hohen, total vereisten, fast senkrechten Wandstufe, die wir erst nach wiederholten Versuchen überwinden konnten. In aufregend steilen Fels- und Schneewänden, ohne jede natürliche Sicherungsmöglichkeit, standen wir nach gefährlicher und anstrengender Arbeit um 11 Uhr auf dem Gipfel der Watzmann-Südspitze. Wir hatten also zu den 150 Metern volle drei Stunden benötigt.

Groß war die Freude, als wir uns nach schwierigem Kampfe neben dem kleinen Gipfelkreuz die Hände drückten. Zu voll waren die Herzen, als daß wir viel sprechen konnten. Wir mußten immer an unser Glück denken. Nicht nur, daß das Wetter uns günstig, der Schnee, wenigstens im unteren Teil, verhältnismäßig gut gewesen war und uns keine Lawine bedroht hatte, ist uns die Durchführung dieser einzigartigen Winterfahrt ohne jeden Unfall gelungen ...«
Den zweiten Durchstieg im Winter führten bei günstigen Wetter- und Schneeverhältnissen die beiden Traunsteiner Gustl Kröner* und Hans Huber in überraschend kurzer Zeit durch. Sie brachen am 28. Januar 1932 um 6 Uhr morgens in Königssee auf, gingen am Seeufer entlang nach Kessel – wegen beginnender Vereisung war die Schiffahrt bereits eingestellt – und querten von dort über das dünne Spiegeleis nach Bartholomä. Um $^1/_2$10 Uhr stiegen sie in die Wand ein und waren schon um $^1/_2$6 Uhr am Beginn des vierten Bandes. Nach vierzehnstündigem Biwak in einer flüchtig gebauten Schneehöhle brachen sie um 8 Uhr auf und standen schon um 13 Uhr am Gipfel der Südspitze. Sechs Stunden später waren sie wieder in Berchtesgaden.
Ein Besteigungsversuch im Januar 1937 wurde zur Katastrophe**
Die dritte Winterbesteigung der Watzmann-Ostwand gelang am 14., 15. und 16. Februar 1941 zwei Angehörigen des Berchtesgadener Jägerbataillons, den Gefreiten Konrad Binder und Dietrich Hennig. Man hatte zur Durchführung und Sicherung des Unternehmens umfangreiche Maßnahmen getroffen. Eine Ret-

* Gustl Kröner hatte sich durch Erstbesteigungen in der Montblancgruppe und im Wallis bereits einen Namen gemacht. Seine Leistungen veranlaßten die Sektion »Bayerland« des Deutschen Alpenvereins, ihn an der vom Hauptausschuß gemeinsam mit der genannten Sektion veranstalteten Atlas-Kundfahrt des Jahres 1932 teilnehmen zu lassen. Beim Versuch, die Nordwand des Matterhorns zu besteigen wurde er am 19. August 1932 im Steinhagel 15 Meter oberhalb der Randkluft tödlich getroffen. Die Morgenkälte in den unteren Lagen der Wand hatte ihn und seinen Gefährten, der glücklich davonkam, darüber hinweggetäuscht, daß sich durch Warmluftzonen in der Höhe der Steinschlag lösen könnte.

** Siehe das Kapitel: In Schnee und Eis sieben Tage in der Ostwand.

tungsmannschaft aus vier Seilschaften erfahrener Bergsteiger, die die Watzmann-Ostwand im Sommer schon mehrmals bestiegen hatten, stand bereit, ebenso ein Trägertrupp, der mit dem für eine Rettung notwendigen Zubehör, Decken und Proviant, ausgerüstet war.

Als Ausrüstung hatten die beiden Bergsteiger mitgenommen: Anorak, zwei Pullover, Fellhandschuhe (die sich sehr gut bewährten), darunter Wollhandschuhe, Primuskocher, Tee, Bouillon, Wurst und Brot für vier Tage, Eispickel, zwölfzackige Steigeisen und Biwaksack.

Binder und Hennig brachen am 14. Februar um 23 Uhr 30 in St. Bartholomä auf. Über festgefrorenen Firn und Lawinenrinnen gelangten sie bis zum Abbruch des Schöllhornkars. Hier brachte eine zum Kar hinaufführende Steilrinne aus blankem Eis trotz zwölfzackiger Steigeisen die ersten ernstlichen Schwierigkeiten. Im Kar selbst herrschten gute Schneeverhältnisse bis zum Beginn der Schöllhornplatte, die mittags 12 Uhr erreicht wurde. Die Platte und die Felspartien bis zum Beginn des dritten Bandes waren von blankem Eis überzogen und erforderten viel Kräfteaufwand.

Um 16 Uhr schlug das Wetter um. Schneesturm und Nebel brachen ein. Das Vorwärtskommen auf dem dritten Bande im tiefen Schnee, in den sie bis zum Bauch einsanken, war sehr mühsam. Auf einem gratartigen Vorsprung wurde das erste Biwak bezogen. Der Sturm ließ nach, es klarte auf, und mit einem Primuskocher als Wärmespender überstanden die beiden die Nacht gut. Am nächsten Morgen stiegen sie um 8 Uhr weiter. Der Abbruch des dritten Bandes konnte nur mit Mauerhaken überwunden werden. Allein für diese Stelle wurden drei Stunden benötigt. Noch schwieriger gestaltete sich eine anschließende steile Eisrinne, die nur unter Zuhilfenahme mehrerer Eishaken und Seilzug überwunden werden konnte. Die zunehmende Kälte erschwerte das Vorwärtskommen außerordentlich, da nach kurzer Zeit die Finger vollkommen gefühllos wurden. Nach Überquerung des vierten Bandes gelangten die beiden Bergsteiger gegen Abend in den Beginn der Gipfelschlucht. Einige notwendige Traversierungen

innerhalb der Schlucht erforderten nochmals viel Zeit, und die Dunkelheit brach ein.
In einer Schneehöhle, 300 Meter unter dem Gipfel, wurde das zweite Biwak bezogen. Die große Kälte und die außergewöhnlichen Anstrengungen hatten den Bergsteigern sehr zugesetzt. Es erforderte größte Energie, um dem Erfrierungstod bei Nacht zu entgehen. Große Schwierigkeiten standen noch bevor. Um ein drittes Biwak zu vermeiden und der Gefahr eines erneuten Wettersturzes zu entgehen, mußte am nächsten Tag ohne Rast gestiegen werden, um bis zum Abend den Gipfel zu erreichen.
Um 9 Uhr früh setzten sie den Weitergang verbissen fort. Eine tiefe, mit Pulverschnee gefüllte Rinne, in der erst die Griffe freigelegt werden mußten, konnte nur in größeren Pausen erstiegen werden, denn immer wieder versagten die verklammten Finger den Dienst. Trotzdem erreichten sie gegen Mittag die Gipfelwand. Der Versuch, auf einem steilen, nach links hinaufziehenden Band weiterzusteigen und dann durch eine Rinne den Gipfel zu gewinnen, mißlang. Die Umkehr war ungemein schwierig, der Fels naß und von Staublawinen eingedeckt. Drei Seillängen mußte nach rechts gequert werden, bis eine plattige, zu einem nordostwärts vom Südgipfel herabziehenden Nebengrat führende Steilrinne das Band ablöste. Die Überwindung der unter lose aufliegendem Schnee verborgenen Platten bereitete große Schwierigkeiten.
Der Nebengrat und eine 15 Meter hohe Wand, über die eine zum Gipfel führende Rinne erreicht wurde, bedeuteten nach dem Vorausgegangenen keine ernstlichen Hindernisse und konnten leicht überwunden werden. Um 19 Uhr 30, 44 Stunden nach dem Abmarsch in St. Bartholomä, standen die beiden am Gipfel, und um Mitternacht kamen sie in der Wimbachgrieshütte an.
Die vierte Winterbesteigung der Watzmann-Ostwand wurde in der Zeit vom 30. März bis 2. April 1947 von den vier Bergsteigern Jean Spindler, Martin Schließer, Alfred Baier und Georg Anselstädter durchgeführt. Die Seilschaft mußte zweimal biwakieren, einmal im Zellerloch und einmal in einer Schneehöhle nahe

dem Abschluß der Gipfelschlucht. Im unteren Teil der Wand fanden sie Blankeis vor. Die letzten Seillängen wurden durch Lawinen, Schneesturm und über einen Meter tiefen Pulverschnee besonders schwer gemacht.

Nach vier geglückten und einem gescheiterten Winterdurchstieg auf dem alten Wege Johann Grill-Kederbachers fielen im Frühjahr 1949 innerhalb weniger Wochen alle anderen, bisher nur im Sommer begangenen Routen.

Der Auftakt dieser Serie von Winterbegehungen war die Durchkletterung des Salzburger Weges, der schon im Sommer der schwierigste Durchstieg ist, bei Schnee und Eis. Der 26jährige Bernulf Freiherr von Crailsheim, der 22jährige Thomas Freiberger und der 21jährige Konrad Hollerieth stiegen am 8. Januar um 7 Uhr 30 von der Eiskapelle auf und erreichten um 20 Uhr das erste Band. Kurz unter dem Ausstiegskamin wurde es bereits dunkel, aber Mondschein ermöglichte die Fortsetzung des Weges bis $^{1}/_{2}$1 Uhr nachts. Die Überwindung der Unterbrechungsstelle am Band war bei Nebel, Schneetreiben und starker Vereisung am nächsten Morgen äußerst schwierig und nahm drei Stunden in Anspruch. Um 17 Uhr erreichten die drei Bergsteiger etwa 500 Meter unter der Südspitze am Beginn der Gipfelschlucht einen schneefreien Biwakplatz. Am dritten Tag war wieder schönes Wetter. Um 11 Uhr wurde aufgebrochen und um 17 Uhr 30 standen die ersten Winterbesteiger des Salzburger Weges bei Sonnenuntergang auf dem Gipfel.

Die erste Winterbegehung des Münchener Weges gelang den Frankfurtern Karl Krämer, dessen Sohn Fritz Krämer und dem Regensburger Oskar Dorfmann in der Zeit vom 28. März, 17 Uhr (ab Eiskapelle), bis zum 1. April, 9 Uhr. Das zweite der vier Biwaks mußte die Seilschaft im Reitsitz hintereinander und mit Seilsicherung verbringen. Infolge starken Föhns und anschließenden Aufklarens schwankte die Nachttemperatur zwischen + 10 Grad und –18 Grad. In der ersten warmen Nacht donnerten die Lawinen über die Wand, und vom ersten Band stürzten zwei Drittel des Schnees ab. Im oberen Wandteil erschwerte grundloser Pulverschnee unter einer dünnen Harschdecke das Vorwärtskommen.

Die reine Ersteigungszeit bis zum Gipfel betrug $42^1/_2$ Stunden. Fast gleichzeitig wurde knapp $1^1/_2$ Jahre nach der sommerlichen Erstbesteigung auch der Berchtesgadener Weg im Winter bezwungen. Die beiden Frankfurter Werner Kohn und Reinhard Sander stiegen am 29. März um 14 Uhr ein und erreichten schon am 31. März um 9 Uhr 30 den Gipfel, nachdem beim ersten Biwak an glatter Wand ein Rucksack mit dem einzigen Primuskocher abgerutscht war.
Im selben Jahr (1949) wurde die Watzmann-Ostwand ein viertes Mal im Winter bezwungen. Vom 29. bis 31. Dezember gelang den Berchtesgadenern Hans Richter, Hans Seelig, Franz Pfnür und Viktor Niedermayer die zweite Winterbesteigung des Münchener Weges.
Die zweite Winterbegehung des Berchtesgadener Weges gelang mit einem Biwak am 22. und 23. März 1954 den Nürnberger Bergsteigern Günther Hauser, Bernhard Huhn, Walter Hiller und Hermann Horter.
Wettersturz, Lawinen und stellenweise besonders ungünstige Schneeverhältnisse bestätigten auch bei diesen Winterbesteigungen, daß einem Versuch, die höchste Wand der Ostalpen bei Schnee und Eis zu durchsteigen, immer unberechenbare Hindernisse entgegenstehen. Trotzdem waren alle Wege durch die große Wand auch im Winter ohne Unfall begangen worden.
Was sollte nun noch nachkommen? Die Ersteigungsgeschichte schien abgeschlossen zu sein, bis plötzlich kurz hintereinander zwei unwahrscheinlich klingende Meldungen den Bogen der Steigerung bis an die äußersten Grenzen spannten.
Die Watzmann-Ostwand wurde im Winter im Alleingang bezwungen!
Am 12. Dezember 1952 stieg Georg von Kaufmann in den Berchtesgadener Weg ein und gelangte schon am ersten Tag dank günstiger Verhältnisse bis zur Biwakschachtel, in der er eine warme Nacht verbrachte. Am nächsten Tag erreichte er wohlbehalten den Gipfel. Kurzski, die er mitgenommen hatte, um sich in weniger steilen Wandpartien nötigenfalls vor dem erschöpfen-

den Einbrechen bis an die Hüften zu bewahren, konnten nicht verwendet werden.
49 Jahre hatte es gedauert, bis der ersten Besteigung im Sommer schließlich 1930 die erste im Winter folgte. 22 Jahre vergingen, bis statt gut vorbereiteter und ausgerüsteter Seilschaften ein Alleingänger das kühne Unternehmen mit stets ungewissem Ausgang wagte.
Welche Überbietung sollte man nun noch erwarten?
Schon nach $2^1/_2$ Monaten geschah etwas Unglaubliches. In der Mondnacht vom 27. und 28. Februar 1953 durchstieg Hermann Buhl die Watzmann-Ostwand auf dem von ihm auch im Sommer noch nicht begangenen Salzburger Weg und war schon am nächsten Morgen wieder zu Hause in der Ramsau.
Der winterliche Alleingang durch den Berchtesgadener Weg, der im Sommer der leichteste Durchstieg ist, war schon eine außergewöhnliche Leistung. Nur wer die senkrechte Wand kennt, durch die der Salzburger Weg vom Schöllhornkar zum ersten Band führt, und sie sich im abweisenden Panzer von Eis und Schnee vorstellt, kann erahnen, welches Übermaß an Kraft, Gewandtheit und Willensstärke nötig ist, um hier in einer eisigen Mondnacht emporzuklettern.
Der junge Innsbrucker Bergsteiger Hermann Buhl arbeitete damals in einem Münchener Sporthaus und hatte seit dem Herbst keine Touren gemacht. Kurz vor Ausreise der Expedition, als deren Krönung er im Alleingang den Nanga Parbat erreichte, wählte er den schwierigsten Durchstieg durch die Watzmann-Ostwand als letzte, äußerste Kraftprobe.
Alles Dagewesene überragende Leistungen wie die beiden winterlichen Alleingänge durch die Watzmann-Ostwand berühren oder überschreiten bereits die ethischen Grenzen des Bergsteigens. Keine Bewunderung des Mutes zur außergewöhnlichen Tat darf darüber hinwegtäuschen.
Ein Zufall, gegen den niemand gewappnet ist, kann zum großen Drama machen, was bei gutem Ausgang der große Erfolg ist. Ein Mensch ringt dann nicht um den Gipfel, sondern mit tiefem Schnee, Kälte und zunehmender Erschöpfung um sein Leben.

*In der Ostwandquerung zum Watzmannkar nach der Aufstellung der Biwakschachtel im Herbst 1951. Im Vordergrund Wiggerl Gramminger    Foto: Hellmuth Schuster*

Dutzende von Helfern werden beim Versuch, der Wand das Opfer zu entreißen, selbst in höchste Lebensgefahr gebracht. Die Vorgänge im Januar 1937 haben das eindeutig bewiesen. Aus dem Spiel mit dem eigenen Leben wird sehr leicht die Gefährdung des Lebens anderer.

Die Gefahr des Beispiels ist fast noch größer als die des eigenen Unglücks. Die beiden Alleingänger durch die winterliche Watzmann-Ostwand waren Bergsteiger mit großer Erfahrung und überdurchschnittlichem Können. Sie konnten mit hoher Erfolgschance ein Unternehmen riskieren, bei dem andere fast zwangsläufig scheitern mußten.

Nachdem bereits Ende Dezember 1952 Walter Lindenkohl aus Hildesheim und Wilhelm Schreier aus Augsburg beim Versuch einer Winterbegehung des Salzburger Weges schon im unteren Drittel der Wand vor Erreichen des Schöllhornkares tödlich abgestürzt waren, stieg eine Woche nach Hermann Buhl der 22jährige Salzburger Siegfried Labenbacher trotz wiederholter Warnungen allein in die Wand ein. Erst nach einem Monat fand man seine verstümmelte Leiche in einer Naßschneelawine am Fuß der Wand. Er war nicht weiter gekommen als die Toten vom Dezember. Ein Freund Labenbachers, Alois Duscher, der am 13. September 1953 eine Gedenktafel für den Verunglückten in der Wand anbringen wollte, stürzte dabei ebenfalls tödlich ab.

In diesen Folgen liegt die ethische Problematik. Man kann großen Bergsteigern nicht verbieten, außergewöhnliche Leistungen zu vollbringen, weil bei der Nachahmung Todesstürze zu erwarten sind. Es besteht aber kein Zweifel, daß solche vom Glück begünstigte Taten, die alle bisher gültigen Maßstäbe über den Haufen werfen, zu einer Unterschätzung der stets gleichbleibenden, unwägbaren Gefahren führen.

»Was der konnte, wird mir auch gelingen« – mit dieser verhängnisvollen Einstellung beginnt es. Vermißtenmeldung, langwierige Suche und schließlich Leichenfund sind der traurige Abschluß. Der Schatten der Toten trübt – ob man es zugeben will oder nicht – die »sensationellen« Leistungen, deren Beispiel zur leichtferti-

gen Nachahmung verleitet. In der letzten Woche des Jahres 1963 erlebte die Watzmann-Ostwand eine Invasion von Wintersteigern, die eine anhaltende Schönwetterperiode bei mäßigem Frost und ungewöhnlich niedriger Schneelage ausnützten. Es bestand keine Steinschlag- und Lawinengefahr. Von 25. auf den 26. Dezember wurde der Kederbacherweg von dem Berchtesgadener Franz Rasp allein begangen. Dann setzte am 2. Weihnachtsfeiertag ein nie dagewesener Massenansturm ein. Bis zum Neujahrstag durchstiegen 56 Bergsteiger ohne Unfall die Wand. Es wären noch mehr geworden, wenn nicht an Sylvester wegen Vereisung des Sees die Schiffahrt ihren Betrieb eingestellt hätte.
Nach dem winterlichen Alleingang von Franz Rasp durch den Kederbacherweg blieben nur noch der Münchener und der Frankfurter Weg ohne Alleingänger bei Schnee und Eis. Nach sorgfältiger Beobachtung der Wand wagte sich Franz Rasp auch an diese beiden Unternehmungen. Am 2. März 1968 stieg er nachmittags in den Münchener Weg ein und erreichte am nächsten Morgen um 8 Uhr bei Schneetreiben die Südspitze. Ein Jahr später schaffte er am 11. März 1969 bei günstigen Verhältnissen den Frankfurter Weg, der im Sommer der schwierigste ist, in $7^1/_2$ Stunden. Wie leicht so ein Alleingang auch anders ausgehen kann, erlebte 1968 der 20jährige Wenzel Meissner aus Königssee, als er wenige Tage nach Franz Rasp am 6. März allein in die Wand einstieg. Nach vorangegangenen Schneefällen waren die Aussichten auf ein Gelingen von Anfang an schlecht. Nach drei Tagen und vier Nächten kam Meissner, teilweise brusthoch im Schnee watend, erschöpft ohne fremde Hilfe wieder nach St. Bartholomä herunter, mußte aber mit Erfrierungen ins Krankenhaus gebracht werden.

Unfälle durch Lawinen und bei Winterbesteigungen s. auch Unfallchronik 1952, 1953, 1961, 1962, 1966, 1971, 1972, 1974, 1976, 1977. Seit 1952 insgesamt 14 Todesopfer.

*Tiefblick von der Biwakschachtel im Winter* *Foto: Hans Richter*

# DIE WATZMANN-OSTWAND ALS GEBURTSTAGSGESCHENK

*»Alkoholrausch ist nur ein klägliches Surrogat für die Armen, die nicht den Rausch der Schönheit kennen, den Rausch von Tat und Sieg, den herrlichen Rausch junger Vollkraft.«*

*Eugen Guido Lammer*

An Geburtstagen pflegt man Bücher, Krawatten, Torten und Liköre zu schenken, aber Wände: ... Noch dazu, wenn sie 2000 Meter hoch sind und in beträchtlicher Entfernung vom Wohnort stehen? Nun, verschenken kann man die nicht gut, denn schließlich lassen sie sich nicht abbrechen und fein säuberlich zwischen Blumen und Gebäck am Geburtstagstisch wieder aufbauen.

Seine Wände kann eben doch nur der Berg selber schenken – wenn er will –, und der, der sie sich zum Geburtstag wünscht, muß wohl oder übel selber kommen.

So war es auch bei der Watzmann-Ostwand, und der, der sie haben wollte, kam an seinem Geburtstag.

Über diesen einzigartigen Geburtstag erzählte dankbar Dr. Fritz Rigele:

»... Einmal hatte ich einen ganz bestimmten Geburtstagswunsch und die Absicht, diesen einen Tag des Lebens auch wirklich zu feiern. Das war im August 1933, als ich das 55. Lebensjahr vollenden sollte.

Eine seit den Tagen Ludwig Purtschellers berühmt gewordene Bergfahrt ist die Erkletterung des Watzmanns über seine 1800 Meter hohe Ostwand von St. Bartholomä am Königssee aus. Fast jeder nur halbwegs zünftige Bergsteiger hat sie durchstiegen.

Von weitgelegenen Wohnorten, von München, Berlin, Wien, ja vom fernen Albion her reisten und reisen die Bergsteiger, um diese Wand zu durchsteigen. Um so beschämender war es für mich, der ich Jahre hindurch in der nächsten Nähe von Salzburg und dann in Saalfelden am Steinernen Meer lebte, mit dieser schönsten Seite des Watzmanns noch keine Bekanntschaft gemacht zu haben. Auf die geradezu suggestiv gestellte Frage: »Sie kennen natürlich die Watzmann-Ostwand?« mußte ich immer verlegen und bescheiden antworten: »Ja, vom Sehen!«, was mir häufig geradezu mißbilligende Blicke eintrug. So wünschte ich mir diese Wand zum Geburtstag. Weil aber im allgemeinen der Berg nicht zum Propheten kommt, muß der Prophet zum Berge gehen, und weil man mir doch den ganzen Watzmann mit seiner Ostwand nicht auf den Geburtstagstisch setzen konnte, so mußte ich mich schon aufmachen, ihn zu suchen.
Ich fand zu diesem Unternehmen in Berchtesgaden einen mir wegen seiner bergsteigerischen Tätigkeit und seines echten Kameradschaftsgeistes sehr wertvollen Begleiter in der Person des bekannten Bergsteigers Josef Aschauer. Für diese Bergfahrt war er mir besonders wertvoll, denn er kannte diese Wand wie seine Westentasche. So wurde für mich alten, führerlosen Bergsteiger, der sich so manchen neuen Weg durch Fels- und Eisgebilde selbst gesucht und erzwungen hatte, eine richtige Führertour daraus, aber im angenehmsten Sinne des Wortes. Und diese Bergfahrt wurde in mehr als einer Hinsicht zu einem richtigen Geschenk.
Bei der Überfahrt im Motorboot von Königssee nach St. Bartholomä blies der Lenker des Bootes seine Trompete, wie mir schien, diesmal besonders schön, und die Felswände bemühten sich, die Töne zum Ergötzen der Königsseebesucher in ungeschwächter Harmonie zurückzugeben. Die landesüblichen Erklärungen des Bootslenker über Vater Watzmann und sein Verhältnis zu Frau und Kindern und Schwiegermutter klangen heute besonders witzig. Die Aufnahme im Gasthaus Bartholomä war freundlich wie damals stets, und der Abend verlief fröhlich und gemüt-

lich. Ursprünglich war dort der Bergsteiger nicht immer mit derselben Gastfreundschaft empfangen worden, denn seinerzeit war der Durchstieg durch die Watzmann-Ostwand aus Jagdrücksichten verboten oder zumindest an eine besondere Erlaubnis des Forstamtes geknüpft gewesen. Damals wanderte so mancher Bergsteiger heimlich und auf Umwegen, sich an St. Bartholomä vorbeidrückend, in das Eisbachtal hinein der ersehnten Wand zu und nahm zu allen anderen Schrecknissen des Berges noch die objektive Gefahr der Verfolgung durch die Behörde mit in Kauf.

Nach Sonnenuntergang nahm die Dunkelheit rapid zu, nicht nur infolge des Verschwindens des licht- und wärmespendenden Gestirns, sondern auch durch die immer dichter über die Wände des Königssees herabwallenden Wolkenmassen. Kein Stern ließ sich blicken, und leise begann es zu regnen ...

Trotz der schlechten Aussicht war der Wecker auf 2 Uhr früh gestellt und rasselte aufdringlich in den gesunden Schlaf hinein. Es goß in Strömen. Der Wecker wurde beruhigt und auf 6 Uhr morgens gerichtet. Die Situation des Wetters war aber die gleiche. Damit war der Entschluß gefestigt, die Bergfahrt diesmal aufzugeben und solange zu schlafen, bis man eben auch hiervon genug hatte. Um 9 Uhr vormittags war es der Fall. Wenn nicht diesmal, dann eben ein anderes Mal! Damit trösteten wir uns, aßen unser Frühstück und wanderten gegen 9 Uhr 45 dem Ufer zu, um über den Königssee zurück nach Berchtesgaden zu fahren.

Da fiel mir plötzlich auf, daß es nicht mehr regnete und daß die in den Königssee tief hineinhängenden Wolken an der Bergwand einen hellen Schein, der nur vom Sonnenlicht kommen konnte, durchließen. Auch mein Begleiter war aufmerksam geworden. Es sah beinahe so aus, als liege nur noch eine dicke Nebeldecke, die nicht höher als etwa 1500 bis 1600 Meter hinaufreiche, zwischen uns und dem blauen Himmel. Zumindest war unsere Beobachtung ein Telephongespräch wert.

Wir erhielten vom Schutzhaus Funtensee fernmündlich die Nachricht, daß sich über 1500 Meter Höhe prachtvoll blauer

Morgenhimmel wolkenlos über das Gebirge spanne und unterhalb eine dicke Nebelschicht das Tal und Land mit all seinen Nöten und seinem Elend verhülle. Das alles hat natürlich die Wirtin vom Funtensee nicht telephoniert, sondern sich nur auf die Mitteilung der nackten meteorologischen Tatsachen beschränkt.
Es mag ungewöhnlich erscheinen, die Ostwand des Watzmann, in der die Mehrzahl ihrer Bezwinger einmal, manche sogar öfter übernachtet haben, um 9 Uhr 45 vormittags in der Absicht anzugehen, sie noch am selben Tage zu durchsteigen. Aber die offensichtlich besonders sichere Wetterlage, die durch die morgendliche Aufheiterung und das Herabdrücken der Nebeldecke geschaffen war, die genaue Kenntnis, die mein Begleiter von der Wand hatte, und nicht zuletzt das eigene Bewußtsein, wenn notwendig, auch ein ziemlich rasches Tempo einschlagen zu können, bewogen uns, um diese so späte Stunden noch unser Unternehmen zu beginnen.
Mit leichtem Gepäck und ohne jede besondere Hast, im Gegenteil, mit einer gewissen Gemütsruhe und Gemächlichkeit wandern wir, von der dichten, über uns lastenden Nebeldecke beschattet, in das Eisbachtal hinein, das sich von St. Bartholomä zum Fuß der Wand hinanzieht. Auf halbem Wege kommen uns Watzmann-Ostwand-Aspiranten entgegen. Sie sehen aus wie die getauften Mäuse und machen verdrießliche Gesichter. »Die hat's abag'waschen!« bemerkte mein Begleiter und grinste fröhlich zu ihnen hinüber, wie sie eben an einem Felsblock ihre nassen Umhüllungen etwas zu trocknen bestrebt waren. Böse Blicke sind die Antwort. Man weiß nicht, wie weit die Gereiztheit bei den abziehenden Ostwand-Ersteigern geht. Da sie in bedeutender Überzahl sind, so wollen wir uns auf keine nähere Erörterung einlassen und wandern weiter.
Ein zweiter und dritter Trupp begegnet uns. Alle haben sie in der Wand, vermutlich auf der ersten Terrasse biwakiert und wurden die ganze Nacht hindurch vom strömenden Regen unbarmherzig bewässert. Sie dachten natürlich nichts anderes, als daß ein mehrtägiger Wettersturz in die Alpen eingezogen und der traurige Rückzug das einzig Mögliche sei. So waren ihnen gerade die

Maßregeln, die sie im Interesse des besseren Gelingens ihrer Bergfahrt trafen, zum Unheil oder zumindest zum Mißerfolg geworden.
Um 10 Uhr 50 packten wir unsere Wand an. Je höher wir steigen, desto dichter wird zunächst der Nebel. Aber mein Begleiter kennt tatsächlich jeden Stein, jeden Grasschopf, jeden Absatz, jedes Band und geht auch nicht einmal zwei Schritte vom rechten Weg ab. Damit nimmt unser Tempo erheblich zu. Waren wir durch das Eisbachtal noch mit einer gewissen schläfrigen Ruhe geschlendert, so wirkt jetzt das Klimmen mit Händen und Füßen in diesem teils mittelschweren, zum großen Teil aber geradezu leichten Klettergelände so anregend, daß jeder Tritt und jeder Griff zur reinen Freude wird. Ich habe bei etwas längeren Bergfahrten immer den Grundsatz vertreten, die erste halbe oder ganze Stunde schön langsam und gemütlich wandern, dann das Tempo zu verschärfen. Denn wer von Haus aus gleich wie ein Irrsinniger losbraust, der verbraucht allzu schnell seine Kräfte.
Diese Kletterei hatte etwas wundervoll Rhythmisches. Da ist keine scharfe, hastige Unterbrechung in der Aufwärtsbewegung. Fast mit dem Gleichmaß einer Seilbahnkabine schieben wir uns rasch empor.
Nach eineinhalb Stunden ist das im unteren Drittel der Wand gelegene Schneefeld und damit bald auch die Hauptschwierigkeit, die Schöllhornplatte, erreicht. Hier schmilzt im Laufe des Sommers der Schnee von der ziemlich steilen und glatten Felsplatte immer mehr ab und bildet eine Randkluft, an der schon so manche Seilpartie gescheitert ist.
In unserem Falle ließ sich Aschauer, zunächst von mir am Seil gehalten, in die Randkluft hinab und kletterte zuerst noch unterirdisch und dann wieder im Freien auftauchend an der gegenüberliegenden Felswand empor, bis er nach 20 Metern Kletterei an der Schöllhornplatte einen entsprechenden Ruhe- und Sicherungspunkt fand.
Nachdem er dort festen Stand gefaßt hatte, machte ich es mir wesentlich bequemer und ließ mich, von oben am Seil gehalten, vom eisigen Rand des Schneefeldes zur Felsenwand hinüber-

pendeln, zum Schutz für Körper und Gesicht Arme und Beine fast horizontal vor mich hinstreckend. So landete ich ganz sanft an der Wand und klomm über sie zu Aschauer hinauf.
Wieder zeigte sich, daß mir die Wand als Geburtstagsgeschenk dargebracht werden sollte. Denn das vom nächtlichen Regen immer noch über sie herabträufelnde, -fließende, zum Teil sogar -sprühende Wasser bot uns nicht nur Gelegenheit, mit Hilfe mitgebrachter Zitronen, Zucker und Brausepulver bekömmliche und erquickende Getränke zu bereiten, sondern diente mir auch als stets willkommene Dusche, die erfrischend wirkte und die Leistungsfähigkeit erhöhte oder zumindest erhielt. Steiler schwingt sich die Wand empor. Einzelne Rippen treten heraus, an denen die letzten und obersten Ballen des Nebelmeeres, das wir durchstiegen hatten, zerflatterten.
Nun kam der schönste Teil des Geburtstagsgeschenkes. Wir traten aus dem brodelnden Nebel heraus in das Sonnenlicht. Und wie mit einem Zauberschlage sahen wir uns plötzlich der Nebeldecke entstiegen, umgeben von den Riesenwänden des Watzmannstockes, die sich von seinem dreigipfeligen Hauptgrate, dem Kleinen Watzmann, der Watzmann-Jungfrau und den Watzmannkindern, in das Eisbachtal niedersenken, dieses wie einen ungeheuren Felskessel umschließend. Durch kein Wölkchen getrübt, wölbte sich der tiefblaue Berghimmel über uns, und unter uns lagen die Wolken. Freilich, mit dem kühlen Wolkenschatten war es zunächst aus, und die Sonne brannte ziemlich heiß auf Kopf und Körper. Aber die immer wiederkehrenden Wasserläufe und kleinen Fälle belebten durch ihren bloßen Anblick schon, abgesehen davon, daß wir sie in der oben erwähnten Weise fleißig benutzten. Wir kommen an der historischen Zellerhöhle vorbei. Die Watzmannkinder sind längst unter uns gesunken. Nun liegt auch der Kleine Watzmann schon unter uns, und nur der nördlich von uns gelegene Mittelgipfel ragt noch ein Stück empor; doch wir streben zunächst nicht ihm, sondern der fast gleich hohen Südspitze unseres dreigipfeligen Berges zu. Wir betreten sie um 3 Uhr 20, also genau viereinhalb Stunden nach dem Einstieg in die Wand.

Daß wir den ganzen Weg in fünfeinhalb Stunden zurückgelegt hatten, und zwar einschließlich aller Rasten, hätte uns ein Recht auf Ermüdung gegeben. Denn so mancher Bergsteiger hing tagelang in dieser Wand und erreichte dann nur mit Mühe und Not den Gipfel. Aber in unserem Falle handelte es sich um ein Geburtstagsgeschenk, und da mir der Berg selbst es brachte, so waren auch seine Begleitumstände durchaus festlich ...«

Vier Jahre später fand Dr. Fritz Rigele in den Berchtesgadener Bergen den Tod. Auf dem schmalen Weg zur Blaueishütte am Hochkalter wich er einem beladenen Tragtier aus, verlor das Gleichgewicht und stürzte wenige Meter rücklings ab. An den erlittenen Kopfverletzungen verschied er einen Tag später, am 10. Oktober 1937.

Rigele war ein seit Jahrzehnten unermüdlicher und erfolgreicher Bergsteiger. In mehreren Westalpenfahrten erprobte er in den Jahren vor dem ersten Weltkrieg die Verwendbarkeit der Sommerski. 1910 war er mit Bilgeri im Montblancgebiet; im Juli 1911 führten beide in der Berninagruppe sommerliche Skibesteigungen durch: Piz Capütschin, Piz Sella, Piz Roseg. Bei Kriegsausbruch wurde er mit einer Reihe von bekannten Bergsteigern von der österreichischen Heeresleitung als Alpinreferent und Instruktor einberufen. 1916 durchkletterte er mit A. Dibona, Guido Mayer und vierzehn Soldaten zum erstenmal die Nordwand des Busazza (3329 m). Am 21. September 1921 gelang ihm mit H. Zangerle und L. Schifferer, einem der Erstbesteiger des Salzburger Weges, die Durchkletterung der Südwand des Sommersteins (2308 m) im Steinernen Meer. Mitte der zwanziger Jahre wandte er sich vornehmlich schweren Eistouren zu. Mit Wilo Welzenbach, der 1934 am Nanga Parbat blieb, bezwang er am 15. Juli 1924 die Nordwestwand des Großen Wiebachhorns* (3570 m) in den Hohen Tauern. Bei dieser Neutour wurden zum erstenmal Eishaken verwendet. Wieder mit Wilo Welzenbach und F. Bachschmidt war er im Sommer 1926 in den Westalpen. Am 1. August fanden sie einen Aufstieg durch die Nordwestflanke des Zermatter Breithorns (4171 m). In seinem Werk »50 Jahre Bergsteiger« hat Rigele der Bergsteigerjugend, für deren Erziehung er sich so oft einsetzte, seine reichen alpinen Erfahrungen und Erlebnisse hinterlassen.

* In dieser Wand stürzten am Pfingstmontag, 16. Mai 1932, einer der Erstbesteiger der Matterhorn-Nordwand, Toni Schmid, und Ernst Krebs ab. Toni Schmid war tot – wenige Monate nach seinem größten bergsteigerischen Erfolg.

*Südspitze und Mittelspitze während der Rettungsaktion im Januar 1937*
*Foto: Ludwig Gramminger*

# IN SCHNEE UND EIS SIEBEN TAGE IN DER OSTWAND

*»Der Alpinismus ist kein Kampf und kein Kriegszustand. Kampf kann nur gelegentlich eine Episode, ein Bild sein. Die Grundlage des Alpinismus muß immer reine Liebe zur Natur und zu den Bergen sein, ein tiefes Sichversenken in ihr Leben, ihr Wesen, ihre Seele ... Es scheint mir, daß kaum ein Ort weniger glücklich gewählt sein könnte, um dort die Herrennatur im Menschen hervorzukehren, als das Hochgebirge.«* *Julius Kugy*

Am 4. Januar 1937 ging durch die süddeutsche Presse die Meldung:
»Zwei junge Münchener Bergsteiger stiegen am 1. Januar trotz wiederholter Warnungen in die winterliche Watzmann-Ostwand ein und sind nun infolge des gestrigen Wettersturzes inmitten der Wand in Bergnot geraten. Sie können weder vor- noch rückwärts, da sie bis zu den Hüften im Neuschnee waten müssen; eine Rettung in absehbarer Zeit ist so gut wie ausgeschlossen.«
Am Nachmittag des 1. Januar sieht der Förster von Bartholomä im schwierigen Fels in der Nähe der Schöllhornplatte zwei Bergsteiger hängen. Sofort steigt er zur Eiskapelle auf.
Seine Rufe verhallen ungehört, heiser wird die Stimme und bleibt ohne Antwort. Nachtschwärze breitet sich über das Eisbachtal. Im matten, drückenden Winternebel erstickt das Echo, das dumpf die Hachelwände zurückwerfen.
Ein Bergdrama beginnt. Noch niemand weiß es.
Die Rufe, das lange, laute Schreien, warum haben sie das nicht gehört und geantwortet? Sind sie schon in Not? Ist einer abge-

stürzt: Man sah in der Dunkelheit ein Licht eine lange Strecke herabfallen.
Von Bartholomä aus wird noch am Abend die alpine Rettungsstelle Berchtesgaden verständigt, und am Morgen des 2. Januar steigen drei Rettungsmänner auf. Sie sehen die beiden an der Schöllhornplatte weitersteigen, nähern sich bis auf Rufweite und warnen vor dem bevorstehenden Wetterumsturz. Ihre Mahnungen und ihre Aufforderung zur Umkehr bleiben unbeantwortet. Die Angerufenen steigen unbekümmert weiter.
Selbstsicherer Ehrgeiz, gepaart mit unverantwortlichem, jugendlichem Leichtsinn, sind die verdammenswerten Ursachen eines solchen Verhaltens. Wer sich so frevelhaft über Warnungen hinwegsetzt, hat eigentlich nicht mehr verdient, daß später Bergwachtmänner ihr Leben einsetzen, um das Unglück abzuwenden.
Nebel, Regen und Schneetreiben verdecken dann wirklich vom Nachmittag des zweiten bis zum Abend des dritten Tages nach dem Einstieg die Ostwand. Der Proviant muß schon zu Ende gegangen sein, denn die zwei Münchener hatten nur mit zwei bis zweieinhalb Tagen gerechnet.
Gespannt warten die Bewohner von Bartholomä hinter den Ferngläsern, bis ein Loch in den bleigrauen Vorhang reißt, hinter dem zwei Menschen einen aussichtslosen Kampf gegen die übermächtigen Waffen des winterlichen Berges kämpfen.
Am Morgen des vierten Tages werden die beiden auf einem kleinen Vorsprung am Beginn des dritten Bandes entdeckt. Bis zu den Hüften waten sie im tiefen Neuschnee und kommen kaum mehr vorwärts. Sie scheinen völlig erschöpft zu sein.
Die Beobachtung wird sofort an die alpine Rettungsstelle Berchtesgaden weitergegeben. Die erneute Entsendung einer Rettungsmannschaft wäre zwecklos. Nach dem starken Schneefall hätte es Tage gedauert, an die Bedrängten heranzukommen. Die beiden Bergsteiger aber lebten noch und kämpften verzweifelt gegen Schnee, Mattigkeit, Hunger und Kälte. Bergkameradschaft und Einsatzbereitschaft bis zum letzten stemmten sich dagegen, dem Berg zwei junge Opfer zu überlassen, ohne alles Menschenmögliche versucht zu haben, sie zu retten und ihren Angehörigen wie-

derzugeben, die Tage qualvollster Ungewißheit erleben mußten. Keine Sekunde war zu verlieren.
Von der Luftsport-Landesgruppe in München wird ein Flugzeug angefordert. Wenn es gelingt, nahe genug an ihren Standplatz heranzufliegen und ihnen in Paketen Proviant und Kälteschutzmittel zuzuwerfen, können sie vielleicht durchhalten, bis die Rettung möglich ist.
Mittags um 1 Uhr landet das Flugzeug in Ainring und nimmt dort den Leiter der alpinen Rettungsstelle Berchtesgaden, Josef Aschauer, einen der besten Kenner der Ostwand, an Bord. In Minuten zieht die Maschine über Lattengebirge und Hochkalter dem Watzmann zu. Gefährlich nahe führt der Flugleiter Neininger die Maschine immer wieder an die Wand heran. Durch die Meldungen von Bartholomä ist Aschauer auf den Standort der in Bergnot Geratenen vorbereitet und entdeckt sie bald auf dem vierten Band. In steilen Kurven zieht der Pilot die Maschine hinauf zum Grat, wendet, und in tollkühnem Sturzflug jagt das Flugzeug an der Wand entlang in die Tiefe. Sieben Pakete wirft Aschauer während der Sturzflüge ab. Ein bis zwei davon bleiben in erreichbarer Nähe der Bergsteiger liegen. Vom Flugzeug aus wird noch beobachtet, wie sich die zwei Bergsteiger bemühen, an die Abwurfstelle heranzukommen.
Wenn sich auch später heraustellte, daß sie die abgeworfenen Proviant- und Ausrüstungssäcke nicht erreichen konnten, so waren sie doch moralisch gestärkt durch das Bewußtsein, daß für ihre Rettung alles getan wurde. Man sieht von Bartholomä, wie sie wieder aufwärtssteigen und in zwei Stunden etwa 150 Meter höher kommen. Bei Einbruch der Dämmerung erreichen sie eine Wandstelle über dem fünften Band und beziehen dort Biwak, das vierte seit ihrem Einstieg.
Um 18 Uhr trifft in Berchtesgaden eine Mannschaft der Münchner Bergwacht ein: Göttner, Gramminger, Peidar, Schmaderer, ferner der Arzt K. v. Kraus, Rosenschon, Ruder und Steinberger. Einige dieser ausgesuchten Bergsteiger haben Kaukasus- und Himalaja-Erfahrung. Am Abend treffen sie mit den Berchtesgadenern Josef Aschauer, Sepp Kurz und drei Mann des Geb.-Jägerregiments Bad Reichenhall in der Wimbachgriesalm zusammen, um im Morgengrauen des nächsten Tages gemeinsam das Rettungswerk zu beginnen.

Fünfter Tag nach dem Einstieg.
Die Nacht war klar und sehr kalt. Durch die tiefen Temperaturen am Morgen ist die Lawinengefahr nur gering. Das vierte Biwak scheinen die beiden gut überstanden zu haben, denn um 9 Uhr meldet Bartholomä, daß sie den Aufstieg fortsetzen. Der Schnee ist fester geworden, sie sinken nicht mehr so tief ein.
Um 10 Uhr wird die Rettungsmannschaft auf dem Gipfel gesichtet. Auch ein Flugzeug umkreist wieder die Wand, auf die in diesen Tagen die Augen von Millionen gerichtet sind.
Bis um 12 Uhr sind die beiden Bergsteiger etwa 400 Meter unter den Gipfel gekommen. Um $^1/_2$2 Uhr steigen sie immer noch weiter, langsam, matter, verbissen kämpfend. Noch 300 Meter zum Gipfel. Noch drei Stunden bis zur Dämmerung. Wo bleiben die Retter? Ungewißheit, Kälte und Hunger peinigen den Körper und die Seele. Das fünfte Biwak rückt in drohende Nähe.
Werden sie es überstehen? War alles umsonst? Diese bangen Fragen erfüllen viele Herzen.
Nachmittags überzieht sich der Himmel, und Nebel verhüllt den oberen Teil der Ostwand. Von Bartholomä aus sind keine weiteren Beobachtungen mehr möglich. Man weiß nicht, ob die Mannschaft auf dem Gipfel, die man zuletzt beim Bau einer Schneehöhle sah, noch am Nachmittag die Rettung durch Abseilen in die Wand versuchte und ob sie dabei Erfolg hatte.
Da trifft mitten hinein in die gespanntesten Erwartungen durch einen Boten von der Wimbachgriesalm abends der erste Bericht Aschauers über die Rettungsaktion ein:
»Griesalm früh 6 Uhr 15 ab, noch dunkel am Einstieg zum Schönfeld. Zuerst sehr schlechte Schneeverhältnisse, später weiter oben recht gut. Auf dem Gipfel der Südspitze an 10 Uhr 05. Trotz unserer Rufe (dreizehn Mann gleichzeitig aus Leibeskräften!) keine Antwort aus der Wand. Um 13 Uhr 15 wurden die beiden Freys zufällig zirka 450 Meter unterm Gipfel vom Grat aus gesichtet. Sie riefen aber nicht um Hilfe! Sie verlangten nur nach Essen. Um 14 Uhr wurde vom Grat aus der Abstieg in die Wand begonnen (Göttner). Er stieg an sechs zusammengeknüpften Seilen zirka 180 Meter in die Wand ab. Später folgte mit dreimal

*Rettungsaktion im Januar 1937*
*Oben: Die tief verschneite Südspitze*

*Unten: Das von Pilot Neininger gesteuerte Flugzeug, das mit Josef Aschauer an Bord im Sturzflug der Ostwand entlang in die Tiefe flog, um Pakete für die beiden Vettern Frey abzuwerfen* *Fotos: Ludwig Gramminger*

50 Meter Reepschnur Schmaderer. Leider war es bei Beginn des Abstieges sehr neblig, so daß nur noch sehr schlechte Rufverbindung bestand. Als das Wetter ganz zum schlechten umschlug, (es schneite leicht, und Eisregen ging nieder) wurden zum einzigen Mal Hilferufe gehört. Die Freys befanden sich da auf einem Band, über dem sich eine zirka 25 bis 30 Meter hohe senkrechte Wand aufbaut. Leider gelang es Göttner und Schmaderer nicht mehr, auf dieses Band hinabzukommen, teils wegen des Wetters, der Schneeverhältnisse und aus Seilmangel. Um 15 Uhr 45 gaben Göttner und Schmaderer Signal zum Heraufziehen. Damit waren für den heutigen Tag die Rettungsaktionen abgebrochen. Es fehlte an 100 Meter Seil. Ich entschloß mich daher, sofort mit Sepp Kurz und Schweiger zur Griesalm abzusteigen. Am Grat ab 16 Uhr 15, Griesalm an 17 Uhr 40. Der Abstieg war schlecht, sehr neblig und schon dunkel. Hier im Wimbachtal regnet es. Die Wetteraussichten für morgen sind sehr schlecht. Alle anderen (zehn Mann) biwakieren in einer sehr schönen Schneehöhle auf dem Gipfel. Ihr könnt ganz unbesorgt sein. Morgen früh steigen wir mit zirka 120 bis 150 Meter Seil wieder auf. Vielleicht gelingt es doch noch.

Aschauer«

Sechster Tag.

In St. Bartholomä klingelt schon am frühen Morgen ständig das Telefon. Alle Anfragen sind vergebens, denn über 900 Meter herab ist die Wand in Nebel gehüllt. Erst mittags wird die Sicht frei. Trotz langem Absuchen der Wand ist von den beiden nichts zu entdecken.

Was ist geschehen? Liegen sie schon im Schnee begraben oder hat eine Lawine sie weggefegt? Bange Zweifel erfüllen die Beobachter und werden noch verstärkt durch den seltsamen Umstand, daß auf dem Gipfel von der Rettungsmannschaft nichts zu sehen ist. Der Bericht des Flugzeugführers, der mittags Wand und Gipfel überflog, verstärkt Sorge und Ungewißheit. Auch er konnte bei seinen wiederholten Anflügen weder von den beiden Freys noch von der Rettungsmannschaft etwas entdecken. Der Sturm weht lange Schneefahnen über den Grat hinaus. Über das

*Rettungsaktion im Januar 1937*
*Oben: Gebirgsjäger auf dem Marsch ins Wimbachtal* *Fotos: Ludwig Gramminger*

*Unten links: Schneesturmbiwak der Rettungsmannschaft auf der Südspitze*

*Unten rechts: Josef Aschauer am Gipfelgrat beim Sichern der Abseilenden*

Steinerne Meer jagen in rasendem Tempo Wolken- und Nebelfetzen.
Wie sich erst später herausstellte, war eine Wendung eingetreten, durch die beinahe in letzter Stunde das ganze Rettungswerk scheiterte. Die zehn Mann hatten im Biwak auf der Südspitze eine furchtbare Nacht in heftigstem Schneesturm und scharfer Kälte verbracht. Bei manchen zeigten sich Erfrierungserscheinungen. Die Lage war am Mittwoch früh so, daß ein Einstieg in die Ostwand fast unmöglich war, denn es hatte wieder 50 Zentimeter geschneit. Schon am Vortag waren Göttner und Schmaderer beim Abseilen oft bis über den Kopf in den stellenweise zwei Meter tiefen Neuschnee versunken. Außerdem hatten die Rettungsmänner auf ihre Rufe keine Antwort mehr erhalten. Sie mußten annehmen, daß die beiden Freys nicht mehr am Leben waren, und entschlossen sich zur Umkehr. Als die Rettungsmannschaft schon längst abgestiegen war, entdeckte man in Bartholomä um 12.30 Uhr die beiden Bergsteiger in langsamen Aufstieg. In schwierigem Gelände versuchen sie, von einem Schneefeld auf einen steilen Grat hinauszuqueren. Etwa 50 Meter noch, und sie kommen auf leichteres Gelände.
1 Uhr 30. Die Sonne geht aus der Wand. Nur einige Gratvorsprünge sind noch beleuchtet. Bei dem Versuch, weiterzukommen, rutschen beide wieder auf den alten Stand zurück.
»Die Retter, wo sind nur die Retter?« ist die einzige Frage der Beobachter in Bartholomä, die nicht mehr von den Gläsern weggehen und für die es ein herzergreifender Anblick ist, zu sehen, wie 150 Meter unter dem Gipfel die beiden Bergsteiger hilflos im Schnee steckend die sechste Nacht erwarten müssen, die Nacht, die vielleicht das Ende bringt. Inzwischen waren die Rettungsmannschaften bis zur Wimbachbrücke abgestiegen und erfuhren dort zu ihrer größten Überraschung, daß die beiden Freys noch am Leben und sogar bis in Gipfelnähe gekommen seien.
Sofort muß eine neue umfassende Rettungsaktion begonnen werden, um vielleicht doch noch der Wand die Opfer zu entreißen. Von den Reichenhaller Gebirgsjägern wird neuerdings Hilfe angefordert. Fünfzig Mann treffen um 20 Uhr an der Wimbach-

*Rettungsaktion im Januar 1937* *Foto: Ludwig Gramminger*
*Die beiden Vettern Frey nach der Rettung am siebten Tage.*

brücke ein. Sie sollten noch in der Nacht 700 Meter Seil und Rettungsgeräte zum Gipfel bringen, damit die Rettungsmannschaft unbeschwert bei Tagesgrauen rasch die Südspitze erreichen kann.

Siebenter Tag. Im Tal Föhn. Auf den Höhen Orkan. Die Flugwetterwarte meldet Windgeschwindigkeiten von 100 Kilometern. Unvorstellbare Verhältnisse auf der Südspitze in 2700 Meter Höhe. Um 10 Uhr kommt aus Bartholomä die Nachricht, daß sich drei Mann in die Wand abseilen. Nach einer halben Stunde sind sie auf zwei bis drei Seillängen an die Stelle herangekommen, an der die zwei Bergsteiger zuletzt beobachtet wurden.
Um 12 Uhr trifft die entscheidende Meldung, auf die in diesen Stunden Millionen Menschen warteten, in Berchtesgaden ein: »Die beiden Vettern Frey sind am Mittag des 7. Januar, dem siebten Tag ihres Kampfes in den Schrecken der winterlichen Watzmann-Ostwand, noch am Leben. Die Retter sind ihnen auf eine Seillänge nahe.«
Diese erlösende Botschaft kam von dem Beobachter auf der Scharte des Watzmannkars, von der man aus 2100 Meter Höhe einen guten Einblick in die Ostwand hat. Er sah, wie sich die beiden mit letzter Kraft im Schnee aufwärts wühlten. Als sie um 11 Uhr den sich zu ihnen abseilenden Rettungsmann erblickten, blieben sie stehen und warteten auf Hilfe, ohne die sie den Gipfel nie mehr erreicht hätten. Daraufhin fuhr der Beobachter sofort zur Kührointalm ab und gab seine Meldung telefonisch nach Berchtesgaden weiter. So erfuhr die Welt von dem geglückten Rettungswerk, noch bevor die Bergung ganz vollzogen war.
Noch ist der Kampf nicht ganz gewonnen. Der Abstieg von der Südspitze bei Sturm, Regen und tiefem Schnee ist von Lawinen bedroht. Stunde um Stunde vergeht, ohne daß Nachricht von der Ankunft in der Wimbachgriesalm eintrifft.
Endlich, nach langem, sorgendem Warten kommt um 17 Uhr 15 der Funker freudestrahlend in die Stube des Gasthauses »Hochkalter« gestürzt und meldet den Funkspruch:
»Bergsteiger lebend geborgen, werden morgen eintreffen.«

Das Aufseilen der Geretteten zum Gipfel war um 15 Uhr beendet. Nach mehr als 150 Stunden erreichten sie den Gipfel und entgingen knapp dem Tode. Als sie zu essen und zu trinken bekommen hatten, waren sie in der Lage, an Seilen gesichert, mit der Rettungsmannschaft abzusteigen. Sie hatten beide erfrorene Füße. Nur der sofort in der Wimbachgrieshütte vorgenommenen sachgemäßen Behandlung durch den Arzt Dr. v. Kraus verdanken sie es, daß ihnen ihre Glieder erhalten blieben. Nach sechs Nächten in der Ostwand können sie sich am Abend des siebten Tages zum erstenmal wieder unter einem schützenden Dach zur Ruhe legen. Rundfunk und Extrablätter verkündeten wenig später die Freudenbotschaft. Eine ungeheuere Spannung löste sich. Eines der größten und tapfersten Rettungswerke der alpinen Geschichte war gelungen. Im Kampf gegen entfesselte Naturgewalten hatten unter höchstem Einsatz die Menschen gesiegt.
Die von Tag zu Tag mit steigendem Interesse verfolgten Meldungen erregten in Bergsteigerkreisen und weit darüber hinaus größtes Aufsehen. Die beiden Winterbesteigungen der Watzmann-Ostwand am 6., 7. und 8. Dezember 1930 durch Toni Beringer, Simon Flatscher, Luwig Zankl und Georg Mitterer und in den letzten Januartagen 1932 durch die Traunsteiner Gustl Kröner und A. Huber waren das Ergebnis wochenlanger sorgfältiger Vorbereitungen und eingehendster Beobachtung der winterlichen Verhältnisse in der 1900 Meter hohen Riesenwand, über deren Flanken nach Neuschneefällen und bei rascher Erwärmung unheimliche Lawinen bis in die blauen Schatten des Eisbachtals hinunterjagen. Nur genaue Kenner der Ostwand konnten nach vielen Orientierungsfahrten bei ganz sicheren Wetterverhältnissen den Versuch wagen, im Winter dem ungeheuren Schnee- und Eispanzer einen Durchstieg abzuringen. Schrieb doch einer der Wintererstbesteiger, Ludwig Zankl, in seinem Bericht über das geglückte Unternehmen und seine langen Vorbereitungen: »Wollten wir das erstemal die Wand, eine Vollmondnacht ausnützend, im Sturme überrennen, ist es uns nun klar, daß nur äußerste Ruhe und kalte, klare Berechnung den Sieg vermitteln. Wir kommen so weit, daß wir den Mond ganz ausschalten, dafür

aber von vornherein auf zwei bis drei, ja vier Biwaks antragen ...«
Darum erregte es auch außergewöhnliches Aufsehen und ließ sofort zahlreiche kritische Stimmen laut werden, daß die beiden in höchste Bergnot geratenen jungen Bergsteiger sich einfach über die Ermahnungen des Motorbootführers auf dem Königssee, der ihnen den Wettersturz ankündigte, hinwegsetzten und in die Ostwand einstiegen, ohne diese jemals vorher nur gesehen zu haben. Mögen alle, die sich über die Grenzen ihres Könnens und des Bergsteigens überhaupt nicht im klaren sind, beherzigen, was als zusammenfassende Stellungsnahme zu den zahlreichen kritischen Stimmen damals Dr. Hermann Hoerlin im Auftrag des Verwaltungsausschusses des Deutschen Alpenvereins mit dem Dank für die Aufopferung der Rettungsmänner schrieb:
»Der glückliche Ausgang des Beginnens der beiden Freys gibt uns heute das Recht, ohne jede Rücksicht dazu Stellung zu nehmen. Jeder Mensch ist dem ethischen Grundgesetz unterworfen, das ihm die selbstsüchtige Verfügung über sein Leben nicht gestattet. Wir sind verantwortlich und gebunden gegenüber unseren Angehörigen, unserem Volk und gegenüber der ganzen Menschheit. Wir dürfen und müssen das Leben einsetzen für eine große und edle Sache, wenn der Einsatz notwendig ist, aber wir dürfen es nie sinnlos in die Waagschale werfen.
Dadurch ist auch uns Bergsteigern die Grenze gesetzt. Wir meiden die Gefahr nicht, wir schauen ihr oft ins Auge, und wir haben dafür Gewinn an Leib und Seele. Aber wir dürfen es nicht dem blinden Zufall überlassen, ob wir in der Gefahr umkommen oder ‚Sieger' bleiben. Wir müssen stets ernst und gewissenhaft versuchen, die Gefahr voll zu erkennen, und wir dürfen keine Fahrt antreten oder fortsetzen, wenn nicht aller menschlichen Voraussicht nach unsere Kräfte und unser Können ausreichen, um sie sicher zu überwinden. Tun wir dies nicht, überschätzen wir unsere Fähigkeiten oder setzen wir uns großen objektiven Gefahren aus, so ist dies kein Bergsteigen mehr, sondern Würfelspiel.
Wird andererseits diese Grundregel eingehalten, dann wird uns viel Leid erspart und uns wertvollstes Gut erhalten; dann werden sich die Bergunfälle auf diejenigen beschränken, bei denen das

*Die Südspitze vom Aufstieg zum Steinernen Meer. Ein sofortiger Abstieg auf dieser Seite hätte die Todesopfer der »Schwarzen Tage« von 1922 und 1947 erspart.*
*Foto: Rainer Köfferlein*

Zusammentreffen einer Vielzahl von ungünstigen und wirklich unberechenbaren Ereignissen den Menschen schicksalhaft unterliegen läßt.
Das Geschehen am Watzmann ist nach dem Unglück am Eiger* eine weitere laute und noch eindringlichere Mahnung an alle, die es angeht, ernstlich nachzudenken über ihr Tun. Es geht nicht nur die Kletterer an, die die Grenzen des Bergsteigens nicht erkennen; es geht den Teil der alpinen und nichtalpinen Umwelt an, der aus glücklichen und unglücklichen Spielern ‚Helden' machen will; es geht den ganzen Alpenverein an, die Sektionen, ihre Untergruppen und deren Führer, die stärker als bisher die jungen Bergsteiger erziehen und ihnen zeigen müssen, daß zum wirklichen Bergsteigen neben der körperlichen Betätigung auch die geistige Leistung und die sittliche Reife gehören.«

* Beim Versuch, die Nordwand des Eigers zu besteigen, verunglückten im Juli 1936 die Bergsteiger Toni Kurz aus Berchtesgaden, Anderl Hinterstoißer aus Bad Reichenhall und die beiden Österreicher Edi Rainer und Hans Angerer. Beim ersten Versuch hatten schon im Sommer 1935 die beiden Münchener Mehringer und Sedlmayer den Tod gefunden.

*Die Rettungsmannschaft nach der Bergung der beiden Vettern Frey im Januar 1937. Am linken Bildrand Josef Aschauer* *Foto: Ludwig Gramminger*

# DER »SCHWARZE TAG« WIEDERHOLT SICH

Sommer 1946.
Nach den Kriegsereignissen von 1945, die alle Verkehrsverbindungen unterbrachen, ist zum erstenmal wieder Hochbetrieb in den Bergen. Es wiederholen sich Erscheinungen, wie sie für die Jahre nach dem ersten Weltkrieg typisch waren. Hunger, Mangel an allem Notwendigen und Ungewißheit des Kommenden hemmen nicht das Bergsteigen, sondern fördern es. Tausende ziehen auf allen Wegen und Steigen hinauf zu den Gipfeln, um dort oben eine Atempause von dem erdrückenden Alltag zu finden.
Die Berge sind wie Magnete, deren stärkste Kraftfelder die luftigen, freien Höhen sind. Mit jeden hundert Metern, die der Wanderer an Höhe gewinnt, fällt ein Stückchen der Last ab, die ihn in der Enge des Tales niederdrückt. Kein Kummer kann so bitter sein, daß er die Macht hätte, auch eine mühsam errungene Gipfelstunde zu vergällen. Die treibende Kraft ist nicht mehr der Forscherdrang vergangener Jahrzehnte. Der Zug nach den Bergen ist eine Suche nach dem Vergessen alles Bedrückenden.
Die Motive bleiben aber immer nur die eine Seite. Die Not der Nachkriegsjahre war auch in den Bergen ein Hemmschuh, der vielen gerade dann zum Verhängnis wurde, wenn sie ihn abstreifen wollten.
Die Verpflegung war ungenügend, die Ausrüstung mangelhaft, die körperliche Widerstandskraft der Unberechenbarkeit der Berge nicht mehr gewachsen. Schuhe, die früher in die Abfalltonne geflogen wären, mußten zu Bergfahrten herhalten, Rationen, die einst ein Imbiß waren, wurden zum ganzen Proviant für eine Hochtour, Seile, denen sich sonst niemand mehr anvertraut

hätte, mußten noch vielen Kletterfahrten dienen.
Die Folgen ließen nicht auf sich warten. Die Bergwacht bekam sie zu spüren. Der Massenbesuch trieb die Unfallziffern in die Höhe. Allein im Gebiete der Bergwacht Berchtesgaden und Ramsau ereigneten sich 1946 im Sommer 67 Bergunfälle, davon 22 tödliche. Der Watzmann forderte sieben Todesopfer mehr als die anderen Berge. Noch schlimmer wurde es im Sommer 1947. Die Rekordziffer des Vorjahres war bei weitem übertroffen. Die Zahl der Unfälle stieg auf 164, davon 19 tödliche.
Unfälle in der Watzmann-Ostwand gehören zum Berchtesgadener Sommer. Einer sticht aber aufsehenerregend hervor und ist eine eigenartige Duplizität der Ereignisse nach einem Vierteljahrhundert. Der »Schwarze Tag« des Jahres 1922 wiederholt sich mit verblüffender Ähnlichkeit der Vorgänge. Der Ostwand fallen Menschen zum Opfer, die ihr scheinbar entronnen sind. Drei junge Menschen sterben nicht in der Wand, sondern an den Folgen ihrer Besteigung. Als sie sie freigab, waren ihre Kräfte schon gebrochen.
Am Sonntag, dem 18. August, steigen nachmittags eine Dreier- und drei Zweierseilschaften in die Ostwand ein. Am Biwakplatz in dem zur Schöllhornplatte führenden Kar verbringen sie die Nacht. Bereits durchnäßt von einem nächtlichen Regenguß, setzen sie am Montag früh bei schönem Wetter den Aufstieg fort. Im Laufe des Tages werden sie erneut von Regen und Gewitter behindert und kommen nur langsam vorwärts.
Erst um halb 6 Uhr erreichen die beiden ersten Seilschaften den Gipfel der Südspitze. Mit einer halben Stunde Abstand folgt die dritte Partie.
Von Westen zieht schon wieder ein schweres Unwetter heran, dem die Bergsteiger nicht entgehen können. Sie wissen anscheinend nicht, was es bedeutet, auf einem Grat in 2700 Meter Höhe stundenlang Sturm und Regen, der jederzeit in Schnee übergehen kann, schutzlos ausgesetzt zu sein.
Sofortiger, rascher Abstieg ins Wimbachtal in windgeschütztes Gelände und wärmere Luftschichten hätte sie retten können.

Wie ihre Vorgänger vor einem Vierteljahrhundert wählen sie den Weg des Unglücks über Mittelspitze und Hocheck zum Watzmannhaus. Dort warten Angehörige auf sie.
Sie warten vergebens, denn der Bergtod beginnt sein erbarmungsloses Werk.
Im stundenlangen Auf und Ab des Grates gehen drei Gewitter über sie hinweg.
Waagrecht peitscht ihnen der Regen ins Gesicht. Die Kleider kleben bis zur letzten Faser durchnäßt am Körper.
Die Blitze machen die Drahtseilsicherungen zu lebensgefährlichen Punkten.
Auskühlung und Erschöpfung wirken sich von Stunde zu Stunde stärker aus.
Nacht umgibt sie, durchheult vom Toben des Unwetters.
Die beiden ersten Partien verständigen sich noch durch Zurufe. Diese werden zufällig um $^1/_2$10 Uhr abends am Watzmannhaus gehört.
Ein unverzüglich zur Hilfeleistung aufgestiegener Bergsteiger, Fritz Baumgarten, stößt 200 Meter oberhalb des Hauses auf die noch angeseilte, stark erschöpfte und ausgekühlte Dreierpartie. Er bringt die drei Kameraden ein Stück weiter den Berg hinunter, bis andere Bergsteiger sich ihrer annehmen.
Auf Hilferufe von weiter oben steigt er erneut auf und findet die zweite Seilschaft. Der 33jährige Martin Genitheim aus Röthenbach/Pegnitz liegt völlig entkräftet auf dem Boden. Auch sein Kamerad ist schon so schwach, daß er sich nicht mehr fortbewegen kann.
Baumgarten trägt Genitheim zum Watzmannhaus, von wo ihm einige Helfer entgegenkommen. Decken, Wärmflaschen und entsprechende Pflege können kein Wunder mehr bewirken.
Eine Viertelstunde nach seiner Ankunft stirbt Genitheim an allgemeiner Auskühlung und Entkräftung.
Wieder die bange Frage, genau wie 1922: Wo sind die noch fehlenden, zurückgebliebenem Bergsteiger?
Als die beiden von Baumgarten aufgefundenen Seilschaften das Hocheck erreicht hatten, bestand noch Rufverbindung zur dritten

Partie an der Mittelspitze.
Es war anzunehmen, daß diese Seilschaft in der kleinen Hütte am Hocheck für die Nacht Zuflucht gesucht hatte, da sie den vorausgehenden Partien auf dem Abstieg zum Watzmannhaus nicht nachkam. Nach Aussagen der Geborgenen war sie mit guter Schutzkleidung ausgerüstet und hätte demnach ein zweites Biwak überstehen müssen.
Der Dienstagmorgen bringt traurige Klarheit. Sieben Mann steigen vom Watzmannhaus mit Decken, warmer Kleidung und heißen Getränken zum Hocheck.
Die Hütte ist leer. Keine Spur von den Gesuchten.
Sie sind aber nicht weit weg.
Nur 25 Meter unter dem Gipfel findet die Rettungskolonne die beiden Augsburger Hans Sturm und Ferdinand Kleiner tot auf dem Grat.
Die Körper sind dicht an die Felsen gepreßt. Hier hatten sie sich vermutlich während des dritten Gewitters niedergelegt, um Schutz vor Regen und Wind zu finden. Sie liegen nur einen Meter neben dem Drahtseil und hatten Rucksäcke und Messer in etwa zwei Meter Entfernung abgelegt.
Sie erkannten also noch die Gefahr des Drahtseils bei einem Gewitter, hatten aber vielleicht keine Zeit und keine Kraft mehr, den in Gipfelnähe besonders häufig einschlagenden Blitzen weit genug auszuweichen. Erst von einem nahe einschlagenden Blitz betäubt, starben sie vermutlich wie Genitheim kurz vor dem rettenden Ziel an Erschöpfung und Auskühlung.
Von der vierten Partie wurde nichts mehr gehört und gesehen. Vielleicht konnte sie noch aus der Wand nach St. Bartholomä umkehren, vielleicht erreichte sie im Abstieg das Wimbachtal. Man weiß es nicht, denn keine Vermißtenmeldung kam zur Bergwacht.
Dieser zweite schwarze Tag der Watzmann-Ostwand ist eine Warnung und eine Lehre, bezahlt mit dem Leben dreier junger Menschen. Die äußeren Umstände waren günstiger als 1922. Der Regen wurde nicht zum Schneesturm. Es kam lediglich zu starker Abkühlung bei heftigem Wind und mehreren Gewitter-

güssen, die Temperaturen sanken nicht soweit, daß Erfrierungen eintraten.
Man hat früher geglaubt, daß dann auch keine Lebensgefahr bestehe. Das tragische Bergsteigerschicksal des 19. August hat aber erneut die Erfahrungen bestätigt, daß eine allgemeine Abkühlung des Körpers sich weit lebensgefährlicher auswirken kann als stellenweise Erfrierungen.
Bergerfahrung und Orientierungssinn sind selbstverständliche Voraussetzungen für die Watzmann-Ostwand. Das genügt aber bei dieser Riesenwand nicht. Nur wer überzeugt ist, daß seine Widerstandskraft auch einer außergewöhnlichen Kräftebeanspruchung gewachsen ist, sollte sich an sie heranwagen. Sonst ist der zweite schwarze Tag nicht der letzte gewesen.

*Die Lage der Biwakschachtel unter dem massigen Pfeiler. Links im Hintergrund die Schönfeldspitze* *Foto: Hellmuth Schuster*

*Bergung mit Stahlseilgerät und Bahre in der Watzmann-Ostwand*
*Foto: Hubert Heil*

# DIE OSTWAND IM WANDEL DER ZEIT

»Kederbacher urteilte unzweifelhaft richtig, wenn er diese Tour nur Anfang des Sommers, bei noch reichlich vorhandenem Winterschnee, für ausführbar hielt. Bei mangelndem Schnee, oder wenn das in den Rinnen und Schluchten liegende Eis stark abgeschmolzen und unterhöhlt ist, erscheint es sehr schwierig, wenn nicht unmöglich, sich den steilen Felsmauern zu nähern und die hohen Abstürze zu überwinden.« (Purtscheller)

»Sollte ich auch diesmal wieder unverrichteter Dinge heimkehren? Sollten wirklich die Schneebänder, welche die ungeheuren Watzmannwände oberhalb Bartholomä durchsetzen, schon so weit abgeschmolzen sein, daß ein Aufstieg auch für dieses Jahr unmöglich ist? Waren ja doch (nach Versicherungen Kederbachers) ein Dutzend Aufstiegsversuche an diesen Wänden schon gescheitert, nur zwei geglückt.« (Merzbacher)

Diese Äußerungen Purtschellers und Merzbachers sind bezeichnend für die in den ersten Jahrzehnten der Ostwandbesteigungen allgemein verbreitete und durch den Mißerfolg Purtschellers am 23. Oktober 1883 bestärkte Auffassung, daß die Bartholomäwand nur ersteigbar sei, solange der Schnee an der Eiskapelle, auf der ersten Terrasse (heute »Schöllhornfirn«) und auf den Bändern im oberen Teil der Ostwand nicht abgeschmolzen ist und sich keine den Überstieg zu den Felsen unter Umständen verhindernde Randkluft gebildet hat.

Von dieser Meinung ist man später ganz abgekommen. Die Gepflogenheiten der ersten Jahrzehnte mußten der Erfahrung weichen, daß die meist losen Schneeauflagen auf den nach außen geneigten Bändern eine ständige Bedrohung der unteren Wandteile bilden. Heute wird die Watzmann-Ostwand im allgemeinen erst ab Ende Juni bis Anfang Juli begangen, wenn die Bänder

schneefrei geworden sind. Und doch hat auch Kederbacher, der eifrigste und überzeugteste Verfechter der Frühsommerbesteigungen, recht behalten. Im Spätsommer und Herbst manchen Jahres war die Randkluft an der Eiskapelle, öfter noch unter der Schöllhornplatte, so breit und tief, daß eine Überquerung unmöglich war und Woche für Woche die Seilschaften unverrichteter Dinge umkehren mußten, bis vielleicht der Firn an einigen Stellen durch Abschmelzen so unterhöhlt war, daß er stellenweise einbrach und sich eine Schneebrücke bildete. Auf Grund dieser Erfahrungen wählte man die Zeit von Anfang Juni bis Mitte August, während der alle Ostwandbesteigungen der ersten Jahrzehnte durchgeführt wurden. Erst mit dem »Salzburger Weg« (1923), dem Münchener Weg« (1929) und dem »Berchtesgadener Weg« (1947) war die Möglichkeit geschaffen, die Wand unabhängig von den jahreszeitlichen Verhältnissen an der Randkluft zu besteigen.
Anfang der neunziger Jahre wurde den Berchtesgadener Führern die Besteigung der Watzmann-Ostwand verboten. Erst 1909 wurde dieses Verbot aufgehoben. Während dieser Zeit führte nur einmal (1898) der Dolomitenführer Stabeler einen Dresdner durch die Wand, und einmal (1905) nahmen junge einheimische Führer aus Interesse als Begleiter an einer Besteigung teil. Alle übrigen, die in diesen beiden Jahrzehnten die Watzmann-Ostwand bestiegen, waren führerlos.
Auf den bekannten Alpenmaler Ernst Platz (er schuf ein Gemälde »Die Schöllhornplatte«) und A. v. Krafft, die sich 1895 als erste führerlos durch die Watzmann-Ostwand wagten, folgte schon ein Jahr später, am 3., 4. und 5. August 1896, als erste Alpinistin Frau Rose Friedmann aus Wien mit A. v. Krafft und Wilhelm Teufel. Die zweite Frau war 1908 eine Münchenerin. Der erste Alleingänger war 1905 ein Münchener, und den ersten Abstieg über die Riesenwand führten zwei Berchtesgadener und ein Münchener (nach einem vergeblichen Versuch 1907) 1908 durch.
Die für die Besteigung benötigten Zeiten sind sehr verschieden und hängen weitgehend von der Kenntnis der Durchstiegsroute, individueller Leistungsfähigkeit, Witterung und den jahreszeitlichen Verhältnissen ab. Der Durchschnitt liegt bei 6–8 Stunden,

wenn auch diese Zeit oft von Alleingängern und ohne Seil gehenden Partien erfahrener Bergsteiger, die die Wand genau kannten, weit unterboten wurde. Bemerkenswert ist, daß schon 1892 nach den ersten drei Besteigungen, für die 14, 11 und 13 Stunden benötigt wurden, ein Londoner (der bekannte englische Alpinist Farrer) und im selben Jahr ein Chikagoer, beide jeweils mit zwei Berchtesgadener Führern, in $9^1/_2$ Stunden den Gipfel erreichten. In kürzerer Zeit (9 Stunden) durchstiegen erst sechzehn Jahre später, 1908, zwei Münchener führerlos die Wand. 1909 gelangte ein junger Berchtesgadener Führer mit einem Wiener Ende September gar in $8^1/_4$ Stunden zum Gipfel; dabei war durch den Einsturz des obersten Lawinenkegels die vorher nicht mehr überschreitbare Randkluft zu so später Jahreszeit wieder begehbar geworden.
In den ersten drei Jahrzehnten waren es 34 Partien mit 81 Teilnehmern, die die Watzmann-Ostwand bestiegen; da mehrere Führer öfters Touristen durch die Wand führten, von denen manche im Banne dieser größten Felswand der Ostalpen ein zweites und drittes Mal wiederkamen, dürfen es etwa 60 bis 65 Menschen gewesen sein, die bis 1910 die Watzmann-Ostwand bestiegen.
Je nach Witterungsverhältnissen durchstiegen in letzter Zeit durchschnittlich 400–500 Bergsteiger und Bergsteigerinnen die Watzmann-Ostwand, rund zwei Drittel davon auf dem Berchtesgadener Weg. Anhaltspunkt für solche Zählungen bietet das Buch in der Biwakschachtel. Wer dort vorbeigeht, ohne sich einzutragen, oder in Richtung Watzmanngrat bzw. Mittelspitze aussteigt, ist gar nicht erfaßbar. Am 14. September 1974 wurden anläßlich eines Rettungseinsatzes rund 80 Ostwandbegeher beobachtet.
Schon in den Jahren nach dem ersten Weltkrieg setzte ein Massenansturm auf die Watzmann-Ostwand ein, und sie sank auf das Niveau einer »besseren Tour« herab, bis große Katastrophen und zahlreiche tödliche Unglücksfälle wieder mehr Respekt vor dieser außergewöhnlichen Wand einflößten, die in ihrer Geschichte ein Spiegelbild der Entwicklung des Alpinismus ist.
In einer Zeit, in der es nur noch wenig Möglichkeiten für alpine Neutouren gibt, lenkte die Watzmann-Ostwand 68 Jahre nach

ihrer Erstbesteigung in kurzen Abständen immer wieder vom Januar bis in den Spätherbst 1949 die Aufmerksamkeit bergsteigerisch interessierter Kreise auf sich. Nach vier Winterbesteigungen auf dem alten Kederbacher-Weg in 17 Jahren wurden plötzlich innerhalb von zwei Monaten die anderen drei Durchstiegsrouten durch die Watzmann-Ostwand im Winter begangen. Eine außergewöhnlich kühne Leistung war die winterliche Durchsteigung des Salzburger Weges vom 8. bis 10. Januar 1949 durch Bernulf Freiherr v. Krailsheim, Thomas Freiberger und Konrad Hollerieth. Die gleichen Bergsteiger, die eine der schwierigsten sommerlichen Klettertouren der Berchtesgadener Alpen, den Trichterweg durch die Göllwand-Westwand, mit drei Biwaks im Winter bezwangen, meisterten auch den schwierigsten Durchstieg durch die größte Felswand der Ostalpen bei Schnee und Eis. Bemerkenswert ist auch, daß die ersten Winterbesteigungen des Münchener und Berchtesgadener Weges von alpenfernen Bergsteigern aus Frankfurt am Main und Regensburg durchgeführt wurden. Es ist nämlich eine alte Erfahrungstatsache, daß Bergsteiger, die durch größere räumliche Entfernungen meist nur im Urlaub in den Alpen sein können, bei Fahrten, die große Erfahrung und lange, sorgfältige Beobachtung erfordern, gegenüber den Ortsansässigen oder alpennahen Bergsteigern im Nachteil sind.

Nachdem bei Beginn der Klettersaison 1949, von den unbedeutenden Varianten abgesehen, die vier Durchstiegsrouten durch die Watzmann-Ostwand im Sommer und im Winter bestiegen waren, hätte man annehmen können, daß nun nach fast sieben Jahrzehnten die Ersteigungsgeschichte der Watzmann-Ostwand endgültig abgeschlossen sei. Das erwies sich aber bald als ein Irrtum. Einige Bergsteiger störte es, daß der lange Weg über die Bänder die ideale, direkte Linienführung einer Kletterroute vom Einstieg zum Gipfel auf einer größeren Strecke unterbricht.

Die beiden Frankfurter Fritz Krämer und Werner Kohn, die schon an den Winterbesteigungen im März beteiligt waren, fanden am 2. August 1949 einen geraden Anstieg von der Eiskapelle zur Ver-

einigung des Münchener Weges mit dem Salzburger Weg am ersten Band. Soweit man in einer solchen riesigen, reich gegliederten und vielfach gangbaren Wand überhaupt von einem »direkten« Anstieg sprechen kann, ist dies die geradeste Linienführung von der Eiskapelle zur Südspitze. Diesem Vorteil vom bergsteigerischen Gesichtspunkt steht jedoch der Nachteil gegenüber, daß zeitraubende, überaus schwierige Kletterei in stellenweise brüchigem Schrofengelände schon gleich im untersten Teil einer Wand, in der Wetterbeständigkeit, Ausdauer und Steinschlag eine so große Rolle spielen, nur für sehr wenige Nachfolger anziehend sein wird, denn auf allen anderen Routen kann man wenigstens im unteren Wanddrittel rasch Höhe gewinnen.
Nach dieser Erstbesteigung stand noch die Möglichkeit offen, einen ähnlich direkten Durchstieg auch auf dem selten begangenen Wege zur Mittelspitze zu suchen. Es dauerte nicht lange. Der Berchtesgadener Bergführer Sepp Kurz, der schon 1927 mit Josef Aschauer den ersten Abstieg über den Salzburger Weg wagte und an vielen Rettungsexpeditionen in der Ostwand beteiligt war, verwirklichte am 27. September 1949 mit Julius Hribar einen alten Plan. Vom Ausstiegskamin des Salzburger Weges querten sie nicht über das erste Band zum Beginn der Gipfelschlucht, sondern durchkletterten erstmals in geradem Anstieg die trennenden Abbrüche sämtlicher Bänder. Der interessante Teil dieser Neutour war der Durchstieg vom 4. und 5. Band, denn er erfolgte nicht an einer Wand, in Rissen, Verschneidungen oder Kaminen, sondern im Inneren einer senkrecht nach oben ziehenden Höhle, in die nur durch ein Fenster Tageslicht hereinfällt. Der Weiterstieg vom 5. Band erfolgte auf einem bereits bekannten Wege, vorbei an dem dritten, hoch über dem Schöllhornfirn in der Fallinie der Mittelspitze liegenden Firnfeld der Watzmann-Ostwand. Die Erstbegehung vom 1. bis zum 5. Band ist leichter als der eigentliche Salzburger Weg, und doch verging mehr als ein Vierteljahrhundert, bis der Versuch gemacht wurde, durch diese neue Linienführung erstmals eine Durchkletterung der schwierigsten Ostwandroute mit einem Ausstieg zur Mittelspitze zu verbinden. Das 2. Band war schon am 3. August 1935 erstmals von Hans und

Simon Flatscher aus Bad Reichenhall begangen worden.
Den drei Winter- und zwei Sommer-Erstbesteigungen des Jahres 1949 folgten noch weitere Überraschungen. Im September durchkletterte der 26 Jahre alte oberschenkelamputierte Salzburger Hermann Altmann mit einem Seilgefährten die Watzmann-Ostwand. Die Seilschaft biwakierte im Zellerloch und benötigte für die Durchkletterung der Wand eine Zeit von 15 Stunden. Viele gesunde Ostwandbesteiger brauchen genauso lange wie dieser Kriegsversehrte, der sich durch ungeheuer zähes Training eine derart überdurchschnittlichen Leistungsfähigkeit erwarb. Allerdings sind solche außergewöhnliche Leistungen Amputierter manchmal auch ein gefährliches Beispiel für ehrgeizige Nachahmer, denn fast zur gleichen Zeit mußte ein Beinamputierter, der mit seinem Bruder trotz wiederholter Warnungen kurz vor einem Wetterumsturz die viel leichtere Göll-Brett-Überschreitung antrat, diesen Wagemut mit seinem Leben bezahlen.
Zur sechsten, diesmal unfreiwilligen Erstbesteigung des Sommers 1949 gab am 1. September 1949 eine Rettungsaktion Anlaß. Auf Hilferufe, die aus dem oberen Teil der Watzmann-Ostwand gehört wurden, machten sich von oben, unten und zum erstenmal auch von der Scharte beim fünften Watzmann-Kind her Rettungsexpeditionen auf den Weg. Die Bergwachtsmänner H. und J. Grassl und J. Zechmeister, die auf der Kühroint alarmiert worden waren, durchquerten dabei in $2^1/_2$ Stunden vom Watzmannkar aus die gesamte Ostwand auf einem völlig neuen Wege bis zu der Gratkante, die vom obersten Teil der Schönfeldschneid gegen das hinterste Eisbachtal hinabzieht, und erreichten als erste die Unfallstelle. Für Bergungen bei Unfällen im oberen Teil der Ostwand hatte dieser neue Weg bis zum Beginn der Hubschraubereinsätze ab 1959 große Bedeutung, denn für Rettungsmannschaften, die in geländegängigen Fahrzeugen bis zur Kühroint gebracht werden können, ist der Anstieg im Vergleich zu den Ausgangspunkten St. Bartholomä und Wimbachtal um zwei Drittel verkürzt. Eine touristische Benützung dieses Weges als verkürzte Ostwandtour von der Eiskapelle zum Watzmannkar würde jedoch die an und für sich schon große Steinschlaggefahr des Wandkessels oberhalb der

Schöllhornplatte erhöhen und die Bergsteiger auf dem Kederbacher Weg noch mehr gefährden. Dieser Ostwandquerung folgten später noch weitere Varianten. Am 26. Juni 1966 fand Franz Rasp eine Diagonalverbindung zwischen Kederbacher, Frankfurter und Münchener Weg, die vom unteren Teil des Schöllhornkares schräg nach links aufwärts zum Frankfurter und Münchener Weg führt und nur eine Stelle des IV. Schwierigkeitsgrades aufweist.
Die beiden Polen Boguslaw Mazurkiewicz und Adam Uznanski fanden am 16. August 1973 eine Route, die sie Polenweg tauften. Dieser Weg, der weiter als alle anderen gegen die Schönfeldschneid ausbiegt und vorher den Münchener und Berchtesgadener Weg kreuzt, wird nur sehr selten begangen.
Durch ein altes Verbot, wonach in St. Bartholomä niemand übernachten darf, mußten die vielen Bergsteiger, die an Samstagabenden mit dem letzten Schiff nach St. Bartholomä kamen, sich immer mit einem primitiven Heulager begnügen, wenn sie nicht gleich schon zum Biwakblock aufstiegen. Nur gute Kenner der Watzmann-Ostwand konnten es sich erlauben, erst am Sonntagmorgen mit dem ersten Schiff über den Königssee zu fahren. Nach mehr als 25jährigen Bemühungen alpiner Vereinigungen konnte man endlich 1949 im Einvernehmen mit der nicht immer bergsteigerfreundlichen Forstbehörde in St. Bartholomä eine Unterkunft für Ostwandbesteiger errichten. Diese Neuerung fand auch gleich regen Zuspruch. Von den Bergsteigern aus nah und fern wurde es dankbar begrüßt, daß sie vor einer der größten und bekanntesten Touren der ganzen Ostalpen nicht mehr wie Obdachlose um ein Nachtlager zu betteln brauchten.
Eine Verbesserung löst meist gleich die nächste aus. Die Münchener Bergwacht und die Alpenvereinssektion Bayerland entschlossen sich, in der Watzmann-Ostwand nach dem bewährten Vorbild der Schweizer und italienischen Alpen die erste Leichtmetall-Biwakschachtel der bayerischen Alpen aufzustellen. Als günstigste Stelle wurde ein durch überhängende Felspartien geschützter Platz am »massigen Pfeiler« im Gipfelaufbau der Südspitze in etwa 2300 m Höhe ausfindig gemacht. Hier haben sich bereits alle Routen in der Gipfelschlucht vereinigt.
Der Aufstellungsplatz wurde mit Absicht im oberen Teil der riesi-

*Oben: Standplatz der Biwakschachtel 1950/51 am Gipfelgrat der Südspitze*

*Unten: Aufstellung unter dem massigen Pfeiler im Herbst 1951. Rechts mit der Metallsäge Wiggerl Gramminger* *Fotos: Ludwig Gramminger*

gen Wand, nur wenige hundert Meter unter dem Gipfelgrat gewählt. Es ist die gefährliche Zone, in der Regen meist in Schnee übergeht und in der sich Erschöpfungserscheinungen infolge der langen Anstrengungen am ehesten bemerkbar machen. Vom Erreichen der Gipfelschlucht an ist die Kletterei zwar nicht mehr schwer, dafür ist es aber für viele Ostwandbesteiger sehr irritierend, immer ein Stück Himmel knapp über sich zu sehen, zu glauben, das sei der Gipfelgrat, freudig erregt hinaufzusteigen, um dann immer wieder enttäuscht zu sehen, daß der Himmel und der scheinbare Grat mit dem Emporklettern höherwandern. Erst in diesem obersten Teil, der kein Ende zu nehmen scheint, erkennen viele, daß diese Felswand mit zäher Ausdauer errungen sein will. Die beiden großen Katastrophen der Jahre 1922 und 1946 begannen in der Kältezone dieser Höhenlage, in der größere Widerstandskraft erforderlich ist.
Die Biwakschachtel bietet vier Personen sicheren Unterschlupf. Am letzten Tag der langen spätherbstlichen Schönwetterperiode des Jahres 1949 trafen ihre Einzelteile in Berchtesgaden ein. Bei Regen und Schneefall in Höhenlagen wurden die Teile unter ungünstigsten Verhältnissen und großen Schwierigkeiten noch bis zum Gipfelgrat unterhalb der Südspitze getragen.
Schon die erste Ankündigung einer Biwakschachtel in der Watzmann-Ostwand führte in alpinen Zeitschriften und Zeitungen zu einer polemischen Auseinandersetzung um Für und Wider dieser Maßnahme und den zweckmäßigsten Aufstellungsplatz. Dies hatte zur Folge, daß die Biwakschachtel im Frühsommer 1950 vorerst an einem Platz in Gipfelnähe der Südspitze zusammengestellt wurde, wo ihre Teile den Winter über gelagert waren. Schließlich wurde sie aber doch Anfang September 1951 an der ursprünglich vorgesehenen Stelle unter dem »massigen Pfeiler« aufgestellt.
Am 2. August 1952 markierte ein Bergsteiger »aus Protest« gegen die Aufstellung der Biwakschachtel den Berchtesgadener Weg von der Eiskapelle bis zur Biwakschachtel mit roter Farbe und stellte am Einstieg eine große Tafel »Kletterroute Berchtesgadener Weg« auf. Dieser willkürliche Eingriff, der durch das Aufhören der Markierung 400 m unter dem Gipfel eine besonders fahrlässige

Gefährdung von Menschenleben war, löste einen derartigen Sturm der Entrüstung in der Tagespresse und in alpinen Zeitschriften aus, daß der Urheber der Markierung diese wenig später wieder unkenntlich machte.
Ein beschämendes Zeugnis für viele Ostwandbesteiger waren die Unratmengen, die sich im Laufe der Jahre bei der Biwakschachtel anhäuften und schließlich in verschiedenen Säuberungsaktionen abtransportiert wurden. Wer die Ausrüstung für eine Ostwandbesteigung vom Königssee bis zum Beginn der Gipfelschlucht hinaufträgt, sollte eigentlich auch in der Lage sein, das leere Verpackungsmaterial seiner Speisen und Getränke selbst wieder ins Tal zu bringen.
Nach 17 Jahren war die Halterung der Biwakschachtel durch Frost so stark gelockert, daß sie absturzgefährdet war. Durch einen gemeinsamen Hubschraubereinsatz von Bergwacht und Grenzpolizei wurde sie am 20. August 1968 neu befestigt, mit Wärmeschutzplatten besser isoliert und rot angestrichen, damit sie leichter gesichtet werden kann.
1965 wurde die Watzmann-Ostwand Objekt einer nicht alltäglichen militärischen Leistungsprüfung. Unter Führung von Oberleutnant Anzenberger durchstieg am 12. Oktober der Hochgebirgszug des Berchtesgadener Gebirgsjäger-Bataillons mit 4 Unteroffizieren und 23 Soldaten die Ostwand auf dem Kederbacherweg. Die erste Seilschaft erreichte um 14 Uhr, die letzte schon um 15.30 Uhr die Südspitze.
Am 25. Oktober 1967 führte der Polizeibergführer Söllner einen Berglehrgang der Bayerischen Grenzpolizei mit 12 Teilnehmern durch die Ostwand. Der Präsident der Bayerischen Grenzpolizei, Dr. Riedl, war mit von der Partie.
Im August 1972 führten deutsche Bergführer eine Gruppe des internationalen Olympia-Jugendlagers des DAV mit Teilnehmern aus Deutschland, Bulgarien, Neuseeland und der Sowjetunion auf dem Berchtesgadener und Salzburger Weg durch die Ostwand.
Im August 1977 konnte der 37jährige Berchtesgadener und Vorstand des Vereins Deutscher Bergführer Franz Rasp mit der 150. Ostwandbegehung (darunter 15mal im Winter) ein einmaliges

Jubiläum feiern. Vor ihm hatten die Erstbegeher des Berchtesgadener Weges, Josef Aschauer und Hellmuth Schuster, die Ostwand jeweils rund 100 mal durchstiegen.
Im Winter 1964/65 brach an der Schöllhornplatte der Felsvorsprung weg, der seit der Erstbesteigung den Spreizschritt um die Kante ermöglicht hatte. Die Schwierigkeit erhöhte sich dadurch ebenso wie 10 Jahre vorher am Blaueis-Nordgrat, als dort am 25. Juli 1954 gegen 11 Uhr plötzlich die letzten 30 m des zweiten Turmes abbrachen. Ein gewaltiger Felssturz donnerte in der Nacht zum 25. Februar 1975 in der Ostwand nieder. Unterhalb der Rampe des Berchtesgadener Weges brachen mehrere tausend Kubikmeter Gestein ab. Die Abbruchstelle war etwa 100 m lang und 50 m breit. Die Abbruchbahn, auf der Felsbrocken bis zur Eiskapelle hinunterstürzten, war bis zu 200 m breit. Diese Naturereignisse erinnerten eindrucksvoll daran, wie unberechenbar groß die objektiven Gefahren dieser Riesenwand sind.
Es war zu erwarten, daß sich auch das Fernsehen der Watzmann-Ostwand bemächtigen würde.
Im Sommer 1964 drehte der Berchtesgadener Bergführer Friedl Voss mit einem vier Mann starken Team unter Leitung von Fernsehredakteur Werner Peschke einen 40-Minuten-Film von einer Ostwand-Durchsteigung mit Einblendung von früheren Begebenheiten in der Wand. Der gute und seriös gemachte Film erhielt leider den reißerischen Titel »Seilschaft mit dem Tod« und wurde am 22. Januar 1965 im Zweiten Programm des Deutschen Fernsehens gezeigt.
Als Auftakt für seine seit Herbst 1975 regelmäßig laufende Bergsteigersendung im Dritten Programm des Bayerischen Fernsehens drehte Hermann Magerer im August 1975 mit einem Team von zehn Bergsteigern und einer Bergsteigerin den Film »Wunschtraum Watzmann-Ostwand – eine Führungstour«, der am 11. November 1975 gesendet wurde. Die Darsteller waren der Berchtesgadener Bergführer Franz Rasp und das Ehepaar Barbara und Johann Gessner aus München. Ein weiterer Watzmann-Ostwandfilm von Gerhard Bauer lief am 19. August 1977 im 3. Programm des Bayerischen Fernsehens.

Nach geglückten militärischen und filmischen Unternehmungen wurde die Watzmann-Ostwand am 14. September 1975 im Dienste der Medizin durchstiegen. Die Berchtesgadener Brüder Eduard und Berti Kastner, 42 und 41 Jahre alt, durchstiegen den Berchtesgadener Weg von der Eiskapelle bis zum Gipfel in 3 Stunden und 32 Minuten, in denen sie einen Höhenunterschied von 1930 m zu überwinden hatten. Die beiden Bergsteiger waren mit kleinen Telemetriesendern zur Aufnahme und Übertragung von Elektrokardiogrammen und Sprechfunkgerät ausgerüstet. Während des ganzen Aufstiegs wurden in Zeitabständen von je 5 Minuten vier verschiedene EKG-Ableitungen registriert und die exakte Herzfrequenz ermittelt. Eine neuartige Technik ermöglichte die ständige Beurteilung der Herztätigkeit in klaren EKG-Aufnahmen. Sofort nach Erreichen des Gipfels wurde von Dr. K. Zobel aus Lindau der Blutdruck gemessen, verschiedene Blutproben entnommen und der Gewichtsverlust der beiden Bergsteiger ermittelt, der je 2 kg betrug.
Die vom Mittendorff-Institut (unter Leitung von Prof. H. Nowy und Dr. Peter Sack) für dieses Experiment gewonnenen Testpersonen erbrachten eine mittlere physikalische Steigleistung von knapp 130 bzw. 140 Watt. Ihre mittlere Herzfrequenz betrug 165/Min. und 136/Min., die maximale Herzfrequenz 182/Min. und 148/Min. In der 35. Min. nach Erreichen des Gipfels war der Puls noch 34 Schläge/Min. beim einen und 35 Schläge/Min. beim anderen höher als vor Testbeginn. Die höchste Schlagzahl des Herzens wurde nicht an den gefährlichsten und schwierigsten Stellen der im oberen Teil bereits schneebedeckten Ostwand, sondern weitgehend abhängig von der körperlichen Arbeit registriert. Spätere Wiederholungstests zeigten, daß die Abweichung der kreislaufmäßigen Mehrleistung von der rein physikalischen Steigleistung einen wichtigen Hinweis auf die Ökonomie des bergsteigerischen Kräfteeinsatzes gibt. Der Test gab außerdem wertvolle Hinweise auf den Entstehungsmechanismus bestimmter Herzrhythmusstörungen, die durch stundenlange Dauerbelastungen mit ständig erhöhter Herztätigkeit begünstigt werden. Die Untersucher versprechen sich davon wichtige Erkenntnisse für die Aufklärung bisher rätselhafter Bergunfälle.

*Mit diesen Antennen in St. Bartholomä wurde die Herzfrequenz der Ostwandbesteiger aufgenommen* *Foto: Mittendorff-Institut*

*Ein Hubschrauber setzt während einer winterlichen Vermißtensuche einen Bergwachtmann unterhalb der Biwakschachtel ab* Foto: Hubert Heil

# UNGLÜCKSFÄLLE IN DER WATZMANN-OSTWAND

In dieser Unfallchronik sind mit Absicht nicht nur Unfälle mit Todesfolge erwähnt. Die Unfälle, bei denen die Betroffenen mit mehr oder weniger schweren Verletzungen davonkamen, sind für die richtige Einschätzung der Gefahren dieser Wand genau so lehrreich. Besonders beachtenswert sind die Unfälle im Bereich der Schöllhornplatte. Fast ein Viertel aller Todesopfer stürzten in dieser Wandpartie ab; die meisten, weil sie sich nach rechts verstiegen hatten.
Am Schluß dieser Chronik sind die 84 Toten der Watzmann-Ostwand nach Jahren aufgeschlüsselt. Rekordjahre der tödlichen Unfälle waren 1936 und 1961 mit je 7 Toten, gefolgt von 1922 mit 5 Toten.
Seit der ersten Hubschrauber-Rettung aus der Ostwand im September 1959 wurden durch fliegerische Meisterleistungen der Piloten und aufopfernden Mut der Bergwachtmänner immer wieder Schwerverletzte auf kürzestem Weg ins Krankenhaus gebracht, die einen Abtransport mit den alten Methoden nicht lebend überstanden hätten. Ohne den Einsatz von Hubschraubern bei der Bergrettung würde die Todesstatistik der Watzmann-Ostwand anders aussehen.

1890

Christian Schöllhorn (siehe »Die Wand holt ihr erstes Opfer«).

1922

18. Juni, fünf Todesopfer (siehe »Der schwarze Tag der Ostwand«).

1923

Am 29. Juli wurde der Bankbeamte Rauch aus Freilassing oberhalb der Schöllhornplatte von einer Lawine verschüttet. Als er das Herabstürzen der Schnee- und Felsmassen hörte, eilte er in den untersten Winkel einer fast senkrechten Verschneidung und preßte sich deckungssuchend an den Fels. Die Lawine ging über ihn hinweg und verschüttete ihn. Er war plötzlich spurlos verschwunden, und seine Kameraden glaubten, er sei in die Tiefe gerissen worden. Tagelanges Suchen blieb ergebnislos. Erst als der Schnee, der entlang der Lawinenbahn in Kaminen, Verschneidungen und Schluchten haften blieb, abgeschmolzen war, wurde der Verunglückte entdeckt. Er stand noch, genau wie im Augenblick der Gefahr, am Fuß der Verschneidung.

1924

In der Ostwand der Watzmann-Mittelspitze wurde ein völlig verwester, unkenntlicher Leichnam aufgefunden. Nach den in der Brieftasche gefundenen Personalien handelte es sich um Julius Seelig aus Mannheim.
Der Alleingänger Alois Breitschaft aus Regensburg wurde vermutlich am 28. oder 29. Juli beim Schuhwechsel unter der Schöllhornplatte vom Steinschlag überrascht und stürzte in die Randkluft. Er konnte erst nach Wochen von Berchtesgadener Bergführern aus einer Tiefe von 60 Metern geborgen werden.

1929

Seit 1. September waren Max König, Bäckermeister aus München, und dessen Freund Senska, die beide die Watzmann-Ostwand durchklettern wollten, vermißt. An diesem Tag wurden sie noch am Biwakplatz gesehen. Um dieselbe Zeit war ein mächtiger Bergsturz niedergegangen, und als Nachwirkung gefährdete noch mehrere Tage schwerer Steinschlag die Wand. Am 9. September wurden die zerschmetterten Leichen angeseilt etwa 200 Meter unter der Schöllhorplatte bei der Rampe auf dem Biwakplatz gefunden. Es ist anzunehmen, daß die Verunglückten vom üblichen Aufstieg abgewichen und in ganz ungangbare Felsen geraten sind. Unaufgeklärt bleibt, ob das Abweichen aus Unkenntnis der Richtung erfolgte, aus dem Bestreben, einen neuen Anstieg zu finden, oder lediglich im Bemühen, der Steinschlaggefahr zu entrinnen.

1931

Zwischen zwei Kletterern, die sich bei der Schöllhornplatte verstiegen hatten, riß das Seil; der 19jährige Anton Moritz aus Traunstein stürzte tödlich ab. Sein erschöpfter Begleiter wurde am nächsten Morgen unverletzt aus der Wand geholt.
Zwei Grazer Bergsteiger wurden im oberen Teil der Watzmann-Ostwand von schlechtem Wetter überrascht. Es begann sogar zu schneien. Am Beginn der Gipfelschlucht der Südspitze konnte einer der beiden vor Erschöpfung nicht mehr weiter. Sein Kamerad Karl Schofolar, 24 Jahre, wollte Hilfe holen und stieg in der Wand ab. An der Schöllhorplatte stürzte er ab und blieb in der Randkluft tot liegen. Als die erwartete Hilfe am nächsten Tag ausblieb, versuchte auch der zweite Bergsteiger den Abstieg. Er war mehrere Tage ohne jede Nahrung. Auf eine Vermißtenmeldung hin stieg die Bergwacht Berchtesgaden in die Wand ein und fand den überlebenden Bergsteiger völlig apathisch auf den Grasschrofen oberhalb der ersten Randkluft. Er saß abgestumpft und unbeweglich da, konnte kaum mehr sprechen und hatte ein vom Graskauen grünlich verschmiertes Gesicht. Der abgestürzte Kamerad des Geretteten wurde am nächsten Tag aus der Randkluft geborgen. Wegen starker Steinschlaggefahr mußte die Rettungsmannschaft Stahlhelme tragen.

1933

Am 8. Juli stürzte der Alleingänger Bernhard v. Schleebrügge an der Schöllhorplatte ab. Die Leiche wurde erst zehn Tage später geborgen.
Am 27. August verunglückte in der Watzmann-Ostwand ein 26 Jahre alter Bergsteiger. Er stürzte nahe der Randkluft etwa 7 Meter tief ab und zersplitterte sich eine Kniescheibe.

1934

Wilhelm Junghans aus Leipzig wurde als vermißt gemeldet.

Vermutlich war er Ende Oktober auf dem Grat von der Mittel- zur Südspitze abgestürzt und im Winter durch Lawinen bis zum Beginn des 3. Bandes mitgerissen worden. Am 2. Juli 1935 fand ein Bergführer, der mit einem Touristen die Wand durchstieg, die verweste Leiche.

Am 12. September machte die 50 Jahre alte Kreszenz Altmann aus Kempten eine Wanderung zur Eiskapelle unter der Watzmann-Ostwand. Obwohl ihr jegliche Ausrüstung zu einer ernsten Bergfahrt fehlte – sie trug Stadtschuhe mit hohen Absätzen und einen Regenschirm –, arbeitete sie sich kletternd zu ziemlicher Höhe empor. Beim Abstieg glitt sie aus, stürzte ab und blieb tot liegen.

1935

Am 1. August verstiegen sich zwei Bergsteiger aus Sachsen in der Watzmann-Ostwand und stürzten tödlich ab.

Unter der Schöllhornplatte wurde am 6. August die Leiche des 23jährigen Kraftfahrers Utz, aus München, der die Bergfahrt als Alleingänger unternommen hatte, gefunden. Er lag in der Fallinie der falschen Route, die unter der Schöllhornplatte rechts abzweigt.

Am 14. September abends stürzte John Cristiansen aus München in die Randkluft der Eiskapelle und erlitt Prellungen.

Am 22. September stürzte oberhalb der Schöllhornplatte – vermutlich durch Ausbrechen eines Griffes – der 24jährige Walter Kuzniak aus Berlin ins Seil und erlitt tödliche Verletzungen.

1936

Walter Baumann aus Rodewisch im Vogtland war am 25. Juli mit einem bergunerfahrenen Landsmann in die Watzmann-Ostwand eingestiegen. Schon an der Schöllhornplatte stürzte Baumann zum erstenmal und zog sich einige Verletzungen zu. Dem Begleiter entglitt auf dem Weiterweg zweimal der Tornister, doch konnte er ihn wieder greifen. Im Nebel verloren die beiden einander. Drei andere Bergsteiger kamen dem Gefährten Baumanns zu Hilfe und brachten ihn erschöpft und vielfach verletzt zum Watzmannhaus. Zwei Rettungsmannschaften suchten

*Totenbergung aus der Watzmann-Ostwand in den dreißiger Jahren*
*Foto: Bergwacht*

*Im Ausstiegskamin des Salzburger Weges zum 1. Band* *Foto: Hellmuth Schuster*

erfolglos nach Baumann. Erst zehn Tage später wurde seine Leiche von Berchtesgadener Bergführern gefunden.
Zwei Angehörige eines Gebirgsjägerregiments, Hans Mayr und Michael Müller, wollten als Einleitung eines Urlaubs die Watzmann-Ostwand besteigen. Nach einer Woche wurden beide am Beginn des Einstieges zum Salzburger Weg, noch durch das Seil verbunden, tot aufgefunden. Beide galten als vorzügliche Felsgeher. Sie dürften bei einem Gewitter aus großer Höhe abgestürzt sein.
Am 16. August stiegen zwei junge Leute aus Marktredwitz in die Watzmann-Ostwand ein. Beide verstiegen sich und gerieten in die schwierigen Felspartien rechts oberhalb der Schöllhornplatte. Hans Frenzl stürzte infolge Ausbrechens eines Hakens ins Seil. Dieses riß, und Frenzl blieb 200 Meter tiefer tot liegen. Der Begleiter konnte unverletzt wieder zu Tal kommen.
Wenige Tage später bestieg die 35 Jahre alte Sportlehrerin Annemarie Lindner aus Kirchheim-Teck mit einem Begleiter den Salzburger Weg. Vor dem Ausstieg auf das erste Band, am Ende der größeren Schwierigkeiten, stürzte sie, vermutlich infolge Ausbrechens eines Griffes, etwa 30 Meter ins Seil. Ihr Begleiter konnte sie halten, die Gestürzte schlug jedoch mit dem Kopf so unglücklich an die Felsen, daß sie sofort tot war.
Der Rettungsexpedition, die die Leiche der Sportlehrerin Annemarie Lindner barg, begegneten beim Abstieg zwei Bergsteiger, Otto Thiele aus Augsburg und Friedrich Blöd aus Diessen am Ammersee, die beide am 27. August an derselben Stelle wie Frenzl durch Versteigen bei der Schöllhornplatte tödlich abstürzten.
In wenigen Wochen forderte 1936 die Watzmann-Ostwand sieben Todesopfer; drei davon verunglückten dadurch, daß sie unter der Schöllhornplatte statt nach links nach rechts emporstiegen und in äußerst schwierige Felspartien gerieten, aus denen es kein Zurück mehr gab.

1937

Siehe »In Schnee und Eis sieben Tage in der Watzmann-Ostwand«.

Am 31. Mai stiegen die beiden 21 Jahre alten Josef Landsstorfer aus Krailling und Johann Süß aus der Oberpfalz in die rechts des Schöllhornkars zu den Watzmannkindern hinaufführenden Wände, »um ein bißchen rumzuklettern«. Beide gingen nicht am Seil, hatten auch keine Kletterschuhe, sondern trugen Halbschuhe. Mit zunehmender Höhe wurde das Gelände schwieriger, bis schließlich Landsstorfer nicht mehr weiterstieg. Er setzte sich, machte ein Feuer und rief um Hilfe. Süß, der barfuß kletterte, wollte jedoch absteigen. Er verschwand bald aus den Augen seines Kameraden und stürzte beim Abstieg 100 bis 150 Meter ab. Landsstorfer gelang es nach einer in den Felsen verbrachten Nacht, in fünf Stunden nach St. Bartholomä abzusteigen, von wo er die Bergwacht alarmierte, die dann nach längerem Suchen die Leiche seines Begleiters fand.
Am 8. August stürzte Fritz März aus München an der Schöllhornplatte und brach sich den Fuß.

1938

Am 31. Juli stieg Ottmar Herring aus Wien in die Watzmann-Ostwand ein. Er verstieg sich oberhalb der Eiskapelle und versuchte, in direktem Anstieg zum Biwakplatz im Schöllhornkar zu gelangen. Er stürzte dabei tödlich ab und wurde von vier Bergsteigern zufällig in einer Wasserrinne gefunden.
Bruno Kapruner aus Salzburg verstieg sich am 26. September an der Schöllhornplatte und stürzte tödlich ab.

1940

In die Watzmann-Ostwand wollte am 4. August ein Salzburger Bergsteiger einsteigen, glitt aber bald nach dem Einstieg aus und mußte mit einer Schulterverletzung ins Krankenhaus gebracht werden.

1941

Zwei Salzburger Bergsteiger, Hans Kreiseder und Roman Drechsler, wollten am 3. August die Watzmann-Ostwand über den Salzburger Weg durchklettern. Sie kamen gut bis zum großen

*Als besondere Anerkennung erhielt die Bergwacht nach der geglückten Rettungsaktion von 1937 einen geländegängigen Mercedes, der noch viele Jahre nach dem Krieg im Einsatz war*

Überhang. Beim Versuch, diesen zu überwinden, brach ein Sicherungshaken aus. Der Voraussteigende stürzte und riß seinen Kameraden mit aus dem Stand. Am Fuße der Wand blieben beide tot liegen. Der zweite Bergsteiger hatte die Selbstsicherung nicht eingehängt.

## Nach fünf Tagen aus der Ostwand gerettet

Zwei Dresdener Bergsteiger, Herbert Zeh und Richard Wagner, stiegen am 29. August in die Watzmann-Ostwand ein. Am Einstiegstage wurden die beiden vom Förster in Bartholomä an der Schöllhornplatte beobachtet. Da sie am nächsten Tage nicht zurückkehrten, wurde die Bergwacht Berchtesgaden alarmiert, die gerade bei einer sehr schwierigen Rettung in der Göll-Westwand war.
Am nächsten Morgen stieg eine Suchmannschaft bis zur Schöllhornplatte auf. Über diese hinwegzukommen war wegen der Sturzbäche und der Vereisung der Wand unmöglich.
Am darauffolgenden Tag stiegen wieder zwei Bergwachtleute in die Ostwand ein. Sie wollten versuchen, über die Schöllhornplatte das Zellerloch zu erreichen, um festzustellen, ob sich die beiden Vermißten dort ins Buch eingetragen hatten. Sollte dies der Fall sein, so wollten sie in der Wand weiter zum Gipfel steigen. Bei dem Neuschnee – man rechnete mit einem Meter auf der Südspitze – würde das außergewöhnliche Anforderungen stellen. Es wurde deshalb ein Beobachter ins Watzmannkar gesandt, um vom dritten Watzmannkind aus die Vorgänge in der Ostwand zu verfolgen. Die beiden Bergwachtleute erreichten die Zellerhöhle und fanden die Namen der Vermißten im Buch eingetragen. Da sie auf ihre Rufe keine Antwort bekamen, mußten sie unverrichteter Dinge wieder zurücksteigen. Im Zellerloch entgingen sie drei Schnee- und Steinlawinen, die sich von der Wand lösten.
Nun konnte nur noch eine Suche von oben Erfolg bringen. Am Abend wurde sofort eine Rettungsmannschaft zusammengestellt

und mit dem Geländewagen der Bergwacht zur Wimbachgrieshütte gebracht.
Am nächsten Morgen um 6 Uhr stieg die Rettungsmannschaft zur Südspitze auf und gab Hornsignale, die überraschend aus der Wand durch Rufe erwidert wurden. Etwa 150 Meter unter dem Gipfel stieß die Rettungsmannschaft auf Herbert Zeh, der im Aufstieg begriffen war und für seinen erschöpften Kameraden Hilfe holen wollte. Zeh, ein erfahrener Fels- und Eisgeher, war noch in guter körperlicher Verfassung und konnte nach einer Stärkung mit zwei Rettungsmännern den Abstieg zur Wimbachgrieshütte antreten.
Der Kamerad Zehs wurde in einer Höhle über der Gipfelschlucht in völlig erschöpftem Zustand aufgefunden. nach einer ausgiebigen Stärkung und Massage beider Füße erholte sich Wagner wieder soweit, daß er mit Unterstützung der Rettungsmannschaft den Aufstieg zum Gipfel fortsetzen konnte. Es war schon $^{1}/_{2}$7 Uhr abends. Die Rettungsmannschaft erreichte erst nachts 11 Uhr die Wimbachgrieshütte.
Den beiden Bergsteigern war es noch am Einstiegstage gelungen, über die Schöllhornplatte bis zum Ende des dritten Bandes zu gelangen. Dann kam der Wettersturz. In einer Nische verbrachten sie ihr erstes nasses Biwak. Am nächsten Tage verschlechterte sich das Wetter weiter. Starker Schneefall schuf in diesen ersten Septembertagen in der Watzmann-Ostwand winterliche Verhältnisse. Am Einstieg in die zum Gipfel führende Kaminreihe fanden die beiden Bergsteiger einen günstigen Biwakplatz. Da keine Besserung der Wetterlage eintrat, mußten sie hier vier Tage und vier Nächte ohne Proviant aushalten. Als sich dann endlich am Morgen des fünften Tages nach dem Einstieg das Wetter besserte, versuchte Zeh für seinen Kameraden Hilfe herbeizuholen und stieß dabei auf die Rettungsmannschaft.

## 1942

Am 1. August stürzte der 19 Jahre alte Anton Schlachter aus Minden im Allgäu kurz unterhalb des Biwakplatzes tödlich ab. Etwa 100 Meter unter der Absturzstelle fanden ihn am nächsten

Morgen seine Kameraden. Die durch Rettungsleute aus Hallein verstärkte Berchtesgadener Bergwacht holte den Toten aus der Wand.
Seit dem 19. Juli sind Rudolf Groß und seine Begleiterin Luise Wellage aus Murnau vermißt. Die beiden wurden am 18. Juli nachmittags auf dem Weg zur Eiskapelle noch gesehen. Von da ab fehlt jede Spur. Bei der ersten Suche konnte lediglich festgestellt werden, daß im Buch in der Zellerhöhle keine Eintragung der beiden zu finden war. Es war also anzunehmen, daß sie das obere Drittel der Ostwand nicht erreicht hatten. Bergwacht und Gebirgsjäger setzten die Suche fort. Das Augenmerk richtete sich hauptsächlich auf die Randkluft, den Friedhof der Watzmann-Ostwand. Alle Suchaktionen mußten erfolglos abgebrochen werden*.
Am 5. September fuhr der 30 Jahre alte Student Kurt Opolka aus Dachau nachmittags nach St. Bartholomä und wollte dort über die Durchstiegsroute durch die Watzmann-Ostwand Genaueres erfahren. Er entlieh sich einen Zellerführer, um sich die Route abzuschreiben. Auf die Frage des Försters, ob er denn allein die schwere Wand angehen wolle, antwortete der Gefragte ausweichend, es kämen noch Kameraden nach. In Wirklichkeit wollte er aber die Wand im Alleingang bezwingen. Kurz unterhalb des Biwakplatzes kam er von der Normalroute ab und stürzte ab. Berchtesgadener Bergwachtmänner, die am selben Tag die Watzmann-Ostwand besteigen wollten, fanden den Toten.

## 1944

Im Sommer 1944 verstiegen sich Salzburger Bergsteiger im oberen Teil der Watzmann-Ostwand und gelangten statt zur Südspitze zur Schönfeldschneid, dem nach Süden ins hintere Wimbachtal abfallenden Grat. Sie fanden in diesem von keiner der Durchstiegsrouten berührten Wandteil die beiden Leichen des seit dem 19. Juli 1942 vermißten Rudolf Groß und seiner Begleiterin Luise Wellage aus Murnau. Nach ihrer Rückkehr

* Siehe auch Unfallchronik 1944.

machten sie sofort der Bergwacht Meldung. Suchen, die daraufhin am 17. und 18. Juli 1944 durchgeführt wurden, blieben ergebnislos. Nun holte die Bergwacht einen der Salzburger Bergsteiger und nahm ihn auf eine erneute Suchaktion am 23. Juli 1944 mit. Im reich gegliederten oberen Teil der Wand fand dieser jedoch die Leichen nicht wieder, und die Verunglückten liegen bis heute noch in der Wand.

1946

Am 3. August stieg der 34jährige Versicherungsvertreter Ludwig Hahn aus Pforzheim mit einem Kameraden aus Stuttgart in die Watzmann-Ostwand ein. Die beiden kamen gut bis zur Schöllhornplatte, gerieten aber dann immer wieder fälschlich begangenen Felspartien rechts der Schöllhornplatte. Der voraussteigende Hahn seilte auf einem kleinen Stand den Rucksack nach und rief seinem Kameraden zu, daß er sich nicht mehr halten könne. Hahn stürzte und blieb mit schweren Kopfverletzungen tot am Seil hängen. Der dem Sturz standhaltende Sicherungshaken und das Seil bewahrten seinem Kameraden vor dem gleichen Schicksal. 18. August, drei Todesopfer (siehe »Der schwarze Tag wiederholt sich«).

1947

Am 28. Juni stürzte der Abiturient Paul Danninger aus München zwischen Schöllhornplatte und Zellerloch ab. Er wurde von seinem Begleiter am Seil gehalten und kam mit einem Unterschenkelbruch und eingeschlagenen Zähnen davon.
Am 21. Juli stiegen in den Mittagsstunden fünf Münchener im Alter von etwa 17 Jahren in die Watzmann-Ostwand ein. Sie hatten schwere, mit Decken bepackte Rücksäcke bei sich und kamen nur langsam vorwärts. Gegen 19 Uhr kam einer der Burschen atemlos nach St. Bartholomä zurück und berichtete den dort gerade auf Naturschutzstreife eingesetzten Bergwachtmännern, daß einer seiner Kameraden abgestürzt sei. Die Bergwachtmänner stiegen sofort auf und fanden drei der jungen Burschen, die mit kaputten Hausschuhen und gummibesohlten Halbschuhen

durch die Ostwand wollten, neben ihrem bewußtlosen, aus drei großen Kopfwunden blutenden Kameraden Robert Weilbuchner. In ihrer Aufregung hatten sie nicht einmal daran gedacht, dem Verunglückten einen Notverband anzulegen. Im Krankenhaus erlag dieser seinen Verletzungen.
Am 26. Juli stiegen der 22 Jahre alte Photolaborant Ludwig Röckl aus Rosenheim und der Oberschüler Gebhard Droßbach aus Berchtesgaden in den Salzburger Weg der Watzmann-Ost-Wand ein. Röckl führte und stürzte an der sehr schwierigen Wandpartie beim Kamin 20 Meter ins Seil, in dem er schwerverletzt mit einem komplizierten Unterschenkelbruch hängenblieb. Die Bergung am nächsten Tage war die schwierigste, die die Bergwacht in diesem Jahre zu bewältigen hatte.
Ein typisches Beispiel jugendlichen Leichtsinns und überheblicher Selbsteinschätzung ist der Unglücksfall des Schülers Wolfgang Rödder aus Nambrecht im Rheinland. Ohne ausreichende bergsteigerische Vorbildung und ohne Kenntnis der Wand versuchte er am 3. August den Durchstieg auf einer Route, die etwa dem Münchener Weg entsprach, stürzte ab und zog sich eine Schulterverenkung zu.
Auf die Meldung hin, daß Hilferufe gehört worden waren, rückte eine Rettungsmannschaft aus. Es war jedoch nicht bekannt, daß die Hilferufe aus der Richtung des selten begangenen Münchener Weges gekommen waren. Die Rettungsmannschaft hörte nichts mehr und kehrte unverrichteter Dinge wieder um. Als am nächsten Morgen wieder Hilferufe gehört wurden, mußte sie erneut ausrücken und fand schließlich den Verunglückten am Münchener Weg. Auf die Vorhaltungen, wie er dazukäme, sich so leichtsinnig und ohne Kenntnis der Durchstiegsroute in die Watzmann-Ostwand zu wagen, antwortete er: »Kederbacher mußte auch allein seinen Weg suchen!«
Am 23. August stürzte der Feinmechaniker Joseph König aus Erlangen in den Felsen links vom Salzburger Weg nach ca. 150 Metern auf einer falschen Route ab. Er blieb mit einem Knöchelbruch liegen und wurde noch in der Nacht von der Bergwacht geborgen.

## Zu zweiten Mal in wenigen Jahren: Nach fünf Tagen aus der Ostwand gerettet

Am 20. September, einem Samstag, stiegen der Freilassinger Hans den Braber, ein gebürtiger Holländer, der Referent Klaus Schlachter und der Ingenieur Franz Doksch, beide aus München, von St. Bartholomä zum Biwakplatz auf. Die Randkluft unterhalb der Schöllhornplatte war infolge starker Abschmelzung während monatelanger Trockenheit und außergewöhnlicher Hitze besonders schwierig zu überwinden.

Kein brückenbildender Einsturz erleichterte im Spätsommer 1947 ihre Überschreitung. Der Weg zum Biwakblock über die Schöllhornplatte zum Zellerloch kostete die Seilschaft unverhältnismäßig viel Zeit.

Als die Partie schließlich den Gipfelaufbau erreichte, fiel Nebel ein. Braber verirrte sich, obwohl er schon zweimal die Ostwand durchstiegen hatte, und geriet zirka 300 Meter zu weit nach links. Das Gelände wurde immer schwieriger, und die drei Bergsteiger mußten sich wegen einbrechender Dunkelheit zu einem zweiten Biwak entschließen.

Am Montagmorgen um 7 Uhr wurde der Weiterweg versucht. Braber stieg eine Seillänge voraus. Als er nicht mehr weiter konnte, wollte er sich abseilen. Aus unerklärlichen Gründen stürzte er dabei 150 Meter ab und blieb tot liegen. Infolge des dichten Nebels wurden Hilferufe nicht gehört.

Nach der dritten Nacht in der Wand wurden am nächsten Morgen ihre erneuten Hilferufe in St. Bartholomä gehört, und man benachrichtigte von dort aus die Bergwacht.

Rettungsmannschaften der Freilassinger und der Berchtesgadener Bergwacht stiegen über Wimbachtal und Hocheck auf. Die Suche aber blieb ergebnislos. Es war keine Spur der Vermißten zu finden.

Als am Dienstagvormittag aus St. Bartholomä die Meldung kam, daß Hilferufe gehört worden waren, rückte sofort eine dritte Rettungsmannschaft aus. Bei ihrem Eintreffen in St. Bartholomä erfuhr sie, daß am Ende des dritten Bandes drei Bergsteiger gesehen worden seien. Als die Suchmannschaft das dritte Band erreichte, war von den Vermißten nichts zu sehen, jedoch wurden die Signale von hoch oben mit Hilferufen beantwortet. Diese Rufe wurden um 15 Uhr auf der Mittelspitze von den bereits am Morgen über Hocheck und Wimbachtal ausgerückten Rettungsmannschaften vernommen.

Drei Mann stiegen darauf zur Südspitze zurück und in die Ostwand ab und sahen nach längerem Suchen unter einem Wandabbruch einen Abgestürzten liegen. Auf Rufe hin meldeten sich aus einer Wandnische zwei Bergsteiger, und es ergab sich, daß es die Vermißten waren. Nun erreichte auch die von St. Bartholomä aufgestiegene Suchmannschaft die Unfallstelle. Einbrechende Dunkelheit und das sehr schwierige Gelände machten es unmöglich, die Vermißten noch am selben Abend zu retten. Die beiden Münchener mußten in ihrer Felsnische das vierte Biwak beziehen.

Am Mittwochmorgen lag dichter Nebel um die Wand, der den Abstieg zu den Verstiegenen sehr erschwerte. Die beiden Münchener waren noch in guter körperlicher Verfassung. Am fünften Tag nach dem Einstieg um 16 Uhr trafen die Geborgenen und die Rettungsmannschaft in der Wimbachgrieshütte ein.

## Schwierige Totenbergung

Braber war an einer äußerst schwierigen Wandstelle abgestürzt, an der überhaupt noch kein Todesopfer zu verzeichnen war. Beim Abtransport zur Eiskapelle wären 1500 Meter schwerer Fels zu überwinden gewesen, der Auftransport zur Watzmann-Südspitze über 500 Meter hätte gewaltige körperliche Anstrengungen erfordert. Zur Erleichterung der Bergung wurde zum erstenmal ein neuartiges Gerät verwendet.

Am 28. September stieg eine Rettungsmannschaft aus Berchtesgadener, Reichenhaller und Freilassinger Rettungsmännern mit 400 Meter 5 mm starkem Stahlseil und zwei Winden von der Wimbachgrieshütte zur Watzmann-Südspitze auf. Wegen Ver-

lust eines Teilgerätes und sonst auftretender Mängel mußte der Bergungsversuch an diesem Tag abgebrochen werden.
Nach Verbesserung des Gerätes wurde ein zweiter Versuch unternommen. In halber Höhe zwischen Südspitze und Unfallstelle wurde eine Seilwinde aufgestellt und ein Rettungsmann in 45 Minuten an dem angekoppelten Stahlseil über 240 Meter hinunter zu dem Toten abgeseilt. Nach Befestigung des Toten auf einer Schleifbahre begann der Auftransport, der von nur zwei Mann Bedienung in knapp einer Stunde mühelos bewältigt wurde. Das gleiche wiederholte sich nach Aufbau der Seilwinde auf der Watzmann-Südspitze.
Um 15 Uhr war bereits die Südspitze erreicht, und auch der Abtransport des Toten ins Wimbachtal ging reibungslos vonstatten. Ein neues Gerät, das die gefahrvolle Aufgabe der Bergwacht in schwierigem Felsgelände erleichtert, hatte seine Erprobung zufriedenstellend bestanden.
Am 28. September stürzte der Ingenieur Hans Weiler aus München ab, nachdem er sich links des Biwakplatzes, vermutlich in den unteren Felspartien des Salzburger Weges, verstiegen hatte und dann versuchte, wieder abzusteigen. Mit Schulter- und Fußverrenkungen mußte er eine Nacht in der Wand verbringen und konnte erst vor Einbruch der zweiten Nacht von einer Rettungsmannschaft der Berchtesgadener Bergwacht zu Tal gebracht werden.

## 1948

Am 7. August, stiegen Dr. chem. Hans Heimhold aus Wuppertal-Elberfeld und Paul Braun aus Nideggen (Eifel) in die Watzmann-Ostwand ein und nächtigten am Biwakplatz im Schöllhornkar. Am Sonntagmorgen stiegen sie in den Salzburger Weg ein. Sie kamen über die schweren Wandstellen gut hinweg, übersahen aber den Ausstieg zum ersten Band. Erst als sie bereits mehrere Seillängen höher waren, erkannten sie, daß sie die richtige Route verfehlt hatten. Heimhold legte das Seil um einen Block und seilte sich in dem nicht sehr schweren Gelände ab. Während des Abseilens glitt das Seil vom Felsblock, und Braun sah seinen

Kameraden rücklings aus der Wand fallen. Es gelang ihm, den Kederbacher Weg zu erreichen. Zwei von fünf Bergsteigern, die er an der Schöllhornplatte traf, stiegen mit ihm ab. Sie fanden den Toten im Schöllhornkar.

1949

Einer der eigenartigsten Unfälle in der ganzen Ersteigungsgeschichte der Ostwand ereignete sich am 5. und 6. August. Der 19 Jahre alte Willi Uhlenbrock aus Dortmund, der seine Kameraden am Watzmann-Hocheck zurückgelassen hatte, traf gegen 15 Uhr auf der Südspitze zwei eben aus der Ostwand gekommene Partien und erkundigte sich bei ihnen nach der Route. Da niemand ahnen konnte, was der Junge in kurzen Hosen, ohne jede Bergausrüstung und mit glatten Gummisohlen an den Schuhen vorhatte, erhielt er bereitwillig die gewünschte Auskunft. Der Rheinländer hatte keine Ahnung von den Bergen, und da er Bartholomä so schön vor sich in der Tiefe liegen sah, nahm er wohl an, daß der gerade Abstieg im Vergleich zum Auf und Ab der Gratwanderung über die Spitzen wohl auch der kürzeste und bequemste Weg sein müsse. Im oberen Teil der Ostwand kam er anscheinend gut abwärts. Nach einigen hundert Metern merkte er aber, daß es doch nicht so leicht ging. Ohne Proviant und Kälteschutz mußte er biwakieren. Beim weiteren Abstieg am nächsten Tag rutschte er aus, stürzte ab, blieb ohnmächtig liegen, kam nach einiger Zeit wieder zu sich und konnte mühsam weiter absteigen.
Er traf dann auf eine zum Schöllhornkar aufsteigende Seilschaft, die ihn blutend, zerschunden, mit einer Gehirnerschütterung, einer schweren Kopfverletzung und Hautabschürfungen bis zur Eiskapelle brachte. Von dort aus besorgten Spaziergänger seine Einlieferung ins Krankenhaus. Infolge der Gehirnerschütterung erinnerte er sich überhaupt nicht mehr, wo und wie er über die Wand herunterkam. Auch allen Kennern der Ostwand war dies ein Rätsel.
Am Samstag, dem 27. August, stieg der 26 Jahre alte Wilhelm Kapferer aus Teisendorf von der Eiskapelle zum Biwakplatz auf.

Er ging unangeseilt an der Spitze einer Dreierpartie. Als er um eine Ecke bog, stürzte er plötzlich aus ungeklärten Gründen 150 Meter ab und blieb zerschmettert liegen. Das Unglück ereignete sich auf einer Route, die von dem üblichen, durch Trittspuren verhältnismäßig leicht erkennbaren Weg durch den unteren Wandteil abweicht. Kapferer, selbst Bergwachtangehöriger und erfahrener Bergsteiger, hatte auch bei früheren Ostwandbesteigungen diesen Durchstieg benützt und kannte den Normalweg gar nicht.
Einen Tag später, am 28. August, stiegen der 21 Jahre alte Ferdinand Schütz aus Oberschweinbach bei Fürstenfeldbruck und der 24 Jahre alte Walter Hinterthür aus München zum Biwakblock auf und blieben dort wegen einer Magenverstimmung bis zum Morgen des 30. August. Nach Durchkletterung des Salzburger Weges übersahen sie bei Nebel und Regen die Abzweigung der Gipfelschlucht. Auf der anfänglich leicht begehbaren jenseitigen Fortsetzung der Bänder gerieten sie in der Nähe der Stelle, an der 1947 der Freilassinger den Braber abstürzte, in die plötzlich sehr steil aufstrebenden Wandpartien unterhalb der Schönfeldschneid. Schütz stürzte 40 Meter ins Seil und starb nach kurzer Zeit. Sein Begleiter, den ein Felsblock davor bewahrte, mit in die Tiefe gerissen zu werden, mußte zwei Nächte in der Wand verbringen. Rettungsmannschaften, die auf die Meldung der Hilferufe hin von Bartholomä, von der Südspitze und vom Watzmannkar aus die Wand absuchten, seilten in einer schwierigen Bergung den Toten zur Schönfeldschneid auf und brachten ihn ins Wimbachtal.

## 1950

Seit dem 16. Oktober wurde der Alleingänger Hans Stengl aus München, ein erfahrener Bergsteiger, in der Ostwand vermißt. Sein letztes Lebenszeichen war eine Eintragung im Buch in der Biwakhöhle des Berchtesgadener Weges. Erst im Sommer 1951 wurde die Leiche des Verunglückten zufällig auf dem vierten Band entdeckt und am 2. August in einer außerordentlich schwierigen Bergung zur Scharte zwischen fünftem und sechstem Watzmannkind aufgeseilt. Wegen eines plötzlichen Wetterumschlages versuchte Stengl vermutlich, aus der Wand heraus zu dieser Scharte oberhalb des Watzmannkars zu queren und stürzte dabei vom fünften auf das vierte Band ab.

1952

Am Pfingstsamstag, dem 31. Mai, stiegen die Erlanger Josef Glas, Georg Leibinger, Walter Ermann und Rudolf Veitengruber in den Salzburger Weg ein, obwohl im oberen Teil der Wand noch sehr viel Schnee lag. Am dritten Tag nach dem Einstieg gingen sie an der Biwakschachtel vorbei, weil Glas, der als einziger die Wand kannte, behauptete, es wären zum Gipfel »nur noch einige Seillängen«.

Oberhalb der Biwakschachtel mußte die mit Zeltsäcken ausgerüstete Seilschaft das dritte Freilager beziehen. Das Wetter schlug um, und es begann zu schneien. Glas und Leibinger erreichten am vierten Tag erschöpft das Watzmannhaus und alarmierten die Bergwacht. Ermann, der an Herzschwäche litt, war mit Veitgruber zurückgeblieben. Beide mußten eine vierte Nacht in der Wand verbringen, bis sie am nächsten Tag geborgen und völlig erschöpft und durchnäßt mit Erfrierungen ins Krankenhaus eingeliefert werden konnten.

Am 31. August, stiegen trotz zweifelhaftem Wetter mehrere Partien in den Kederbacher Weg ein. Die Berchtesgadener Franz Hölzl und Paul Fegg und der Hamburger Hartmut Brömme wollten ursprünglich den Salzburger Weg begehen, den Hölzl kannte, entschlossen sich aber dann wegen der Witterung für den leichteren Durchstieg. trotz ihrer Ortsansässigkeit wußten sie nicht, daß man sich an der Schöllhornplatte nach links halten muß, und verfolgten den gerade emporführenden Riß, der schon so viele Todesopfer forderte.

Bei einer Querung stürzte der 18jährige Fegg zwischen seinen Kameraden ins Seil und blieb auf einem kleinen Absatz liegen. Nur diesem glücklichen Umstand war es zu verdanken, daß nicht alle drei in die Tiefe gerissen wurden. Sie erreichten schließlich aus eigener Kraft die Zellerhöhle, wo bereits sechs Münchener

Touristen vor dem strömenden Regen Zuflucht gesucht hatten, und verbrachten dort eine kalte Nacht.
Hölzl erreichte am Montag erschöpft das Watzmannhaus. Die Bergwacht war bereits ausgerückt und holte in einem 20stündigen, ungewöhnlich schwierigen Einsatz bei ununterbrochenem Regen die Bergsteiger mit dem Stahlseilgerät in direktem Abseilen über 240 Meter zur Randkluft an der Schöllhornplatte herunter. Fegg wurde mit Prellungen, Quetschungen und Hautwunden, Brömme, der beim Abseilen aus dem Dülfersitz gefallen war, mit Gesichtsverletzungen ins Krankenhaus eingeliefert.
Am 28. Dezember stiegen Walter Lindenkohl aus Hildesheim und Wilhelm Schreier aus Augsburg in die Wand ein, um die zweite Winterbegehung des Salzburger Weges zu versuchen. Es fehlte bei beiden sowohl an entsprechender Ausrüstung als auch an der nötigen Erfahrung in schwierigsten Winterunternehmungen. Sie stürzten bereits beim Aufstieg zum Schöllhornkar ab. Am 2. Januar wurden die Leichen oberhalb der Eiskapelle gefunden.

1953

Unter dem Eindruck des nächtlichen Alleingangs Hermann Buhls durch den Salzburger Weg in der Nacht vom 27. auf den 28. Februar stieg am 7. März trotz wiederholter Warnungen der 22jährige Salzburger Siegfried Labenbacher in die Wand ein, um ebenfalls den Salzburger Weg im Alleingang zu machen. Man suchte sogar mit einem Flugzeug vergeblich nach ihm. Erst am 9. April wurde seine von einer schweren Naßschneelawine verstümmelte Leiche am Fuß der riesigen Wand gefunden. Er war nicht weiter als dic Toten des Besteigungsversuches vom Dezember 1952 gekommen.
Das im Sommer und bei Begehung der richtigen Route harmlose untere Wanddrittel von der Eiskapelle zum Schöllhornkar forderte innerhalb von fünf Monaten ein viertes Todesopfer. Am 23. Mai stieg der 27jährige Florian Asenkerschbaumer aus Burghausen, ein Bergwachtmann und guter Felskletterer, in den

Kederbacher Weg ein. Vier Tage später wurde seine Leiche oberhalb der Eiskapelle gefunden.
Am 26. Juli stürzte der an der Spitze einer Dreierseilschaft gehende 23jährige Hans Fraunberger aus Landshut im Salzburger Weg fast 50 Meter ins Seil. Er fiel zuerst auf eine sehr steile, glatte Felsplatte und glitt dann über deren überhängenden Rand hinaus. Der Verunglückte, der schwere Kopf- und Wirbelsäulenverletzungen erlitten hatte, überstand die schwierige Bergung mit Stahlseilgerät und konnte nach einigen Wochen aus dem Krankenhaus entlassen werden.
Am 16. August stürzte im Mittelteil des Salzburger Weges der vorausgehende 21jährige Anton Schatz aus München so unglücklich ins Seil, daß durch Kopfverletzungen der Tod unmittelbar eintrat.
Am 13 September wollte ein Freund des im März in der Ostwand verunglückten Siegfried Labenbacher, der 22jährige Alois Duscher aus Salzburg, für diesen am Einstieg zum Salzburger Weg eine Gedenktafel anbringen. Ein Haken, den er sich von seinen Seilgefährten noch zuwerfen ließ, hielt nicht, und Duscher stürzte mit der Gedenktafel in die Tiefe.

1955

Am 18. September verstiegen sich der 21jährige Alfred Mühllehner und der 16jährige Toni Dienersberger, beide aus Bad Reichenhall, am Kederbacher Weg und gerieten auf das vierte Band. Beim Abseilen stürzte Dienersberger und zog sich eine leichte Fußverletzung zu. Nach einem Biwak in 2000 m Höhe bei –7 Grad fanden sie im Nebel die Gipfelschlucht nicht und riefen um Hilfe. Eine Rettungsmannschaft der Bergwacht brachte sie zur Biwakschachtel, wo 10 Mann dicht zusammengedrängt bei einer Außentemperatur von –10 Grad die Nacht verbringen mußten. Am nächsten Tag wurden die Erschöpften zu Tal transportiert.

1956

Am 2. Oktober ging der 25jährige Graphiker Alfons Patzelt aus München allein die Watzmann-Ostwand an, um sie über den

Berchtesgadener Weg zu besteigen. Seitdem war er vermißt. Wiederholte Suchaktionen Berchtesgadener und Münchener Rettungsmannschaften, die sogar von einem Hubschrauber unterstützt wurden, blieben erfolglos. Erst am 30. Juni 1957 wurde die Leiche Patzelts von einem Freilassinger Bergwachtmann gefunden. Er hatte den Einstieg in die Rampe des Berchtesgadener Weges verfehlt und war nach links in die schwierigen Felsen der Schönfeldschneid geraten.

1957

Am 1. August wurden vier Bergsteiger aus Hannover von einer Steinlawine überrascht, die von den Watzmannkindern herunterkam. Sie befanden sich gerade in der ersten Rinne beim Anstieg zum Schöllhornkar. Der 19jährige Peter Hucke wurde tödlich getroffen, seine drei Kameraden kamen mit unbedeutenden Verletzungen davon.
Am 4. August glitt der Bundeswehrangehörige Jäger ca. 50 m unterhalb der Schöllhorn-Randkluft aus und konnte das immer schneller werdende Abrutschen mit seinem Eisbeil nicht mehr bremsen. Am unteren Rande des Schöllhornfirns stürzte er in eine Spalte. Kurz vor Eintreffen der Bergwacht erlag er seinen schweren Verletzungen.

1958

Am 23. August stiegen die Frankfurter Studenten Gerhard Bach, 23 Jahre, und Siegfried Reiser, 22 Jahre, gegen 10 Uhr in den Berchtesgadener Weg ein. Wegen der schlechten Witterung kamen sie oberhalb des Schuttkares von der richtigen Route ab und suchten nach 17 Uhr einen günstigen Biwakplatz. Sie hatten bereits das Seil abgelegt. Im dichten Nebel hörte Reiser plötzlich einen Schrei. Gerhard Bach war etwa in Höhe der Abzweigung des Münchener Weges 200 m abgestürzt. Am nächsten Morgen stieg Reiser allein ab und alarmierte gegen 9 Uhr von St. Bartholomä aus die Bergwacht, die bei wolkenbruchartigem Regen die Leiche aus der Wand holte.

## 1959

Am 17. Mai, einem Pfingstsonntag, wurden Günther Kunz und Horst Weidner, beide aus Bamberg, nach Durchkletterung des Salzburger Weges auf dem dritten Band vom Steinschlag überrascht. Weidner wurde an Arm und Kopf verletzt, konnte aber noch bis zur Biwakschachtel weiterklettern. Das Seil wurde durch den Steinschlag völlig zerfetzt. Da im oberen Teil der Wand noch winterliche Verhältnisse herrschten, kamen die beiden Bergsteiger ohne Eispickel nicht mehr weiter. Von Angehörigen, die am Watzmannhaus vergeblich warteten, wurde die Bergwacht alarmiert, der es am Dienstag früh gelang, vom Watzmannkar aus Rufverbindung herzustellen. Gegen 18 Uhr erreichten vier Bergwachtmänner nach sehr gefährlicher Querung steilster Schneefelder die Biwakschachtel und brachten noch vor Einbruch der Dunkelheit bei Gewittergüssen die beiden Vermißten in Sicherheit. Durch Funksprechgeräte erfuhr die Ramsauer Bergwacht auf der Südspitze, daß ein Abstieg zur Biwakschachtel nicht mehr nötig war.
Am 12. Juli stürzte der 16jährige Münchener Uli Huber in der Nähe der Biwakschachtel etwa 40 m ab. Er zog sich schwere Kopfverletzungen zu und schlug sich mehrere Zähne aus. Eine Rettungsmannschaft der Berchtesgadener Bergwacht, die schon am Nachmittag benachrichtigt wurde, fuhr im Geländewagen bis zur Kühroint. Vier Mann erreichten von der Watzmannscharte aus noch vor Einbruch der Dunkelheit um 20.30 Uhr den Verunglückten. Vier weitere Bergwachtmänner legten Seilgeländer, um wegen des drohenden Unwetters die Bergung zu beschleunigen. In einem aufopfernden Einsatz gelang es, den Verunglückten auf der Querung zum Watzmannkar hinüber aus der Wand zu bringen. Mit Unterstützung von 20 Angehörigen des Bundesgrenzschutzes wurde Huber noch in der Nacht ins Krankenhaus gebracht.
Am 12. September stieg der 50jährige Lokomotivführer Josef Bahr aus Passau in die Wand ein und war seitdem vermißt. Er verstieg sich und geriet in Höhe des dritten Bandes in die Fallinie des dritten Watzmannkindes. Durch eine kurz zuvor über-

standene Kehlkopfoperation konnte er nur flüstern. Er befand sich zwei Tage und zwei Nächte an der gleichen Stelle und glaubte sich bereits verloren. Dabei sah er unter sich zahlreiche Menschen zur Eiskapelle gehen und auch andere Bergsteiger, die er bei normalem Funktionieren seiner Stimme hätte zu Hilfe rufen können. Zwei Bergwachtmänner, die vom Watzmannkar aus den Vermißten suchten, bemühten sich vergeblich um Rufverbindung. Sie entdeckten schließlich Bahr, konnten aber wegen einer trennenden Schlucht nur bis auf 100 m an ihn herankommen.
Sie riefen ihm zu, daß sie Hilfe bringen würden. Inzwischen hatten sich auch zwei amerikanische Hubschrauber an der Suche beteiligt und den Vermißten ebenfalls entdeckt. Während der eine nach Berchtesgaden zurückflog, um seine Beobachtung dort zu melden, gelang dem anderen (Pilot Th. Bailey, Copilot Carl R. Roberts, Funker E. Stanley) eine bis dahin in den Berchtesgadener Alpen einmalige Rettung. Der Hubschrauber flog in der Wand bis auf 10 m an den Standplatz Josef Bahrs heran und verweilte dort so lange im Standflug, bis der Funker Bahr mit Hilfe eines Gurtes an Bord gezogen hatte. Um 16.45 Uhr war der vom Durst sehr erschöpfte Vermißte noch in der Wand, um 18 Uhr saß er bereits unversehrt im Zug nach Passau.
Am 10. Oktober traf die 20jährige Verkäuferin Erika Sorger mit einigen Berggefährten an der Seelände in Königssee ein, als das letzte Boot nach St. Bartholomä längst abgefahren war. Da im Spätherbst auch am frühen Morgen kein Boot verkehrt und die Gruppe die Watzmann-Ostwand durchsteigen wollte, ging sie bei Mondschein auf dem verfallenen Steig von Kessel nach Salet um den See. Erika Sorger glitt aus, stürzte über Steilschrofen in den See und wurde vermutlich von ihrem schweren Rucksack sofort in die Tiefe gezogen. Alle Suchen blieben vergeblich.

## 1960

Der 26jährige Maschinenschlosser Josef Meiler aus Amberg, der zuletzt in München gewohnt hatte, reiste am 1. Oktober angeblich

*Oben: Ein schwerer Hubschrauber, der mit Stahlseilwinde Bergwachtmänner und Verunglückte an Bord nehmen kann, vor der winterlichen Ostwand*

*Unten: Ein leichter Hubschrauber setzt einen Bergwachtmann im Schöllhornkar ab*
*Fotos: Hubert Heil*

zu einer Bergfahrt im Dachsteingebiet ab. Seitdem war er vermißt. Eine Suchaktion blieb erfolglos. Ein Jahr später entdeckten Gebirgsjäger im unteren Schöllhornkar ein Skelett, das am 28. September von der Bergwacht geborgen wurde. Aus einem Tourenbuch im Rucksack war ersichtlich, daß Meiler nicht im Dachstein-, sondern im Glocknergebiet mit einem Halleiner eine Tour unternommen hatte. Anschließend wollte er – ohne irgendwo eine Nachricht zu hinterlassen – die Watzmann-Ostwand im Alleingang durchsteigen.

1961

Am 17. März, einem Freitag, kam der 20jährige Schuhmacher Christian Bögl aus Miesbach nach St. Bartholomä, spurte bei schönstem Wetter über das untere Wanddrittel von der Eiskapelle bis ins Schöllhornkar und kehrte nach Hinterlegung seines Rucksackes unter dem Biwakblock zurück. Abends traf er in St. Bartholomä den 34jährigen Bezirksrichter Dr. Konrad Schimke und den 25jährigen Kaufmann Jungwirth, beide aus Salzburg. Der Wetterbericht kündigte bereits am Freitagabend mit der Einschränkung von vorerst noch wirksamen Föhneinfluß am Nordrand der Alpen den Wettersturz an. Dieser Föhneinfluß kann unwahrscheinlich rasch aufhören, aber ebenso gut tagelang auch alle Wetterprognosen Lügen strafen. Sich auf ihn zu verlassen, ist immer gefährlich. Die drei gut ausgerüsteten und für mehrere Tage mit Proviant versehenen Bergsteiger brachen gemeinsam am nächsten Morgen gegen 2 Uhr früh von St. Bartholomä auf, um möglichst rasch Höhe zu gewinnen, bevor die Tageserwärmung das Spuren im weichen Schnee immer mühsamer und die Lawinengefahr immer größer wird. Von Skifahrern am dritten Watzmannkind wurden schon in den Mittagsstunden Spuren auf dem dritten Band, also bereits oberhalb der schwierigsten Wandpartie, gesehen. Um die gleiche Zeit wurde von einem Motorbootführer auf dem Königssee eine Lawine beobachtet, die vom dritten Band abging. Ein Berchtesgadener Alleingänger, der am Samstagnachmittag in die Wand einsteigen wollte, kehrte schon an der Eiskapelle um,

weil es nach Abgang einer Grundlawine dort aussah, »als wenn eine Atombombe explodiert wäre«. Ein anderer Alleingänger, der in den Spuren der Vermißten bis zum dritten Band gekommen war, biwakierte in der Zellerhöhle, erlebte dort den Wettersturz, bei dem abends der sternklare Himmel innerhalb einer halben Stunde bedeckt war, und kam trotz des Neuschnees am Sonntag wohlbehalten nach St. Bartholomä zurück. Niemand ahnte noch etwas von einem Unglück, denn am Samstagnachmittag um 14 Uhr, also 12 Stunden nach dem Abmarsch in St. Bartholomä, wurden auf dem Gipfel der Südspitze drei Personen gesehen. Nachträglich stellte sich heraus, daß es nicht die Vermißten waren, sondern eine Partie, die vom Hocheck aus die drei Spitzen überschritten hatte.
Am Montag wurde vergeblich versucht, vom dritten Watzmannkind aus Rufverbindung herzustellen. Hubschrauber und Flugzeuge umkreisten die Wand, ohne in dem zeitweise nebelfreien Teil unterhalb 2000 m eine Spur von den Vermißten zu entdecken. Es gingen ständig Staublawinen nieder. Am Montagabend lief eine Großaktion an. Von Berchtesgaden aus leitete Hellmuth Schuster den Einsatzplan, aus München kam Ludwig Gramminger, der schon 1937 an der Rettung der beiden Vettern Frey teilgenommen hatte, aus Salzburg traf Broad-Peak-Besteiger Markus Schmuck ein. Eine 30 Mann starke bayerisch-österreichische Rettungsmannschaft biwakierte in Schneehöhlen auf der Südspitze. Alle Versuche, zur Biwakschachtel vorzudringen, wo die Vermißten vermutet wurden, erstickten ungeheure Schneemassen. Eine Mannschaft, die von Kühroint zur Watzmannscharte aufstieg, mußte die letzten 400 m die Ski ablegen und sich einen schachtartigen Gang durch den lockeren Neuschnee bahnen. Nach einem Abstieg bei höchster Lawinengefahr kam die Rettungsmannschaft am Mittwoch wieder zur Wimbachgrieshütte. Erst am Donnerstag um 17.30 Uhr konnte ein Hubschrauber von St. Bartholomä aus während einer kurzen Auflockerung der Wolkendecke bis etwa 100 m an die Biwakschachtel heranfliegen. Nichts rührte sich. Am Freitagmorgen waren die tief verschneiten Berge zum erstenmal seit

Samstag wieder frei. Bei wolkenlosem Himmel konnten die Hubschrauber ungehindert fliegen. Ein mit einer hydraulischen Stahlseilwinde ausgestatteter Sikorsky-Hubschrauber der Bundeswehr flog um 7 Uhr von St. Bartholomä aus die Biwakschachtel an. Pilot Ludwig Kellner und Copilot Gerhard Frühwirt brachten die Maschine, deren Rotor den lockeren Schnee wie Staub aufwirbelte, in unmittelbarer Nähe der Biwakschachtel in der Luft zum Stehen. An der von Horst Jürgens bedienten Stahlseilwinde wurde der Berchtesgadener Heeresbergführer Peter Hillebrand 30 m frei auf den Schneegrat hinuntergelassen. Hillebrand, der für alle Fälle für fünf Tage Proviant bei sich hatte, wühlte sich etwa 30 m durch den tiefen Schnee hinauf und fand sie leer. Damit brach die Hoffnung auf Rettung der Vermißten zusammen. Als schließlich Hellmuth Schuster von einem amerikanischen Hubschrauber aus auf dem dritten Band einen Eispickel entdeckte, verstärkte sich die Befürchtung, daß die Seilschaft schon von der am Samstagnachmittag beobachteten Lawine in die Tiefe gerissen wurde.
Verschiedene Ausrüstungsgegenstände, die in den nächsten Wochen gefunden wurden, bestätigten diese Vermutung. Aber erst am 29. April wurden die noch durch das Seil verbundenen drei Toten in der Fallinie des dritten Bandes am Einstieg zum Salzburger Weg gefunden. Man hatte sie im Lawinenkegel bei der Eiskapelle vermutet. Am 3. Mai wurden die Toten über die ständig von Lawinen bedrohte Wand abgeseilt.
Am 10. Mai stiegen zwei österreichische Zweierseilschaften, die sich in St. Bartholomä getroffen hatten, gemeinsam in den Kederbacherweg ein. Sie verstiegen sich schon am Weg zum Schöllhornkar und gerieten zu weit nach rechts. Als sie dies bemerkten und das Wetter sich verschlechterte, entschlossen sie sich zur Umkehr. Um schneller zur Eiskapelle zurückzukommen, hängte einer sein Seil mit einer Schlinge an einen Felszacken. Die drei anderen seilten sich ab. Ehe sie die Steilstelle überwunden hatten, kletterte auch der Letzte am Seil abwärts. Durch einen ausbrechenden Felsbrocken wurde er ein Stück mitgerissen und leicht verletzt. Der Stein traf dann den 20jährigen Glaser Albert

Terler aus Mürzzuschlag und verwundete ihn erheblich. Schließlich traf der Felsbrocken den dritten Seilgefährten, den 17jährigen Schlosserlehrling Josef Schwaighofer, ebenfalls aus Mürzzuschlag, so stark, daß er etwa 30 m rücklings abstürzte und tödliche Kopfverletzungen erlitt. Der verletzte Terler wurde von seinen Kameraden nach St. Bartholomä und noch während der Nacht mit einem Sonderboot über den Königgssee und ins Krankenhaus gebracht. Die Leiche Schwaighofers wurde am nächsten Tag geborgen.

Am 6. August stieg der 33jährige Gärtner Gerhard Schmid aus Heidelberg, der mit seiner Frau in Königssee wohnte, allein in den Berchtesgadener Weg ein. Als er am nächsten Tag noch nicht zurückgekehrt war, verständigte seine Frau die Polizei. Am Morgen des 8. August wurde von einem Hubschrauber aus der durch ein rotes Hemd leicht erkennbare Vermißte in etwa 1800 m Höhe im Berchtesgadener Weg tot gesichtet und noch am gleichen Tag von der Bergwacht aus der Wand geholt. Am 2. September brachen zwei Studenten und eine Studentin aus München um 4 Uhr früh von St. Bartholmä zum Kederbacherweg auf. Beim Aufstieg zur Schöllhornplatte stürzte der 24jährige Friedrich Leybold, der als letzter der Gruppe ging, plötzlich 30 m ab und kollerte dann noch weitere 30 m abwärts. Er erlag kurz darauf seinen Verletzungen. Andere Bergsteiger, die in die Wand einsteigen wollten, hörten die Hilferufe vom Schöllhornkar und verständigten um 9 Uhr von St. Bartholomä aus die Bergwacht. Noch am Vormittag brachte ein Hubschrauber zwei Bergwachtmänner ins Schöllhornkar, von wo sie nach 200 m Anstieg bereits um 11 Uhr den Toten erreichten. Der Hubschrauber wartete dann in St. Bartholomä auf den Signalschuß, der anzeigen sollte, daß der Tote zum Landeplatz im Schöllhornkar gebracht war.

Am 24. September stiegen drei Gebirgsjäger aus Bad Reichenhall in den Kederbacherweg ein. Der Stabsunteroffizier Josef Stachl aus Velden an der Vils, der nicht angeseilt war, stürzte vom dritten Band ab und schlug nach freiem Fall etwa 200 m tiefer auf dem zweiten Band auf. Von anderen Ostwandbesteigern wurde der

Unfall am Watzmannhaus gemeldet. Eine Bergungsmannschaft querte von der Watzmannscharte zur Biwakschachtel und stieg zur Unfallstelle ab, eine andere Mannschaft kam mit dem Hubschrauber ins Schöllhornkar. Die Bergung der Leiche, die über den Steilabbruch des Salzburger Weges abgeseilt werden mußte, war äußerst schwierig. Der Tote wurde vom Schöllhornkar aus mit einem Hubschrauber nach Berchtesgaden geflogen. Die Bergungsmannschaft, die von oben her zum zweiten Band gekommen war, mußte bei Mondschein die Wand queren und war erst um Mitternacht wieder in Kühroint.

## 1962

Am 8. August stieg der 27jährige Angestellte Richard Dierl aus Wien in den Kederbacherweg ein. Beim Überspringen der Randkluft unterhalb der Schöllhornplatte stürzte er vermutlich durch Abbrechen des unterhöhlten Firns, wurde tödlich verletzt und verschüttet. Am 10. August fanden zwei österreichische Soldaten einen Rucksack mit einem Kletterseil. Sie suchten sofort und meldeten am Abend ihre Beobachtung in St. Bartholomä. Am nächsten Tag grub die Bergwacht den Verunglückten in mühevoller Arbeit in 20 m Tiefe mit Schneesägen, Eispickeln und Schaufeln aus. Ein Hubschrauber brachte die benötigten Geräte ins Schöllhornkar und holte sie nach der Bergung dort wieder ab.
Am 29. August stieg der 20jährige Max Friedwanger aus Seewalchen am Attersee allein in den Salzburger Weg ein. Beim Ausstieg zum ersten Band stürzte er und zog sich so schwere Verletzungen zu, daß er nicht mehr weitersteigen konnte. Am nächsten Tag verständigte sich der Verunglückte mit einem anderen Touristen, der um 16 Uhr vom Watzmannhaus die Bergwacht alarmierte. Durch einen sofort durchgeführten Hubschrauber-Erkundungsflug wurde Friedwanger zu verstehen gegeben, daß die Rettungsaktion im Gange sei. Sechs Mann wurden ins Schöllhornkar geflogen, um von dort aus den Verletzten mit dem Stahseilgerät herunterzuholen. Die Rettungsmannschaft traf in der Wand einen gerade dort übenden Hochgebirgszug des Gebirgsjägerbataillons Strub, von dem der

Einsatz eines gerade verfügbaren Sikorsky-Hubschraubers mit Seilwinde vorgeschlagen wurde. Heeresbergführer Peter Hillebrand und ein weiterer Bergführer wurden im Standflug mit einer Seilwinde beim Verletzten abgesetzt. Mit der Seilwinde holte der Hubschrauber die beiden Retter und den Verunglückten an Bord. Zum zweitenmal seit 1959 war eine Hubschrauber-Bergung aus der Watzmann-Ostwand gelungen.
Am 5. September stieg der 22jährige Gärtner Werner Bucherer aus Stuttgart mit einem Seilgefährten in den Salzburger Weg ein. Sie verstiegen sich, und Bucherer stürzte etwa 15 m ab. Er lag oberhalb des ersten Bandes; sein Seilgefährte war unverletzt. Spaziergänger bei der Eiskapelle hörten die Hilferufe und verständigten um 16.30 Uhr die Bergwacht. Zwei Mann wurden mit einem Hubschrauber ins Schöllhornkar geflogen und konnten mit dem Verletzten Rufverbindung herstellen. Wegen Einbruchs der Dunkelheit mußten sie biwakieren. Am nächsten Morgen brachte ein Hubschrauber vier weitere Bergwachtmänner mit dem Stahlseilgerät. Der Verletzte mußte zunächst 200 m abgeseilt und dann über den Schöllhornfirn zum Landesplatz gebracht werden.
Am 8. Dezember, einem Samstag, stiegen der 22jährige Hermann Klapfenberger und der 26jährige Franz Dürrschmid, beide aus Trostberg, in den Kederbacherweg ein. Sie wollten die Südspitze bis Montag erreichen. Beide wurden zum letztenmal am Sonntag von St. Bartholomä aus oberhalb des dritten Bandes in langsamem Aufstieg beobachtet. In der Nacht von Sonntag auf Montag kam es zu einem Wettersturz mit starkem Schneefall. Am Montag scheiterten Versuche, durch Rufe und Leuchtraketen von der Eiskapelle und von der Watzmannscharte aus Verbindung aufzunehmen. Eine 20 Mann starke Rettungsmannschaft, die am Dienstag vom Wimbachgries zur Südspitze aufstieg, wurde von einem am Schönfeld landenden Hubschrauber verständigt, daß die beiden Vermißten zur Südspitze ausstiegen. Nach dem Zusammentreffen der Rettungsmannschaft mit den Vermißten wurde 15.30 Uhr im Tal ein Funkspruch aufgefangen, daß die beiden sehr erschöpft seien und möglichst mit einem Hubschrauber abtransportiert werden sollten. Dürrschmid, der Erfrierungen an den Füssen

hatte, wurde daraufhin ins Krankenhaus geflogen. Ein zweiter Flug konnte wegen der hereinbrechenden Dunkelheit nicht mehr ausgeführt werden. Die Rettungsmannschaft brachte Klapfenberger noch am Dienstagabend in die Wimbachgrieshütte. Die beiden hatten die letzte Nacht im Freien zwischen Biwakschachtel und Südspitze zugebracht.

1963

Am 23. Mai, einem Donnerstag, stiegen der 20jährige technische Angestellte Reinhard Mahler und der 19jährige Werkzeugmacher Gerhard Seiler, beide aus Mödling bei Wien, in die Wand ein. Am Freitag hörte ein Kurgast vom dritten Watzmannkind aus Hilferufe und verständigte die Bergwacht. Versuche, von der Watzmannscharte und von der Eiskapelle aus eine Rufverbindung aufzunehmen, scheiterten. Am Samstag wurden von einem Hubschrauber aus Spuren im Berchtesgadener Weg festgestellt. Eine Rettungsmannschaft mußte wegen heftigen Gewitters kurz vor Einbruch der Dunkelheit umkehren. Am Sonntag wurde die Leiche eines der beiden Bergsteiger unter der Rampe des Berchtesgadener Weges gefunden: sie konnte jedoch nicht gleich identifiziert werden, da die beiden die Ausweispapiere in ihrem Wagen am Parkplatz Königssee zurückgelassen hatten. Als die Rettungsmannschaft am Abend nach St. Bartholomä zurückkehrte, warteten dort bereits die Eltern Mahlers und erfuhren durch die Beschreibung des Toten, daß es ihr Sohn war. Die Leiche Seilers wurde erst am 30. Mai von einem Hubschrauber aus am Rande eines Lawinenfeldes am Beginn der großen Schlucht in etwa 2100 m Höhe gesichtet. Die beiden Bergsteiger waren für die noch tiefwinterlichen Verhältnisse im oberen Teil der Wand nicht richtig ausgerüstet. Mahler hatte lediglich Leichtbergschuhe aus Spaltleder an, Seiler eine Kombination von Berg- und Skischuhen mit bereits stark abgenützter Profilgummisohle. Im harten Schnee der großen Schlucht, in die alle Durchstiegswege einmünden, ist Seiler infolge des Fehlens eines Eispickels vermutlich ausgeglitten und löste eine kleine Lawine aus. Er erlitt Kopfverletzungen und konnte sich aus den Schneemassen nicht mehr be-

freien. Mahler, dessen Hilferufe gehört wurden, band sich vom Seil los und stürzte beim Abstieg über den Berchtesgadener Weg ab. Am 3. Juni wurde die Leiche Seilers in einer ungewöhnlich schwierigen Bergung 800 m mit dem Stahlseilgerät abgeseilt. 18 Bergwachtmänner waren 15 Stunden im Einsatz.
Am 1. August stieg der 20jährige Berthold Rieber aus Selb allein in den Berchtesgadener Weg ein, verstieg sich und stürzte vermutlich einige hundert Meter ab. Am 3. August meldete ein Bergsteiger vom Watzmannhaus aus, er habe am Berchtesgadener Weg den Abgestürzten entdeckt. Da die Lage des Toten sehr ungenau beschrieben war, mußte erst durch den Erkundungsflug eines Hubschraubers festgestellt werden, daß sich der Tote unterhalb der Rampe befand. Die Bergung wurde am nächsten Tag durchgeführt.

1964

Am 28. Juni stieg der 28jährige Reklamemaler Friedrich Eibl aus München mit zwei Seilschaften in die Wand ein. Als Vorausgehender stürzte er an der Schöllhornplatte plötzlich ab und riß einen Haken aus. Der zweite Haken hielt zwar, aber beim Sturz in die Randkluft zog sich Eibl einen Wirbelbruch, Kopfverletzungen und eine Gehirnerschütterung zu. Ein Hubschrauber flog zwei Bergwachtmänner ins Schöllhornkar und brachte den zum Landeplatz abgeseilten Verunglückten wenige Stunden nach dem Unfall direkt ins Krankenhaus.

1966

Am 5. Februar stiegen der 32jährige Egbert Hilgemann aus Bad Godesberg, der 35 Jahre alte Karlheinz Schrappe aus Siegburg und der 19jährige Ernst Herbert Locatelli aus Rösrath-Stümpen trotz ungünstiger Witterung in die winterliche Ostwand ein. Sie erreichten erst am 10. Februar gegen Abend die Südspitze. Wegen des langen Ausbleibens der drei Rheinländer waren bereits Hubschrauber und Rettungsmannschaften eingesetzt, von denen eine um 20 Uhr am Gipfel der Südspitze feststellen mußte, daß die Gesuchten den Gipfel kurz vorher überschritten hatten und sich

auf einer falschen Route im Abstieg befanden. Durch Leuchtraketen und Blinkzeichen konnten sie die Dreierseilschaft kurz vor einem heftigen Schneesturm zur Umkehr veranlassen. Nach einem Biwak mit der Rettungsmannschaft unter der Südspitze wurden die drei Bergsteiger am nächsten Morgen mit Erfrierungen und Erschöpfgungszuständen ins Berchtesgadener Krankenhaus gebracht.
Am 8. September brach einem Münchener Bergsteiger, der die Ostwand bereits viermal durchstiegen hatte, beim Aufstieg zur Schöllhornplatte ein Griff aus. Er stürzte 15 m ab und blieb mit einem komplizierten Unterschenkelbruch und Rückgratprellungen schwer verletzt in einer steilen Rinne liegen. Seine Begleiter waren zwei Rosenheimer Bergsteiger, von denen einer um 17 Uhr von St. Bartholomä aus die Bergwacht alarmierte. Bereits um 17.15 Uhr traf ein Hubschrauber der Luftrettungsstaffel Oberjettenberg in Berchtesgaden ein und brachte noch vor Einbruch der Dunkelheit in vier Flügen eine Rettungsmannschaft ins Schöllhornkar. Der letzte Bergwachtmann wurde bei völliger Dunkelheit im Schöllhornkar abgesetzt. Dies war der erste Nachteinsatz eines Hubschraubers in den Berchtesgadener Bergen. Der Leichthubschrauber Bell 47 G konnte neben dem Piloten nur noch einen Mann aufnehmen. Der Verletzte wurde in einem offenen Korb auf den Kufen transportiert.
Das Abseilen des Verunglückten mit einem Stahlseilgerät dauerte bis Mitternacht. Nach einem Biwak im Schöllhornkar holte der Hubschrauber den Schwerverletzten und die Mannschaft am nächsten Morgen. Der Abgestützte war schon um 7.30 Uhr im Berchtesgadener Krankenhaus.

## 1967

Nach Übernachtung in der Biwakschachtel stiegen zwei Münchener Bergsteiger am 2. Juli zur Südspitze weiter. Um 5.15 Uhr rutschte der 24jährige Fernmeldetechniker Jürgen Kirchner auf einem noch harten Schneefeld aus und stürzte 300 m ab. Der Tote wurde nach gewagten Hubschraubermanövern erst am nächsten

Tag in einer Randkluft gefunden und von der Bergwacht geborgen.
Am 6. August stürzte der 38jährige Ignaz Dillmann aus Diez an der Lahn gegen 16 Uhr bei der Unterbrechungsstelle des 1. Bandes ins Seil und brach sich das Wadenbein. Da sein 18jähriger Begleiter Heinz Dirks noch zu unerfahren war, um alleine abzusteigen und Hilfe zu holen, mußten die beiden zunächst in der Wand bleiben. Zwei Tage war die Ostwand wolkenverhangen. Erst am Morgen des übernächsten Tages bemerkte ein Motorbootführer die Notsignale. Ein SAR-Hubschrauber der Bundesluftwaffe setzte Bergwachtmänner mit der Rettungswinde ab und holte dann auch den Verletzten in einem schwierigen Flugmanöver mit der Winde aus der Wand. Die beiden Bergsteiger hatten zwei Tage und zwei Nächte ohne Verpflegung und Getränk in der Wand verbracht, da auch der Rucksack abgestürzt war.

## 1969

Am 26. September stürzte der 35jährige Christian Antersberger aus Hammerau, der mit drei anderen Bergsteigern unangeseilt aufstieg, im oberen Teil der Rampe des Berchtesgadener Weges 100 m tödlich ab. Der Hubschrauber aus Landsberg, der am nächsten Tag die Bergungsmannschaft in die Wand brachte, mußte in Maria Gern landen, weil Berchtesgaden unter einer dichten Nebeldecke lag.
Am 28. September stürzte der als guter Kletterer bekannte 22jährige Traunsteiner Rudolf Speicher im relativ leichten Gelände unterhalb der »Grauen Platten« des Berchtesgadener Weges 100 m tödlich ab und wurde ebenfalls mit einem Hubschrauber der SAR-Staffel Landsberg aus der Wand geholt. (SAR = Search and resue).

## 1971

Zwei Bergsteiger aus Freilassing gerieten am 23. Juli gegen 16.30 Uhr in den Kaminreihen zwischen Biwakschachtel und Südspitze in einen starken Steinschlag. Der voransteigende Otto Unter-

rainer wurde von einem großen Stein am linken Oberschenkel getroffen, stürzte ca. 10 m ab und blieb mit einem offenen Oberschenkelbruch im Seil hängen. Es war ein Glück, daß ein Bergführer mit seiner Seilschaft vorbeikam und die Nacht über bei dem Schwerletzten blieb, der am nächsten Tag 250 m mit dem Stahlseilgerät abgeseilt werden mußte. Während des ganzen Einsatzes herrschte starker Steinschlag, einige Bergwachtmänner erlitten Verletzungen. Wegen ungünstiger thermischer Verhältnisse war noch dazu die Hubschrauberbergung besonders schwierig und gefährlich.
Am 30. Dezember stiegen zwei 17 und 20 Jahre alte Bergsteiger aus Altötting in den Kederbacherweg ein. Nur einer der beiden hatte die Ostwand schon auf dem Berchtesgadener Weg begangen. Sie kamen von der richtigen Route weit ab, ca. 40 m unter dem Schöllhornkar stürzte einer der beiden ins Seil und verletzte sich. Der Unverletzte stieg am nächsten Tag ab und erreichte um 14.30 Uhr St. Bartholomä. Wegen schlechter Flugbedingungen und hereinbrechender Dunkelheit konnte ein Hubschrauber die Rettungsmannschaft nur bis St. Bartholomä bringen. Die Rettungsmannschaft, die um 18 Uhr in die Wand einstieg, war die ganze Neujahrsnacht bis 8 Uhr früh damit beschäftigt, den Verletzten unter sehr schwierigen Bedingungen bei sprödem Wassereis 300 m mit dem Stahlseilgerät abzuseilen und von der Eiskapelle nach St. Bartholomä zu bringen.

1972

Am 6. Januar stiegen vier Bergsteiger unangeseilt zum Schöllhornkar auf und verfehlten die richtige Route. Bereits in der Höhe des Kars rutschte der 22jährige Hermann Rauch aus Gmund am Tegernsee auf den vereisten Felsen aus und stürzte ca. 150 m tödlich ab. Der 30jährige Gottfried Kutscher aus München wollte in Bartholomä Hilfe holen und stürzte dabei ebenfalls tödlich in die Randkluft der Eiskapelle. Der 33jährige Tscheche Karl Danicek erlitt durch den Absturz seiner beiden Bergkameraden einen Schock. Die Bergwacht brachte die beiden Überlebenden und die zwei Toten in einem schwierigen Einsatz nach St. Bartholomä.

Am 12. August erlitt ein 41jähriger Bergsteiger aus Garching im oberen Teil der Gipfelschlucht einen Kreislaufkollaps. Nachdem ihn andere Bergsteiger bis zum Beginn der Gipfelschlucht abtransportiert hatten, nahm ihn ein Hubschrauber im Standflug auf und brachte ihn ins Berchtesgadener Krankenhaus. Auf gleiche Weise geborgen wurde wenige Wochen später am 7. September ein 35jähriger Bergsteiger aus Böblingen, der im unteren Teil des Berchtesgadener Weges wegen eines starken Krampfanfalls nicht weitersteigen konnte.
Am 14. Oktober wurde der 17jährige Alleingänger Erich Döring bei den »Grauen Platten« im Berchtesgadener Weg tot aufgefunden. Die Mutter hatte die Bergwacht alarmiert, weil ihr Sohn von der Tour nicht zurückgekehrt war. Die Ursache des Absturzes blieb unbekannt.

1973

Am 19. September ereignete sich ein Unfall, der zwar mit Ostwandbesteigungen nichts zu tun hat, aber auch jeden Bergsteiger treffen kann, der sich dazu verleiten läßt, vor dem Einstieg die Eiskapelle auch von innen zu besichtigen. Aus einer Gruppe von 36 Schülern und Schülerinnen aus Bergheim-Erft betraten sieben die Höhle. In diesem Augenblick brach die Eisdecke ein und verschüttete zwei Schülerinnen. Mit Pickeln ausgerüstete Bergsteiger konnten die Verschütteten bergen und bis zum Abtransport ins Krankenhaus durch die Bergwacht notwürftig versorgen.

1974

Am 16. Juni wollten trotz ungünstiger Wetter- und Schneeverhältnisse zwei 30- und 39jährige Bergsteiger aus Heppenheim und Mannheim den Salzburger Weg begehen. Nach einem Biwak im Schöllhornkar erreichten sie das 1. Band. Gerade als sie an einem Standhaken sicherten, ergoß sich eine große Naßschneelawine über sie und verletzte einen der beiden. Völlig durchnäßt richteten sie unter einem Überhang am 1. Band das zweite Biwak ein und wurden durch die herabstürzenden Wassermassen beinahe aus ihrem Unterschlupf gespült. Notsignale wurden bei den widrigen

Wetterverhältnissen nicht bemerkt, erst die Vermistenmeldung der Angehörigen brachte die Suche in Gang. Am 19. Juni, als der obere Wandteil noch im Nebel war, konnte endlich ein Hubschrauber starten und entdeckte den Biwakplatz. Die beiden erschöpften Bergsteiger konnten mit der Seilwinde an Bord gezogen werden.
Als Folge des langen Winters lagen noch im September große Altschneestöcke auf den Bändern und erhöhten die objektiven Gefahren der Ostwand. Am 14. September wurden der 34jährige Manfred Hartig und der 30jährige Italiener Matteo Cerotta, beide aus Göppingen, am Beginn des 4. Bandes von einer Firn- und Steinlawine ca. 100 m in die Tiefe gerissen. Hartig war sofort tot, während Cerotta mit sehr schweren Verletzungen in Höhe des 3. Bandes hängen blieb. Dadurch wurde ein weiterer Absturz bis ins Schöllhornkar verhindert. Eine Dreierseilschaft, die gerade am Beginn des 3. Bandes rastete, konnte sich im letzten Augenblick aus der Gefahrenzone retten und wurde nur leicht verletzt. Glück im Unglück war, daß ihre Notsignale von einem anderen Bergsteiger gehört wurden, der ein Sprechfunkgerät mit sich führte und den Hilferuf sofort an seinen Freund in St. Bartholomä weitergeben konnte. Dadurch lief die Rettungsaktion schon kurz nach dem Unfall an. Ein Hubschrauber setzte eine Rettungsmannschaft am Beginn des 4. Bandes ab, brachte den Schwerverletzten ins Krankenhaus und den Toten nach St. Bartholomä. An diesem schönen Herbsttag durchstiegen ca. 80 Personen die Ostwand – eine halbe Stunde vor dem Unfall befanden sich ca. 30 Personen im Gefahrenbereich der abgegangenen Firn- und Eislawine.

## 1975

Am 19. Juli stieg eine Gruppe von sechs Bergsteigern aus Darmstadt über den Schöllhornfirn auf, um in der Zellerhöhle zu biwakieren. Als die erste Seilschaft gegen 17 Uhr die Randkluft fast erreicht hatte, stürzte der zweite Mann ab und riß den Seilschaftsführer ca. 100 m mit in die Tiefe. Als die zweite Seilschaft zu den Verunglückten absteigen wollte, stürzte auch hier einer der Bergsteiger und riß seinen Seilgefährten über das steile Firnfeld mit.

Glücklicherweise blieb jeweils einer der Abgestürzten auf einem schmalen Felsband liegen und verhinderte so den weiteren Absturz. Ein Hubschrauber holte noch vor Einbruch der Dunkelheit die Abgestürzten aus der Wand. Am nächsten Tag erlag der 29jährige Kaufmann Sepp Gerhardinger seinen schweren Verletzungen. Der obere Rand des Firnfeldes reichte damals noch 20 m höher als sonst um diese Jahreszeit bis zum Beginn der Schöllhornplatte.
Nach Vermißtenmeldung der Angehörigen entdeckte ein Hubschrauber am 26. Juli zwei Bergsteiger aus Mannheim unterhalb der Gipfelschlucht und holte sie völlig erschöpft und mit allgemeiner Unterkühlung aus der Wand. Sie waren schon am 23. Juli eingestiegen, wurden von einem Wettersturz überrascht und verfehlten auch den richtigen Durchstieg.
Die 36jährige Ärztin Dr. Hildegard Manke, wurde am 20. Detember durch herabfallende Eis- und Gesteinsmassen in der Gipfelschlucht so schwer verletzt, daß sie kurz nach dem Unfall starb. Ihre Begleiterin wurde am Bein verletzt. Der Bergführer, der die beiden Frauen durch den Berchtesgadener Weg geführt hatte, wurde nicht getroffen. Die Hilferufe wurden von Bergwachtmännern gehört, die zufällig am 3. Watzmannkind waren. Ein ebenfalls zufällig in Berchtesgaden anwesender Hubschrauber der Bundeswehr brachte eine Rettungsmannschaft und holte die Verletzte aus der Wand. Die Bergwachtmänner mußten biwakieren und absteigen, weil der Hubschrauber wegen dichten Nebels nicht mehr fliegen konnte. Die Tote konnte erst am übernächsten Tag geborgen werden.

1976

Die beiden Studenten aus Landshut, Peter Brandl, 19 Jahre, und Reinhold Horak, 23 Jahre, stiegen am 27. Februar nachmittags in den Kederbacherweg ein. Eine Vermißtenmeldung der Angehörigen löste am 1. März eine Hubschraubersuche aus. Brandl wurde auf einem Lawinenkegel der Eiskapelle, Horak in der Nähe der Schöllhornplatte entdeckt. Aus den Spuren war ersichtlich, daß die beiden aus der Höhe des 4. Bandes von einer Naßschneelawine in die Tiefe gerissen wurden.

Trotz eindringlicher Warnungen vor akuter Lawinengefahr nach starken Schneefällen stiegen der 18jährige Hermann Fink aus Augsburg und der 17jährige Johann Hirmer aus Ingolstadt am Pfingstsamstag, 5. Juni, in die Ostwand ein. Um 12.50 Uhr beobachteten Spaziergänger, wie die beiden Bergsteiger von einer großen Lockerschneelawine vom oberen Teil des Schöllhornkars bis zur Eiskapelle rund 700 m in die Tiefe gerissen wurden. Unmittelbar nach dem Absturz deckte eine zweite Lawine die Toten zu. Wegen vieler Lawinen war die Bergung sehr gefährlich.

1977

Am 4. Januar erkundigten sich die beiden 23jährigen Studenten Ingo Blechschmidt aus Hamburg und Friedemann Boss aus Essen beim Wirt in St. Bartholomä nach den Möglichkeiten einer Ostwanddurchsteigung und wurden seit dem nicht mehr gesehen. Alle Suchaktionen blieben vergebens. Erst am 6. Mai wurden oberhalb der Eiskapelle Ausrüstungsgegenstände ausgeapert, worauf am nächsten Tag die beiden Toten ausgegraben werden konnten.
Am 17. September kamen die beiden Münchener Bergsteiger Siegfried Bär, 34 Jahre, und Bernhard Knauer, 35 Jahre, am Beginn der Aufstiegskamine etwa 100 m oberhalb der Biwakschachtel wegen Vereisung der Felsen nicht mehr weiter. Dank guter Ausrüstung überstanden sie bei Schneesturm zwei Nächte im Freien und stiegen zur Biwakschachtel ab, wo sie geschützt, aber ohne Verpflegung zwei weitere Nächte verbringen mußten. Bei anhaltendem dichten Nebel konnten Hubschrauber nicht fliegen. Nach der bewährten alten Methode stellte die Bergwacht von der Watzmann-Skischarte Rufverbindung her und holte auf der Ostwandquerung die Vermißten aus der Wand.

1979

Am Einstieg in die Schöllhornplatte brach am 27. Juli dem Führenden einer Zweierseilschaft ein Felsblock in Größe eines halben Kubikmeters aus, an dem er sich hochgezogen hatte. Mit dem Block stürzte er etwa 5 m ab, bis er von einem Gefährten am Seil

gehalten werden konnte. Beim Aufschlag in eine Rinne zog er sich so schwere innere Verletzungen zu, daß er vom Berchtesgadener Krankenhaus in eine Salzburger Spezialklinik gebracht werden mußte. Durch den ausgebrochenen Felsblock wurde der gerade sichernde erste Mann einer nachkommenden Dreierseilschaft aus dem Stand gerissen, blieb aber nach wenigen Metern an seiner Selbstsicherung hängen. Obwohl er bei dem Sturz den Steinschlaghelm verlor, wurde er nur leicht verletzt.
Vom Ende des 4. Bandes wurden am 7. August zwei Bamberger Bergsteiger mit dem Hubschrauber unversehrt aus der Wand geholt. Sie hatten sich am 5. August verstiegen und durch Blinkzeichen das alpine Notsignal gegeben.
Am 8. September wollten zwei Zweierseilschaften aus Weißenburg den Kederbacherweg begehen, kamen aber beim Aufstieg zum Schöllhornkar in Richtung Watzmannkar weit vom richtigen Durchstieg ab. Ein Seilschaftsführer stürzte etwa 10 m ab und zog sich dabei schwere Kopfverletzungen zu. Ein kleiner Hubschrauber konnte nur einen Bergwachtsmann absetzen; für die Bergung mit der Seilwinde mußte ein größerer Hubschrauber angefordert werden.
Eine Woche später kam erneut eine Zweierseilschaft aus Augsburg auf dem Weg ins Schöllhornkar in Richtung Watzmannkinder von der Route ab. Bei dem Versuch, wieder ins Schöllhornkar zu gelangen, stürzte der Seilschaftsführer einige Meter ab und zog sich dabei so schwere Schädelverletzungen zu, daß er mit dem Hubschrauber in eine Salzburger Spezialklinik gebracht werden mußte.

## 1980

Am 29. August geriet eine Dreierseilschaft aus Freilassing in den Kaminreihen oberhalb der Biwakschachtel in Steinschlag, durch den einer der Bergsteiger schwer verletzt wurde. Zufällig war ein Bergwachtmann mit einem Sprechfunkgerät auf der Südspitze und konnte sofort die sehr schwierige Hubschrauberbergung mit Seilwinde in 2500 m Höhe in die Wege leiten.
Am 4. September stürzte der 42jährige Helmut Wenz aus Schönau

unbemerkt oberhalb der Biwakschachtel ca. 80–100 m ab. Er war am 3.September zusammen mit drei anderen Bergsteigern aus Baden-Württemberg in die Ostwand eingestiegen. Im oberen Teil behinderte Neuschnee das Vorkommen. Ein Hubschrauber barg den Toten aus der Wand.

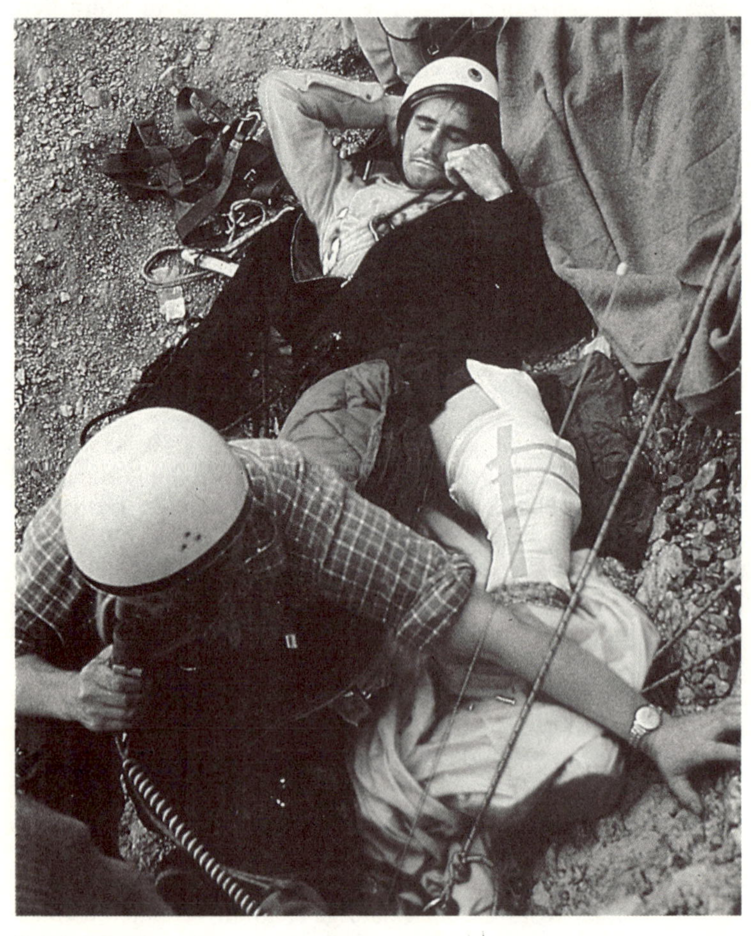

*Bei einer Rettung in der Watzmann-Ostwand, wo der Verunglückte sich eine Oberschenkelfraktur zuzog und er von der Bergwacht versorgt wurde Foto: Dieter Götz*

# DIE TODESOPFER DER WATZMANN-OSTWAND 1890 – 1980

In der Watzmann-Ostwand oder an den Folgen ihrer Besteigung kamen ums Leben:

| Jahr | Personen | Jahr | Personen |
|---|---|---|---|
| 1890 | 1 | 1950 | 1 |
| 1922 | 5 | 1952 | 2 |
| 1923 | 1 | 1953 | 4 |
| 1924 | 2 | 1956 | 1 |
| 1929 | 2 | 1957 | 2 |
| 1931 | 2 | 1958 | 1 |
| 1933 | 1 | 1960 | 1 |
| 1934 | 2 | 1961 | 7 |
| 1935 | 4 | 1962 | 1 |
| 1936 | 7 | 1963 | 3 |
| 1937 | 1 | 1967 | 1 |
| 1938 | 2 | 1969 | 2 |
| 1941 | 2 | 1972 | 3 |
| 1942 | 4 | 1974 | 1 |
| 1946 | 4 | 1975 | 2 |
| 1947 | 2 | 1976 | 4 |
| 1948 | 1 | 1977 | 2 |
| 1949 | 2 | 1980 | 1 |

Insgesamt 84 Opfer in 90 Jahren, davon 83 in den 58 Jahren seit 1922.
14 Bergsteiger wurden seit 1952 bei Winterbesteigungen oder unter winterlichen Verhältnissen (z. B. am 5. Juni 1976) von Lawinen in die Tiefe gerissen. Drei der Toten (1934 und 1937)

waren überhaupt keine Ostwandbesteiger, sondern Leute, die »mal ein bißchen herumkletterten« oder vom Grat zwischen Mittel- und Südspitze in die Wand abstürzten. Die acht Toten der »Schwarzen Tage« von 1922 und 1946 starben nach der Wanddurchsteigung an Erschöpfung und Auskühlung, vor allem weil sie auf dem Weg über die drei Spitzen zum Watzmannhaus nach Verlassen der Wand dem eisigen Weststurm ausgesetzt waren. Zwei Vermißte von 1942, Rudolf Gross und Luise Wellage aus Murnau, wurden nie mehr gefunden.
Es gab auch schon einmal auf dem Anmarsch zur Watzmann-Ostwand ein Todesopfer, als 1959 die Österreicherin Erika Sorger in den See stürzte. Eine Bergsteigergruppe hatte das letzte Schiff versäumt und versuchte, auf einem verfallenen Steig zu Fuß über Kessel – Salet nach St. Bartholomä zu kommen. Dieses Unglück ist in der Gesamtzahl der Todesopfer natürlich nicht erfaßt.

## ERSTEIGERUNGSGESCHICHTE DES WATZMANN

| Jahr | Berg | Erstbegeher |
|---|---|---|
| 1799 | Mittelspitze vom Hocheck aus | Valentin Stanig |
| 1832 | Südspitze über Südwestflanke | P. C. Thurwieser |
| 1852 | Kleiner Watzmann, Südwand, Abstieg in das Watzmannkar | Grill-Kederbacher, Punz-Preiß |
| 1861 | Kl. Watzmann | Die Bergführer Joh. und Jos. Graßl, Rupert Holzeis und Michael Walch |
| 1863 | Kl. Watzmann, Abstieg zum Watzmannlabl | F. v. Schilcher mit Joh. Grafl |
| 1868 | Mittelspitze, Ostwand vom Watzmanngletscher | Bergführer Berger, Grill-Kederbacher mit A. Kaindl und J. Pöschl |
| 1868 | Überschreitung der drei Watzmannspitzen | A. Kaindl, Grill-Kederbacher, Punz-Preiß |
| 1869 | Mittelspitze, Abstieg über Westflanke, Maisgraben nach Wimbachschloß | C. Hofmann, J. Stüdl, H. v. Jeetze u. J. Grafl |
| 1873 | Südspitze aus hinterstem Wimbachtal, Mittelspitze, Hocheck | J. Pöschl, Punz-Preiß |
| 1881 | Watzmann, Ostwand | J. Grill-Kederbacher, O. Schück |
| 1886 | Kl. Watzmann über Nordostgrat, Abstieg über den Jägersteig (Mooslahnerwand) und Rinnkendlsteig | P. Krebs mit F. Pfnür |
| 1887 | Südspitze über Südgrat (Schönfeldschneid) bis P 2015, weiter Südwestroute | P. Krebs mit Punz-Preiß |
| 1889 | Südspitze über Hirschwies-Südgrat unter teilweiser Umgehung zum Schönfeld | O. Fischer, O. Nafe mit Punz-Preiß |
| 1890 | Großer Hachelkopf | L. Purtscheller |
| 1891 | Watzmann-Jungfrau über die Ostflanke | L. Purtscheller, H. Hess, A. Holzhausen |
| 1891 | 1. Watzmannkind | L. Purtscheller |
| 1892 | 2. Watzmannkind von Süden | L. Purtscheller |
| 1892 | Mittelspitze durch Maisgraben im Aufstieg | J. Ruederer, H. Gazert mit Aschauer |

| Jahr | Berg | Erstbegeher |
|---|---|---|
| 1895 | Südspitze, Abstieg nach Schindlmaisscharte | G. Roeder, W. v. Frerichs |
| 1895 | Kl. Watzmann, Südwestgrat, Abstieg | W. Teufel |
| 1895 | 1. und 2. Watzmannkind, Überschreitung | L. Patera |
| 1895 | 5. Watzmannkind von Nordosten | G. Lammer und Frau Paula Lammer |
| 1895 | Watzmann-Jungfrau auf teils neuer Route über Nordgrat | L. Treptow, Sepp Innerkofler |
| 1896 | Südspitze, Abstieg über Südgrat und durch die Ostwand ins Eisbachtal | O. v. Haselberg, W. v. Frerichs |
| 1899 | Schönfeldscharte, Übergang vom Eisbachtal ins Wimbachtal | H. Pfann, L. Distel |
| 1900 | Watzmannkinder, Abstieg ins Eisbachtal von der Scharte zwischen 2. und 3. Watzmannkind | W. v. Frerichs, G. Leuchs |
| 1900 | Südgrat (Schönfeldschneid), erste vollständige Begehung im Abstieg | R. v. Below, W. v. Frerichs |
| 1900 | Mittelspitze vom Gletscher aus über Ostwand, Abstieg durch nördlichen Teil der Westwand | G. Leuchs, W. v. Frerichs |
| 1908 | Kl. Watzmann, Westwand, alter Weg | F. Barth, K. Wieder |
| 1909 | Hocheck, Ostwand | H. Reinl, K. Domenigg |
| 1910 | Watzmann-Jungfrau, Westwand | H. Reinl, K. Domenigg |
| 1910 | Watzmann-Jungfrau, Nordgrat | R. Kroher, M. Zeller |
| 1919 | Watzmann-Jungfrau, Südwestkante | H. Feichtner |
| 1919 | Kl. Watzmann, Südwestgrat im Aufstieg | H. Feichtner |
| 1920 | Kl. Watzmann, direkte Westwand | J. Aschauer, J. Kurz |
| 1920 | Mittelspitze, gerade Ostwand vom Gletscher aus | H. Lapuch, K. Wieder |
| 1920 | Watzmann-Jungfrau, vollständiger Nordgrat, einschließlich Turmüberschreitung | Joh. Moederegger, Elisabeth Rudolf |
| 1921 | Hocheck, gerade Ostwand | J. Aschauer, H. Schuster |
| 1922 | Watzmann-Jungfrau, direkte Ostwand | J. Aschauer |

| Jahr | Berg | Erstbegeher |
|---|---|---|
| 1926 | Kl. Watzmann, Ostgrat | Dr. F. Thiersch V und Dr. F. Thierschj IVV*, Ch. Meindl |
| 1927 | Mittelspitze, gerade Ostwand von Watzmannscharte aus | F. Flatscher, H. Haslacher |
| 1927 | 1. Watzmannkind, direkte Westwand | J. Aschauer, J. Kurz |
| 1931 | Hachelkopf, Nordwand | J. Aschauer, J. Kurz |
| 1931 | 3. Watzmannkind, Südkante, von Eiskapelle aus | Bechtold, Huber |
| 1931 | Watzmann-Jungfrau, Südwand | Peham, Schintlmeister |
| 1932 | Hocheck, gerade Ostwand, neuer Einstieg | Dr. F. Thiersch VII, T. Engelmann |
| 1934 | Kl. Watzmann, Westwandriß | Konrad Dorfer, Toni Kurz |
| 1935 | 3. Watzmannkind, gerade Südkante | A. Hinterstoißer, Toni Kurz |
| 1935 | Hocheck, aus Schüttalpeltal | Dr. F. Thiersch V,* Dr. F. Thiersch VII |
| 1944 | Kl. Watzmann, Nordwestwand | R. Schlager, F. Wintersteller |
| 1948 | 5. Watzmannkind, Südwand | E. Sommer, E. Kurz |
| 1949 | Watzmann-Jungfrau, direkte Südwand | E. Sommer, Riegl, Grob |
| 1950 | direkte Südwand, direkter Ausstieg | Wellenkamp, Heinrich |
| 1951 | Watzmann-Jungfrau, direkte Westwand | A. Irrgeher, M. Bauer |
| 1962 | Kl. Watzmann, Westverschneidung | A. Enzinger, W. Schertle |
| 1970 | Kl. Watzmann, Neue Westverschneidung | H. Brandner, N. Rechler |
| 1970 | Hocheck, Ostpfeiler | R. Goedeke, W. Burgdorf, R. Nies |
| 1972 | Hocheck, Ostpfeilerwand | W. Thaller, Niederberger |
| 1973 | Kl. Watzmann, Westwandrisse | H. Brandner, H. Krafft |

* Die Angehörigen der weitverzweigten Familie Thiersch mit gleichem Vornamen kennzeichneten sich zur Vermeidung von Verwechslungen mit lateinischen Ziffern.

## WINTER-ERSTBEGEHUNGEN

| Datum | Berg | Erstbegeher |
|---|---|---|
| 2. 2. 1871 | Hocheck | Bergführer P. Hölzl, Bergführer J. Ilsanker |
| 17. 2. 1884 | Mittelspitze | L. Purtscheller, Grill-Kederbacher |
| 20. 1. 1931 | Überschreitung Hocheck-Südspitze, Abstieg mit Ski über Schönfeld | E. Pürzer, P. Wein, L. und B. Kastner |
| 30. 1. 1932 | 1. bis 4. Watzmannkind | J. Pürzer, F. Strobl |
| 1932 | Wiederroute | J. Pürzer, F. Strobl |
| 1. 1. 1933 | 1. bis 5. Watzmannkind | H. Grießer, S. Flatscher |

## ERSTBEGEHUNGEN AN DER WATZMANN-OSTWAND

| Jahr | Route | Erstbegeher |
|---|---|---|
| 1880 | Gescheiterter Versuch, von der Eiskapelle die Scharte des Watzmannkars zu erreichen | J. Pöschl, Wairinger mit Grill-Kederbacher und Punz-Preiß |
| 1881 | Erste Begehung über 5. Band zur Mittelspitze | Grill-Kederbacher, O. Schück |
| 1885 | Kederbacherweg, zweite Begehung zur Südspitze | L. Purtscheller, Punz-Preiß |
| 1895 | Kederbacherweg, erste führerlose (6.) Begehung | A. v. Krafft, E. Platz |
| 1896 | Kederbacherweg, erste (9.) Begehung durch eine Frau | Frau Rose Friedmann, A. v. Krafft, W. Teufel |
| 1900 | Südlicher Teil der Ostwand (unter Berührung des heutigen Berchtesgadener Weges bis zum Beginn der Rampe) von der Eiskapelle aus | Gg. Leuchs, W. v. Frerichs |
| 1900 | Südspitze vom hinteren Eisbachtal aus | R. v. Below, W. v. Frerichs |
| 1905 | Kederbacherweg, erste (20.) Begehung im Alleingang zur Südspitze | ein Münchener |
| 1908 | Kederbacherweg, erste (25.) Begehung im Abstieg von der Südspitze aus über 3. Band | Georg und Josef Weiß, W. Bojer |
| 1920 | Kederbacherweg, erste Begehung durch einen elfjährigen Jungen im Aufstieg zur Südspitze, Abstieg ins Wimbachtal | Georg Weiß und Sohn Georg, L. Schirm, Dittmar |
| 1923 | Salzburger Weg | Hans und Hermann Feichtner, L. Schifferer, V. Reitmayr |
| 1927 | Salzburger Weg, erste Begehung im Abstieg, Aufstieg über Kederbacherweg auf 5. Band zur Südspitze. Auf- und Abstieg in insgesamt zehn Stunden | J. Aschauer, J. Kurz |
| 1929 | Münchener Weg | Dr. F. Thiersch VII |

| | | |
|---|---|---|
| 1935 | Südspitze über 2. Band | H. und S. Flatscher |
| 1935 | Kederbacherweg, 1. Abstieg einer Frau von der Südspitze über 3. Band, Aufstieg vom Wimbachgries | Georg Weiß sen., Maria Weiß, J. Hillebrand |
| 1947 | Berchtesgadener Weg zur Südspitze | J. Aschauer, H. Schuster |
| 1949 | Berchtesgadener Weg, erste Begehung im Abstieg | H. Schuster, H. Schöner |
| 1949 | Frankfurter Weg, gerader Anstieg zum 1. Band | F. Krämer, W. Kohn |
| 1949 | Salzburger Weg, 1. Durchstieg vom 1. zum 5. Band und weiter zur Mittelspitze | Sepp Kurz, J. Hribar |

## WINTER-ERSTBEGEHUNGEN DER WATZMANN-OSTWAND

| Datum | Route | Erstbegeher |
|---|---|---|
| 6.–8. 12. 1930 | Kederbacherweg, über 3. Band zur Südspitze, abstieg zur Wimbachgrieshütte | S. Flatscher, G. Mitterer, T. Beringer, L. Zankl |
| 8.–10. 1. 1949 | Salzburger Weg, Abstieg zur Wimbachgrieshütte | v. Crailsheim, Th. Freiberger, K. Hollerieth |
| 28. 3.–1. 4. 1949 | Münchener Weg, Abstieg zur Wimbachgrieshütte | K. Krämer und Sohn Fritz, O. Dorfmann |
| 29.–31. 3. 1949 | Berchtesgadener Weg, Abstieg über die Mittelspitze zum Watzmannhaus | W. Kohm, R. Sander |

## DIE WATZMANN-OSTWAND IN DER ALPINEN LITERATUR

in Zeitschriften

1881 Österreichische Alpenzeitung vom 22. 4., S. 106: Ostertour auf den Watzmann, bei der die Erstbesteigung der Ostwand verabredet wurde. Österreichische Alpenzeitung vom 17. 6., S. 161: »Erste Ersteigung des Watzmanns von Bartholomä aus.«

1886 Zeitschrift des D. u. Ö. A.-V., S. 245: Zweite Begehung durch Purtscheller.

1889 Mitteilungen des D. u. Ö. A.-V., S. 245: Dritte Begehung durch Merzbacher. Österreichische Alpenzeitung, S. 147: »Dritte Ersteigung des Watzmanns von Bartholomä aus« von Gottfried Merzbacher.

1890 Österreichische Alpenzeitung, S. 143: Absturz Schöllhorns.

1892 Österreichische Alpenzeitung, S. 190: »Ersteigung des Watzmann von St. Bartholomä« von Adolf Holzhausen.

1896 Österreichische Alpenzeitung vom 17. 7., S. 181: »Watzmann von St. Bartholomä aus über die Eiskapelle« von Wilhelm v. Frerichs.
Österreichische Alpenzeitung vom 28. 8.: Frau Rose Friedmann, Wien, besteigt als erste Dame die Watzmann-Ostwand.
Deutsche Illustrierte Zeitung, 78. Bd., S. 510: Reproduktion des Gemäldes von Ernst Platz »Die Erkletterung des Watzmann von St. Bartholomä aus.«
Österreichische Alpenzeitung, S. 218: »Watzmann von der Eiskapelle« von Albrecht v. Krafft.
»Über Land und Meer«, S. 510: »Die Erkletterung des Watzmanns von St. Bartholomä aus« von Ernst Platz.

1901 Mitteilungen des D. u. Ö. A.-V., S. 58: »Zur Ersteigungsgeschichte der Ostalpen« von Ludwig Graf von Sarntheim.

1903 Zeitschrift des D. u. Ö. A.-V., Bd. 34, S. 298: »Watzmann-Monographie« von Wilhelm v. Frerichs.

1903/04 Deutsche Alpenzeitung, S. 238: »Von St. Bartholomä auf den Watzmann« von Josef Ittlinger.

1906 Österreichische Alpenzeitung, S. 149: »Watzmann über die Ostwand« von Richard Gerin.
Alpine Gipfelführer IX, Deutsche Verlagsanstalt Stuttgart und Leipzig: Der Watzmann von E. F. Bohlig. Mit 16 Abbildungen und zwei Karten.

1908 Mitteilungen des D. u. Ö. A.-V., S. 169: »Eine Ersteigung des Watzmann von St. Bartholomä« von Paul Hübel.

1909/10 Deutsche Alpenzeitung, S. 185 u. S. 228: »Die Ostwand des Großen Watzmann« von Max Zeller.

1910 Mitteilungen des D. u. Ö. A.-V., S. 99: »Die Ersteigungsgeschichte des Watzmann von St. Bartholomä« von Max Zeller.

1914 »Der Watzmann, seine Ersteigungsgeschichte, sämtliche Wege zu seinen Gipfeln mit 9 Anstiegsskizzen und Literaturverzeichnis« von Hans Reinl und Max Zeller, Verlag Ludwig Vonderthann, Berchtesgaden. Jahresbericht der Sektion Berlin des D. &. Ö. A.-V. S. 71: »Watzmann-Ostwand« von Paul Hübel.

1921 »Bergheil. Eine fröhliche Bergwanderung.« Der Watzmann über St. Bar-

tholomä von Jakob Einöder. Verlag D. Geiger, Mühldorf.
1922 Zeitschrift des D. u. Ö. A.-V., S. 74: »Von den drei höchsten Felswänden der Ostalpen« (Triglav NW, Hochstadel NW, Watzmann OW) von Ludwig Sinek.
1924 Mitteilungen des D. u. Ö. A.-V., Nr. 2: »Salzburger Weg.«
»Der Berg«, Nr. 7/8, S. 236: »Der Salzburger Weg durch die Watzmann-Ostwand« von Hermann Feichtner.
Allgemeine Bergsteigerzeitung, Nr. 35–40: »Von der Watzmann-Ostwand. Sieben Bilder« von Elisabeth Dabelstein.
»Der Bergsteiger«, S. 221: »Die Watzmann-Ostwand« von Konrad Amort.
1924/25 »Ötztaler Bergbote«, Mitteilungen der Sektion Mark Brandenburg des D. &. Ö. A.-V. vom Dezember 1924 und Januar 1925: »Eine Nacht in der Watzmann-Ostwand« von K. Gerischer.
1926 Österreichische Alpenzeitung, S. 105: »Watzmann-Ostwand. Eine nachdenkliche Betrachtung« von Walter Trofmeier.
1927 »Der Bergkamerad«, S. 178: »Der Gang im Dunkel« von Josef Ittlinger.
Mitteilungen des D. u. Ö. A.-V.: »Meine Watzmann-Ostwand-Fahrten« von Dipl.-Ing. Gustav Euringer.
»Der Alpenfreund«, S. 648: »Die Bänder der Watzmann-Ostwand« von Karl Rieser.
»Der Gebirgsfreund«: »Durch die Watzmann-Ostwand« von S. L.
1928 »Der Bergsteiger«, Nr. 13 vom 23. 3.: »Salzburger Weg« von Max Zoeltsch.
1928/29 Akademischer Alpenverein München, 37. Jahresbericht: »Der Münchener Weg« von Fritz Thiersch.
1930 »Die Naturfreunde«, Wien: »Die Ostwand des Großen Watzmann« von Rudolf Kollesa.
»Der Bergkamerad«, Nr. 26: »Im Abstieg durch die Ostwand« von Max Zoeltsch.
1931 Deutsche Alpenzeitung, Nr. 2: »Durch die Watzmann-Ostwand.«
Deutsche Alpenzeitung, Nr. 14: »Die erste Winterbesteigung der Watzmann-Ostwand« von Ludwig Zankl.
»Der Bergsteiger«, S. 341: »Die Watzmann-Ostwand im Winter« von Toni Beringer.
Berchtesgadener Anzeiger vom 5. 7.: »Watzmann-Ostwand im Winter« von Toni Beringer.
Berchtesgadener Anzeiger vom 18. 7.: »50 Jahre Watzmann-Ostwand« von W. Schmidkunz.
»Der Naturfreund«, S. 2: »Watzmann-Ostwand« von Anton Kralik.
1931/32 »Der Bergsteiger«, S. 179: »In Fels und Eis« von Gustl Kröner (u. a. Salzburger Weg im Abstieg).
1932 Nachrichten der Sektion Salzburg des D. u. Ö. A.-V., Nr. 1 u. 2: »Salzburger Weg« von Sepp Dumler.
1934 »The Mountineerin Journal«, Bd. 84, S. 296: »A Holiday in Bavaria« von Charles Lee Robert (Watzmann-Ostwand).
1935 Österreichische Touristenzeitung: »Watzmann-Ostwand« von Hermann Ottmann.
1937 Allgemeine Bergsteigerzeitung vom 15. 1.: »Verstiegen in der Watzmann-Ostwand.«
1938 Österreichische Alpenzeitung, S. 280: »Die Watzmann-Ostwand. Erfahrungen und Ratschläge« von Wilhelm Brandenstein.

1941 Deutsche Alpenzeitung, S. 40: »Drei Tage in der Watzmann-Ostwand« von Dietrich Hennig.
»Der Bergsteiger«, S. 223: »60 Jahre Watzmann-Ostwand« von Hellmut Schöner.

1949 »Der Bergsteiger«, S. 53: »Die Watzmann-Ostwand« von Ernst Baumann; Nachrichtenteil S. 6: »Watzmann-Ostwand, 5. Winterbegehung«; Nachrichtenteil S. 14: »Winterbegehungen der Watzmann-Ostwand große Mode.« Mitteilungen des Alpenvereins, S. 1: »Im Winter durch die Watzmann-Ostwand« von Martl Schließler; S. 9: »Der Salzburger Weg in Schnee und Eis« von Bernulf Freiherr v. Crailsheim; S. 25: »Noch zwei Winterbegehungen der Watzmann-Ostwand« von H. Schöner; S. 31: »Watzmann-Ostwand, Berchtesgadener Weg«; S. 41: »Erste Winterbesteigung des Berchtesgadener Weges«; S. 82: »Mit der Watzmann-Biwakschachtel unterwegs« von Fritz Schmitt.
Nachrichtenblatt der AVS Frankfurt/M., Nr. 5, 6 und 7: »Frankfurter Bergsteiger bezwingen die Watzmann-Ostwand« von Werner Kohn (Wintererstbegehung des Berchtesgadener und Münchener Weges); Nr. 8: »Frankfurter Weg«.

1949/50 »Der Bergsteiger«, S. 68: »Erste Winterbegehung des Münchener Weges in der Watzmann-Ostwand« von Fritz Krämer; Nachrichtenteil S. 2: »Frankfurter Weg«; Nachrichtenteil S. 41: »Die metallene Zuflucht in der Watzmann-Ostwand« von Toni Meßner; S. 73: »Die metallene Zuflucht in der Watzmann-Ostwand« (verschiedene Stellungnahmen).

1951 »Der Bergsteiger«, S. 457: »An allem ist Purtscheller schuld« von Dr. Franz Graßler (Nachweis, daß die Ostwand nicht am 6. Mai, sondern am 6. Juni 1881 erstmals bestiegen wurde); Nachrichtenteil S. 103: »Direkte-Durchkletterung der Rampe unter der gelben Wand.« »Der Bergbote«, AVS Berlin, Nr. 8 u. 9, August- und Septemberheft: »Zweitausend Meter Fels. Zum Gedenken an Sepp Kurz« von Hanna Zernickow.
Österreichische Bergsteigerzeitung vom 15. 9., S. 6: »Auf dem Berchtesgadener Weg durch die Watzmann-Ostwand« von H. Sperka.
»Wandern und Bergsteigen«, September- und Oktoberheft, S. 18: »Watzmann-Ostwand« von Karl Hledik.
Nachrichtenblatt der AVS Frankfurt/M., Nr. 11/12, S. 4: »Watzmann-Ostwand, Begehung des Münchener Weges« von Walter Hißnauer.
»The American Alpine Journal«, S. 78: »An Ascent of the Watzmann-Ostwand« von Richard N. Meyer.
»Die Alpen«, Organ des SAC, S. 262: »Watzmann-Ostwand« von Fred Morgenthaler.
»Der Bergkamerad«, Heft 35, S. 625: »Berchtesgadener Weg in Auf- und Abstieg« von Hellmut Schöner.
Mitteilungen des DAV, S. 153: »Die Notunterkunft in der Watzmann-Ostwand« von Ludwig Gramminger.

1952 »Der Bergkamerad«, S. 62: »Laßt die Ostwand in Ruh!« von Erhard Sommer. »Der Bergsteiger«, S. 342: »Watzmann-Ostwand. Ein schöner Durchstieg südlich der Gipfelschlucht« von Georg von Kaufmann; Nachrichenteil S. 11: »Laßt die Ostwand in Ruh!« von Erhard Sommer. »Der Bergkamerad«, Heft 47, S. 877: »Narr oder Verbrecher? Forstmeister Georg von Kaufmann markiert die Watzmann-Ostwand« von Dr. Franz Graßler, Heft 52, S. 991: »Übers Ziel geschossen?«

»Südost-Kurier« vom 9. 8.: »Der Forstmeister mit dem Farbtopf« von Hellmut Schöner.
»Berg und Heimat«, S. 248: »Watzmann-Ostwand, Führe Kurz-Hribar« von Ernst Neubauer; S. 270: »Watzmann-Ostwand (Bibliogr. Angaben), S. 434: »Händeweg von der Watzmann-Ostwand!« von H. Sperka.

1952/53 »Der Bergsteiger«, S. 210: »Über das Alleingehen« von Georg von Kaufmann; S. 304: »Nächtlicher Gang« von Hermann Buhl; S. 320: »Humor ist, wenn man trotzdem ...« von Karl Lindau; Nachrichtenteil S. 4: »Schwierige Bergung aus der Watzmann-Ostwand«; S. 37: »Zwei Todesopfer der winterlichen Watzmann-Ostwand«; S. 56: »Nachtaufstieg durch die Watzmann-Ostwand«; S. 66: »Husarenritte durch die winterliche Watzmann-Ostwand«; S. 86: »Tödlicher Absturz in der Watzmann-Ostwand.«
»Der Bergkamerad«, Nr. 76, S. 314: »Zweimal winterliche Watzmann-Ostwand.«

1953 »Der Naturfreund, Zürich, Heft 3, S. 76: »Watzmann-Ostwand« von Wilhelm Uttendoppler.
Berchtesgadener Anzeiger, Nr. 31: »Ich war Gefangener der Watzmann-Ostwand« von Georg von Kaufmann.
»Berge und Heimat«, Heft 8, S. 312: »Vier Todesopfer der Watzmann-Ostwand im Winter.«
»Der Bergsteiger«. Nr. 4. Nachrichtenteil S. 34: »Als Alleingänger im Winter durch die Watzmann-Ostwand.«

1959 »Berchtesgadener Anzeiger« vom 17. 1. und 28. 1.: »Die Winterbesteigungen der Watzmann-Ostwand.«

1960/61 »Der Bergsteiger«, S. 463: »80 Jahre Watzmann-Ostwand«
»Der Bergsteiger«, S. 468: »Zum Unglück in der Watzmann-Ostwand.«
»Der Bergsteiger«, S. 544: »Watzmann-Ostwand-Opfer gefunden.«

1961 Berchtesgadener Anzeiger vom 25. 3.: »Das hat uns grade noch gefehlt. Auch ein ‚Beitrag' zur Watzmann-Ostwand-Aktion.«
Salzburger Volksblatt vom 1. 4.: »Tragödien in einer großen Wand.«
»Der Bergkamerad«, Heft 14, S. 502: »Tragödie in der Watzmann-Ostwand.«

1964 Berchtesgadener Anzeiger vom 4. 1.: »Massenansturm auf die Watzmann-Ostwand.«

1963/64 »Alpinismus«, 51-4: Winterbegegnungen der Watzmann-Ostwand.

1964/65 »Der Bergsteiger«, S. 1232: »Aus der Watzmann-Ostwand« von Joachim Pahl.

1965 »Alpinismus«, 21-9: Japaner in der Watzmann-Ostwand.

1967 »Alpinismus«, 50-1: Diagonalverbindung durch Franz Rasp (mit Routeneinzeichnung in Foto).
»Motor im Bild«, Heft 6: »Hundertmal durch die Watzmann-Ostwand« (Zum 65. Geburtstag von Josef Aschauer).

1968 »Alpinismus«, 52-5: 1. Winterbegehung des Münchener Weges im Alleingang durch Franz Rasp.
»Alpinismus«, 39-12: Biwakschachtel mit Styropor verkleidet.

1969 »Alpinismus«, 50-1: 1. Alleinbegehung des Frankfurter Weges durch F. Rasp.
»Alpinismus«, 58-6: 1. Winteralleinbegehung des Frankfurter Weges durch Franz Rasp.
»Der Bergsteiger«, S. 502: »Watzmann-Ostwand-Mosaik« von Franz Rasp.

»Berchtesgadener Anzeiger« vom 5. 4.: »Lohn des Wartens am Watzmann« von Franz Rasp (Bergsteigerseite über den Alleingang durch den Frankfurter Weg am 11. 3. 1969).
1970 »Alpinismus«,, 7-8: Anstiegsblatt Berchtesgadener Weg.
1973 »Der Bergsteiger«, S. 89: »Im Winter in der Watzmann-Ostwand« von Harry Rost.
1974 »Alpinismus«, 54-2: Watzmann-Ostwand, Polnischer Weg (mit Routenbeschreibung und Foto).
1976 »Alpinismus«, 9-6: »Bergsteigen als Rehabilitationssport« von Dr. P. Sack.
»Der Bergsteiger«, S. 80: »Mit Sendern durch die Watzmann-Ostwand« von Dr. P. Sack.
»Bergwelt«, 5-9: Watzmann-Bergbahn.
1977 »Bergwelt«, 8-49: Watzmann-Ostwand-Neutour.
1978 »Der Bergsteiger«, S. 157: »Eine Frau durch die Watzmann-Ostwand« von R. K. Oswald.
»Materia Medica Nordmark, 1-2: »Möglichkeiten der Telemetrie unter den Extrembedingungen des Kletterns. Bericht über die lückenlose medizinische Dokumentation einer Ersteigung der Watzmann-Ostwand« von Prof. H. Nowy und Dr. P. Sack.
1979 »Bergwelt«, 3-45: Watzmann-Bergbahn.
1980 »Heimatblätter« (Beilage des »Reichenhaller Tagblattes« und »Freilassinger Anzeigers«, Nr. 12 vom 29. 11. »Durch die Watzmann-Ostwand im Winter. Vor 50 Jahren.«

in Büchern

»Pfade zur Höhe«, Zehnjahrbuch der Alpinistengilde im Touristenverein.
»Führerlose Gipfelfahrten«, Beck'sche Verlagsbuchhandlung, München 1917, S. 1–10: »Der Watzmann von St. Bartholomä« von Paul Hübel.
»Grill, genannt Kederbacher« von Fritz Schmitt. Bergverlag Rudolf Rother, München.
»Aus großen Wänden« v. Leo Maduschka »Durch die Watzmann-Ostwand.«
»50 Jahre Bergsteiger« v. Dr. Fritz Rigele »Auch ein Geburtstagsgeschenk.«
»Meine Berge – meine Kamera« von Ernst Baumann.
»Berchtesgadener Alpen. Berge / Erschließungsgeschichte / Schrifttum«, herausgegeben aus Anlaß des 75jährigen Gründungsjubiläums der Sektion Berchtesgaden. 1950. »Bibliographie der Berchtesgadener Alpen« von Dr. Franz Graßler, II Watzmannstock, S. 218-221.
»Berchtesgadener Alpen. Ein Führer für Täler, Hütten und Berge« von Max Zeller/Hellmut Schöner, 15 Auflagen seit 1911.
»Führer durch die Watzmann-Ostwand« von Franz Rasp, Bergverlag Rudolf Rother, München, 1981.
»Watzmann-Ostwand-Führer« von Hellmut Schöner und Hellmut Schuster, Berchtesgaden 1950.
»Achttausend drüber und drunter« von Hermann Buhl, München 1954 und Leipzig 1955.
»Der Tod als Seilgefährte« von Walter Pause, 1964, Bruckmann-Verlag, München, S. 115, Harry Rost: »Allein in der winterlichen Ostwand«; S. 239, Hellmut Schöner: »Der schwarze Tag der Ostwand«.
»Über allem der Berg« von Helma Schimke, 1964, Verlag »Das Bergland-Buch«, Salzburg, S. 23-93: Schilderung des Lawinenunglücks von 1961.